はしがき

　不動産登記の中でも、不動産登記法をはじめとする各種の手続法、民法をはじめとする各種の実体法や税法の領域まで及ぶ権利に関する登記の事務処理には、多くの法的知識を要すると実感させられます。

　このような状況にあって、不知、あるいは理解の不十分な用語や用例に直面するとき、その意味を正確に把握することがまず、求められるところです。このため、各種の辞典や文献等を参照する必要に迫られますが、その記述は、あるいは専門にすぎ、あるいは簡潔であって、不動産登記事務処理には不適切な場合もあります。

　私は、登記官時代に実務処理上、何度も確認が必要となった権利に関する登記の用語、用例を集約していました。本書はこれをベースに、書き下ろしたものです。執筆中、債権法の分野の民法が改正され、その理解に努めていたところ、さらに、相続法の分野の民法も改正されたので、最新の記述に改め、又は加筆しました。

　改正後の分野の理解不十分、誤解を恐れるところですが、不動産登記事務を処理するに当たり、少しでも参考にしていただければ幸いです。

　出版に当たり、多くの助言をいただいた新日本法規出版株式会社の森聡氏をはじめ、出版に携わっていただいた方々に深く謝意を表します。

　平成30年11月

青　木　　登

凡　例

＜各キーワードの構成＞

　各キーワードの構成は、次のとおりです。

(1)　キーワード

　登記官の実務経験上、権利に関する登記の申請と実行、登記事項の理解において押さえておくべき重要なキーワードを選定し、五十音順に配列しています。

(2)　[POINT]

　キーワードにおける実務上の要点を簡潔に掲げています。

(3)　解　説

　権利に関する登記の実務処理の適正化、迅速化に資するよう、キーワードについて実務に則した解説を施しています。

　なお、他のキーワードを参照する場合は、参照先を「（275）」の形で表示しています。

＜キーワード検索用　語句索引＞

　実務において頻繁に接する語あるいは句から辞典のような感覚でもキーワードを検索できるよう、本書掲載のキーワードをより具体的な個別の語あるいは句に分解・抽出し、五十音順に配列した上で、該当するキーワードを番号と共に掲げています。

略　語　表

＜法令等の表記＞

　根拠となる法令等の略記例及び略語は次のとおりです（〔　〕は本文中の略語を示します。）。

　　不動産登記法第23条第4項第2号＝不登23④二

　　平成25年12月11日民二第781号民事局長通達
　　＝平25・12・11民二781

不登	不動産登記法	〔民法改正（債権法）〕	民法の一部を改正する法律（平成29年法律44号）
改正不登	民法及び家事事件手続法の一部を改正する法律（平成30年法律72号）による改正後の不動産登記法	改正民（相続）	民法及び家事事件手続法の一部を改正する法律（平成30年法律72号）による改正後の民法
旧不登	（旧）不動産登記法（明治32年法律24号）	改正前民（相続）	民法及び家事事件手続法の一部を改正する法律（平成30年法律72号）による改正前の民法
不登令	不動産登記令		
不登規	不動産登記規則		
不登準則	不動産登記事務取扱手続準則（平17・2・25民二456）	〔民法改正（相続法）〕	民法及び家事事件手続法の一部を改正する法律（平成30年法律72号）
記録例〔記録例〕	不動産登記記録例（平28・6・8民二386）	旧民	（旧）民法（第四編第五編）（明治31年法律9号）
民	民法		
改正民（債権）〔改正民法（債権法）〕	民法の一部を改正する法律（平成29年法律44号）による改正後の民法	遺言準拠	遺言の方式の準拠法に関する法律
		遺言保管	法務局における遺言書の保管等に関する法律
改正前民（債権）〔改正前民法（債権法）〕	民法の一部を改正する法律（平成29年法律44号）による改正前の民法	応急措置〔応急措置法〕	〔旧〕日本国憲法の施行に伴う民法の応急的措置に関する法律
		会更	会社更生法
		会社	会社法

家事	家事事件手続法	地税	地方税法
家事規	家事事件手続規則	仲裁	仲裁法
仮登記担保	仮登記担保契約に関する法律	抵当証券	抵当証券法
企業担保	企業担保法	抵当証券細則	抵当証券法施行細則
行政休日	行政機関の休日に関する法律	土地改良	土地改良法
行組	国家行政組織法	任意後見	任意後見契約に関する法律
建設機械抵当	建設機械抵当法	年齢計算	年齢計算ニ関スル法律
区画整理	土地区画整理法	農業動産信用	農業動産信用法
区分所有	建物の区分所有等に関する法律	農業動産抵当登記令	農業用動産抵当登記令
後見登記	後見登記等に関する法律	農地	農地法
工場抵当	工場抵当法	農地規	農地法施行規則
公証人	公証人法	破産	破産法
戸籍	戸籍法	非訟	非訟事件手続法
戸籍規	戸籍法施行規則	法適用	法の適用に関する通則法
採石	採石法	民再	民事再生法
司法書士	司法書士法	民執	民事執行法
借地借家	借地借家法	民執規	民事執行規則
住基台帳	住民基本台帳法	民施	民法施行法
収用	土地収用法	民訴	民事訴訟法
商	商法	民訴規	民事訴訟規則
所得税	所得税法	民調	民事調停法
信託	信託法	民保	民事保全法
税徴	国税徴収法	利息	利息制限法
税通	国税通則法	立木〔立木法〕	立木ニ関スル法律
相続税	相続税法		
滞調法	滞納処分と強制執行等との手続の調整に関する法律		

＜判例等の表記＞

　根拠となる判例の略記例及び出典・雑誌の略称は次のとおりです。

　最高裁判所平成25年9月4日決定、判例時報2197号10頁
　　＝最決平25・9・4判時2197・10

判時	判例時報	裁判集民	最高裁判所裁判集民事
民集	最高裁判所（大審院）民事判例集	新聞	法律新聞
		登研	登記研究
民録	大審院民事判決録		

目　次

ページ

キーワード検索用 語句索引……………………………………………1

1	悪意占有による時効取得……………………………25
2	明渡猶予制度……………………………25
3	遺言執行者の権利義務……………………………26
4	遺言書の検認……………………………27
5	遺言による意思表示……………………………28
6	遺言の解釈と登記原因……………………………29
7	遺言の準拠法……………………………30
8	遺産相続の対象……………………………31
9	遺産分割協議書上の押印……………………………32
10	遺産分割による権利の移転……………………………33
11	慰謝料の被担保債権適格性……………………………34
12	遺贈による所有権の移転……………………………34
13	一物一権主義と登記……………………………35
14	一般承継人による登記……………………………36
15	一般の先取特権の登記……………………………37
16	委任による代理人の登記申請……………………………37
17	「委任の終了」による所有権の移転……………………………38
18	違約金の登記の方法……………………………39
19	遺留分減殺請求権行使と登記方法……………………………40
20	遺留分権利者とその割合……………………………41
21	隠居の要件と効果……………………………42
22	請負による所有権の帰属……………………………42
23	受戻権行使による所有権の移転……………………………43

24	氏の変動と登記名義人の氏名変更	44
25	訴えと登記申請人	45
26	永久永小作権の「期間」	46
27	「永久」地上権の有効性	47
28	営業財産の内容	48
29	永小作地の自作農創設特別措置法による買収	48
30	延滞税と抵当権設定の登記	49
31	応急措置法による相続分と遺留分	49
32	親子関係不存在確認の訴えによる戸籍訂正	50
33	外国会社の認証	51
34	外国通貨表示の担保権の通貨表示の変更	52
35	会社合併による権利義務の承継	53
36	会社分割による権利義務の承継	54
37	解除の効果と登記の方法	55
38	買主の地位（契約上の地位）の譲渡	56
39	回復登記	57
40	買戻し特約の機能	58
41	買戻し特約の登記方法	59
42	解約の効果と抹消登記原因	61
43	家屋番号	61
44	確定判決と同一の効力を有する証書による単独申請	62
45	確定判決の登記上の効力	63
46	確認の訴え	63
47	合併による所有権登記	64
48	家督相続による財産の承継	65
49	仮差押えの方法	65
50	仮執行宣言付判決による登記	66

51	仮処分の登記（保全仮登記を除く）	67
52	仮処分の登記に後れる登記の抹消	68
53	仮登記された所有権・所有権移転請求権の移転	69
54	仮登記担保権の抵当権的効力と本登記手続	70
55	仮登記に基づく本登記	71
56	仮登記の順位保全効	72
57	仮登記を命ずる処分と仮登記原因の疎明	73
58	換価分割の方法	74
59	換　地	74
60	元本確定後にできる事項	75
61	元本確定事由と登記の要否	76
62	元本確定による根抵当権の性質の変化	78
63	元本確定前にできる事項	78
64	機械器具目録	79
65	期間の計算方法	80
66	企業担保権の目的と登記の効力	81
67	期限付法律行為の登記方法	81
68	期限の利益の機能	82
69	議事録作成の必要性	83
70	既判力の実体的確定力	83
71	記名押印による書面の真正の担保	84
72	却下事由の存在と登記申請	85
73	給付の訴え	86
74	休眠担保権の登記の抹消	87
75	共益費の内容	88
76	強制管理の方法	88
77	強制競売の方法	89

78	供託の効果	89
79	共同申請	90
80	共同相続	91
81	共同抵当と後順位抵当権者の代位	92
82	共同根抵当権の成立要件	93
83	共有の性格と共有持分権	94
84	共有物不分割特約の登記	95
85	共有物分割の方法	96
86	極度額の機能	97
87	極度貸付を担保する担保物権	98
88	居所と遺言の準拠法	98
89	寄与分の確定と相続登記	99
90	金銭債権の性質とその担保	100
91	均分相続の形態	101
92	具体的相続分の算出	102
93	国又は地方公共団体の嘱託登記	102
94	区分地上権の設定	103
95	契印の意味	104
96	形式的確定力の種類	105
97	形式的審査主義による登記申請の審査	105
98	継親子の法律関係	106
99	形成権行使の効果	107
100	形成の訴え	107
101	継続的取引契約	108
102	競売の種類と所有権の移転の登記	109
103	契約の種類と分類	110
104	契約の成立と契約自由の原則	111

105	原状回復による権利の変質	112
106	限定承認の効果	112
107	限度貸付を担保する担保物権	113
108	検認手続の目的と効果	114
109	現物出資による所有権の移転	115
110	元物としての元本	116
111	現物分割の方法	116
112	原本還付できる書面とその手続	117
113	原本・謄本（抄本）・正本	118
114	権利質と登記記録	119
115	権利に関する登記	120
116	権利能力なき社団（財団）の登記能力と強制執行	120
117	権利の消滅の定め	121
118	権利部の記録事項	122
119	権利変換による所有権の変更	123
120	合意解除・合意解約の異同	124
121	合意の登記	124
122	更改と新債務の担保	125
123	交換の効果	126
124	後見人の種類と権限	127
125	公示催告の効力	128
126	公示による意思表示	129
127	公示の原則と登記	130
128	工場財団の設定と登記	130
129	公証人による文書の真正担保	131
130	公信の原則と登記	132
131	公正証書遺言の確実性	132

132	公正証書と登記申請	133
133	更正登記	134
134	公知の事実と登記原因証明情報の要否	134
135	公売処分による嘱託登記	135
136	高齢者消除	136
137	国際私法の意義と目的	136
138	国税徴収法・国税通則法による国税等の徴収	137
139	戸主と家督相続制度	138
140	戸籍の附票の機能	138
141	戸籍簿・除籍簿の編製と再製	139
142	婚姻の効果	140
143	混同による権利の消滅	140
144	債権一部譲渡・債権一部代位弁済	141
145	債権額の変更と抵当権の変更	142
146	債権質としての抵当権付債権質入	143
147	債権者代位権	143
148	債権者取消権（詐害行為取消権）	145
149	債権譲渡と対抗要件	146
150	債権の性質と登記	147
151	財産分与による所有権の移転	148
152	祭祀財産の承継の登記	149
153	採石権の物権性	150
154	再代襲による相続	150
155	財団抵当の制度	151
156	再売買の予約	151
157	債務承認による抵当権の設定	152
158	債務引受の効果	152

159	債務名義による強制執行	154
160	錯誤の効果	154
161	差押えの種類と方法	155
162	更地と建物の抵当権の関係	156
163	参加差押えの効力	157
164	死因贈与の性質と仮登記	157
165	資格者代理人の本人確認情報	158
166	敷金の定義	159
167	始期・終期の公示方法	160
168	敷地権付き区分建物	161
169	事業に係る債務についての保証契約	161
170	事業用定期借地権	162
171	時効の効果	163
172	自己契約の効果	164
173	自己借地権の要件	165
174	自己信託と権利の変更の登記	165
175	自作農創設特別措置法による所有権の移転	166
176	自主占有・他主占有と時効取得	167
177	事前通知による本人確認	168
178	「地代」の意味	169
179	質権の性質と登記事項	169
180	執行文の意義と種類	170
181	執行力ある確定判決の判決書の正本	171
182	失踪宣告	172
183	指定債務者の公示と根抵当権の状態	173
184	自白・擬制自白・欠席裁判と証明の要否	174
185	自筆証書遺言の要件と検認の必要性	175

186	指名債権の譲渡制限	176
187	受遺者の地位	177
188	住所の公示	178
189	従物・附属建物	178
190	重利の約定	179
191	主たる債務・従たる債務	180
192	主登記	181
193	主文の明示	181
194	順位変更	182
195	準拠法の指定	182
196	準消費貸借の成立	183
197	準法律行為と法律行為の異同	184
198	承役地の定義と登記事項	184
199	承継執行文の付与の効力	185
200	条件と登記事項	186
201	証書貸付の根抵当権による担保	186
202	承諾の意義	187
203	譲渡担保による所有権の移転	188
204	消費貸借の成立要件	189
205	所管換えの登記	190
206	嘱託登記	190
207	除権決定による登記の抹消	191
208	庶子の旧民法上の意義	192
209	処分証書による法律行為	192
210	処分制限の登記	193
211	署名の意義	194
212	親権の行使の方法	194

213	申請情報	195
214	申請代理人	196
215	真正な登記名義の回復	197
216	信託の構造	198
217	推定相続人の意義	199
218	随伴性の効果	199
219	数次相続と中間省略登記	200
220	請求棄却の判断	201
221	請求権と債権	201
222	請求の趣旨と判決主文の関係	202
223	清算結了の登記と権利の登記の申請	203
224	善意占有による時効取得	203
225	相殺による債務の消滅	204
226	相続関係説明図	205
227	相続欠格の効果	206
228	相続財産管理人の権限	207
229	相続財産の意義	208
230	相続財産法人の登記方法	209
231	相続人の系統	209
232	相続人廃除の対象と効果	210
233	相続人不存在の意味	211
234	相続分の決定とその割合	212
235	相続分の譲渡	213
236	相続放棄申述書の受理の効果	214
237	相続放棄の意義と効果	215
238	双方代理の効果	216
239	双務契約の意義	217

|240| 総有の公示……………………………………………… 217

|241| 贈与の性質と種類………………………………………… 218

|242| 属人法主義の意義………………………………………… 218

|243| 属地法主義の意義………………………………………… 219

|244| 組織変更と会社の同一性………………………………… 219

|245| 租税債権と他の債権の優劣……………………………… 220

|246| 損害金の定め……………………………………………… 221

|247| 損害賠償額の予定………………………………………… 221

|248| 損害賠償による代位……………………………………… 222

|249| 尊属・卑属の意義………………………………………… 223

|250| 代位原因と代位申請……………………………………… 223

|251| 代位弁済の効果…………………………………………… 224

|252| 代価弁済による抵当権の消滅…………………………… 225

|253| 対抗要件の具備と権利の変動の主張…………………… 226

|254| 第三債務者の意義………………………………………… 227

|255| 第三者の許可・同意・承諾……………………………… 228

|256| 第三者のためにする契約………………………………… 228

|257| 第三者の弁済……………………………………………… 229

|258| 第三取得者による抵当権消滅請求……………………… 230

|259| 胎児の相続の登記………………………………………… 231

|260| 代襲相続の発生…………………………………………… 232

|261| 代償分割の意義…………………………………………… 233

|262| 滞納処分による差押え…………………………………… 233

|263| 代物弁済の成立要件……………………………………… 234

|264| 代物弁済予約に基づく仮登記…………………………… 235

|265| 代理権不消滅による登記申請…………………………… 235

|266| 諾成契約の成立要件……………………………………… 236

|267| 建物の認定と抵当権の設定……………………………… 237

268	単独行為の性質と種類	237
269	単独申請	238
270	担保の十分性を証する書面	239
271	担保物権の意義と種類	239
272	地役権図面	240
273	地役権の設定と目的	241
274	地縁団体の登記能力	242
275	地上権の設定	243
276	地上権の存続期間と地上権の移転の登記	244
277	地番と住居表示	245
278	嫡出でない子の法的地位	245
279	中間省略登記	246
280	調停成立の効力	247
281	直系血族・傍系血族の意義	248
282	賃借権の譲渡・転貸	249
283	賃貸借の効力	250
284	賃料の表示方法	251
285	追加設定（根抵当権）	252
286	追加設定（普通抵当権）	253
287	追認の効果	254
288	通達の拘束力	254
289	通知の種類	255
290	通謀虚偽表示に基づく登記	256
291	定期借地権における特約	257
292	定型約款の意義	257
293	停止条件付法律行為の効力	258
294	抵当権設定信託（セキュリティ・トラスト）の構造	259
295	抵当権の処分	260

296	抵当権の本質	261
297	抵当証券	262
298	手形貸付の意義	263
299	手形債権（小切手債権）の根抵当権による担保	263
300	手形割引の意義	264
301	手付の性質と契約の解除	265
302	手続法と実体法の関係	265
303	典型契約と混合契約	266
304	電子記録債権の根抵当権による担保	267
305	転抵当の構造と被担保債権額	267
306	添付情報	268
307	転付命令	269
308	同意の効力	269
309	同意の登記	270
310	登記	271
311	登記官	271
312	登記完了証	272
313	登記記録	273
314	登記原因	273
315	登記原因証明情報の記載内容	274
316	登記権利者・登記義務者	275
317	登記識別情報の機能	276
318	登記識別情報の通知	277
319	登記識別情報の提供の要否	278
320	登記事項	279
321	登記上の利害関係を有する第三者(登記の抹消の場合)	280
322	登記上の利害関係を有する第三者（変更登記・更正登記の場合）	281

目　　次　　13

323	登記申請意思の擬制	282
324	登記申請行為能力	283
325	登記済証	283
326	登記することができる権利	284
327	登記することができる物権変動	285
328	登記請求権	286
329	登記の効力	287
330	登記の目的	288
331	登記引取請求権	288
332	登記簿	289
333	登記名義人	290
334	登記名義人の氏名等の変更（更正）	290
335	当座貸越しによる債権の担保方法	291
336	動産抵当の根拠法	292
337	同時死亡の推定の効果	292
338	同時履行の法律関係	293
339	到達の状態	294
340	特定承継・一般承継	295
341	特別縁故者への相続財産の分与	296
342	特別受益者の相続分	296
343	特別代理人の選任と権限	297
344	土地改良事業	298
345	土地区画整理事業	298
346	土地収用法による所有権の移転	299
347	土地の単位	300
348	取扱店の表示	300
349	取消権者と取消しの効果	301
350	取締役の選任と権限	302

351	内縁関係の効果	303
352	内国会社・外国会社の区別	304
353	二重差押え	304
354	二重売買による登記の履行不能	305
355	入籍すべき戸籍	306
356	入夫婚姻・婿養子縁組婚姻の相違	306
357	任意代理人による復代理人の選任	307
358	任意的申請情報	308
359	認証の作用	308
360	認諾調書	309
361	認知の効果	309
362	認定死亡の記載と相続の開始	310
363	根抵当権	311
364	根抵当権の一部譲渡	312
365	根抵当権の元本確定	313
366	根抵当権の債権の範囲	314
367	根抵当権の処分	315
368	根抵当権の全部譲渡	315
369	根抵当権の転抵当	316
370	根抵当権の分割譲渡	317
371	根抵当権の優先の定め	318
372	根保証契約	318
373	年利による利息の定め	319
374	年齢計算の方法	320
375	農業委員会の許可の効力	320
376	農業動産信用法による抵当権の設定	321
377	農地の遺贈と農地法の許可	321
378	農地の買戻しと農地法の許可	322

379	配偶者居住権	323
380	配偶者の地位	323
381	売買による所有権の移転	324
382	売買の一方の予約	325
383	破産手続開始の効果	325
384	破産廃止による破産の終了	326
385	半血兄弟の相続分	327
386	判決・決定・命令の形式	328
387	判決による登記	328
388	判決の更正	330
389	判決理由による登記原因の表示	330
390	反対給付と同時履行	331
391	反致による準拠法の決定	332
392	被担保債権の表示	332
393	必要費の具体例	333
394	否認の登記	333
395	秘密証書遺言の転換	334
396	表題登記	335
397	付加一体物と抵当権の効力	336
398	不可分債権の意義	336
399	不可分性と被担保債権の弁済	337
400	付　款	337
401	付記登記	338
402	復氏の効果	339
403	復代理人の権限	339
404	付　合	340
405	不在者の財産管理人の権限	340
406	付従性の法律関係	341

407	附属建物	342
408	負担付贈与の対価関係	342
409	負担部分の弁済と求償権	343
410	物権行為・債権行為の関係	343
411	物権的取得権の内容と登記	344
412	物権的請求権の発生原因	345
413	物権の性質と分類	345
414	物権法定主義と物権の公示	347
415	物上代位の意義と行使の要件	347
416	物上保証と求償権の行使	348
417	不動産先取特権の成立と優先順位	348
418	不動産質の成立要件	349
419	不動産収益執行による差押登記	349
420	不動産の公示方法	350
421	不当利得の返還範囲	351
422	不分割特約の効力	351
423	不法行為による損害賠償の担保の方法	352
424	分割貸付の担保の方法	352
425	分　筆	353
426	分離処分可能規約	354
427	別除権の行使の効果	354
428	変更の登記	355
429	弁済期と債務の履行	355
430	弁済の効果	356
431	法人格なき社団の登記能力	357
432	法定相続情報一覧図	358
433	法定相続の形態	360
434	法定代理の範囲	360

435	法定地上権の成立と登記	361
436	法定利率と適用基準時	362
437	法律行為と意思表示の関係	363
438	法律要件の成立と効果	363
439	「他に相続人はいない」旨の証明	364
440	保佐人の権限	365
441	保証委託契約から生じる求償債権の担保	365
442	保証契約の態様と求償権の範囲	366
443	保全仮登記	367
444	保存行為となる行為	368
445	保存登記	368
446	本案訴訟	369
447	本国法の意義	369
448	本籍による戸籍の表示	370
449	本登記	370
450	増担保	371
451	抹消仮登記	372
452	抹消登記	372
453	未成年者の行為能力	373
454	認印の押印	373
455	身分行為の効果	374
456	「民法646条2項」による移転	374
457	無権代理行為の効果	375
458	無効行為に基づく登記の効力	376
459	無名契約の解釈	376
460	無利息の定め	377
461	免除の効果	377
462	持分権の内容	378

463	持分権の放棄	379
464	持分の登記	379
465	約定解除権の発生事由	380
466	約定利息の登記	380
467	有益費の求償	381
468	有価証券の種類	382
469	有償契約の意義	383
470	優先弁済権と債権者平等の原則の関係	383
471	要役地の登記	384
472	要式行為の具体例	384
473	要証事実・不要証事実と登記原因証明情報上の記載	385
474	養親子関係の成立と効果	386
475	要物契約の要素	386
476	与信契約の具体例	387
477	利益相反行為の効力	387
478	離縁の効果	388
479	利害関係人の意義	388
480	離婚の効果	389
481	利子税の意義	390
482	利息制限法違反の登記申請	390
483	利息と元本の関係	391
484	利息の定めの表記	391
485	立木の不動産性	392
486	連帯債務の性質	392
487	連帯保証の性質	393
488	和解成立の効果	394

キーワード検索用 語句索引

【あ】

番号

悪意占有
　──による時効取得　1
明渡猶予制度　2

【い】

遺言
　──による意思表示　5
　──の解釈と登記原因　6
　──の準拠法　7
　居所と──の準拠法　88
遺言執行者
　──の権利義務　3
遺言書
　──の検認　4
遺産相続
　──の対象　8
遺産分割
　──による権利の移転　10
遺産分割協議書
　──上の押印　9
意思表示
　遺言による──　5
　公示による──　126
　法律行為と──の関係　437
慰謝料
　──の被担保債権適格性　11
遺贈
　──による所有権の移転　12

農地の──と農地法の許可　377
一部譲渡
　債権──・債権一部代位弁済　144
　根抵当権の──　364
一部代位弁済
　債権一部譲渡・債権──　144
一物一権主義
　──と登記　13
一般承継
　特定承継・──　340
一般承継人
　──による登記　14
一般の先取特権
　──の登記　15
委任
　──による代理人の登記申請　16
　「──の終了」による所有権の移転　17
違約金
　──の登記の方法　18
遺留分
　応急措置法による相続分と──　31
遺留分減殺請求権
　──行使と登記の方法　19
遺留分権利者
　──とその割合　20
隠居
　──の要件と効果　21

【う】

請負
　——による所有権の帰属　22
受戻権
　——行使による所有権の移
　　転　23
氏
　——の変動と登記名義人の
　　氏名変更　24
訴え
　——と登記申請人　25
　親子関係不存在確認の——
　　による戸籍訂正　32
　確認の——　46
　給付の——　73
　形成の——　100

【え】

永久永小作権
　——の「期間」　26
「永久」地上権
　——の有効性　27
営業財産
　——の内容　28
永小作地
　——の自作農創設特別措置
　　法による買収　29
延滞税
　——と抵当権設定の登記　30

【お】

押印
　遺産分割協議書上の——　9
　記名——による書面の真正
　　の担保　71
　認印の——　454
応急措置法
　——による相続分と遺留分　31
親子関係不存在確認の訴え
　——による戸籍訂正　32

【か】

外国会社
　——の認証　33
　内国会社・——の区別　352
外国通貨表示の担保権
　——の通貨表示の変更　34
会社
　組織変更と——の同一性　244
会社合併
　——による権利義務の承継　35
会社分割
　——による権利義務の承継　36
解除
　——の効果と登記の方法　37
買主の地位
　——（契約上の地位）の譲
　　渡　38
回復登記　39
買戻し特約
　——の機能　40
　——の登記方法　41

解約
　——の効果と抹消登記原因　42
家屋番号　43
確定判決
　——と同一の効力を有する
　　証書による単独申請　44
　——の登記上の効力　45
　執行力ある——の判決書の
　　正本　181
確認の訴え　46
合併
　——による所有権登記　47
家督相続
　——による財産の承継　48
　戸主と——制度　139
仮差押え
　——の方法　49
仮執行宣言付判決
　——による登記　50
仮処分の登記
　——（保全仮登記を除く）　51
　——に後れる登記の抹消　52
仮登記
　——された所有権・所有権
　　移転請求権の移転　53
　——の順位保全効　56
　死因贈与の性質と——　164
　代物弁済予約に基づく——　264
仮登記原因
　仮登記を命ずる処分と——
　　の疎明　57
仮登記担保権
　——の抵当権的効力と本登
　　記手続　54
仮登記に基づく本登記　55

仮登記を命ずる処分
　——と仮登記原因の疎明　57
換価分割
　——の方法　58
換地　59
元本
　利息と——の関係　483
元本確定
　——後にできる事項　60
　——による根抵当権の性質
　　の変化　62
　——前にできる事項　63
　根抵当権の——　365
元本確定事由
　——と登記の要否　61

【き】

機械器具目録　64
期間
　——の計算方法　65
　永久永小作権の——　26
企業担保権
　——の目的と登記の効力　66
期限付法律行為
　——の登記方法　67
期限の利益
　——の機能　68
議事録
　——作成の必要性　69
擬制
　登記申請意思の——　323
擬制自白
　自白・——・欠席裁判と証
　　明の要否　184

機能
　買戻し特約の―― 40
　期限の利益の―― 68
　極度額の―― 86
　戸籍の附票の―― 140

既判力
　――の実体的確定力 70

記名押印
　――による書面の真正の担
　　保 71

却下
　――事由の存在と登記申請 72

求償
　有益費の―― 467

求償権
　負担部分の弁済と―― 409
　物上保証と――の行使 416
　保証契約の態様と――の範
　　囲 442

求償債権
　保障委託契約から生じる
　　――の担保 441

給付の訴え 73

休眠担保権
　――の登記の抹消 74

旧民法
　庶子の――上の意義 208

共益費
　――の内容 75

強制管理
　――の方法 76

強制競売
　――の方法 77

強制執行
　権利能力なき社団（財団）
　　の登記能力と―― 116
　債務名義による―― 159

供託
　――の効果 78

共同申請 79

共同相続 80

共同抵当
　――と後順位抵当権者の代
　　位 81

共同根抵当権
　――の成立要件 82

共有
　――の性格と共有持分権 83

共有物不分割特約
　――の登記 84

共有物分割
　――の方法 85

共有持分権
　共有の性格と―― 83

許可
　第三者の――・同意・承諾 255

極度額
　――の機能 86

極度貸付
　――を担保する担保物権 87

居所
　――と遺言の準拠法 88

寄与分
　――の確定と相続登記 89

記録事項
　権利部の―― 118

金銭債権
　――の性質とその担保 90

均分相続
　――の形態 91

キーワード検索用 語句索引

【く】

具体的相続分
　　――の算出 `92`
国
　　――又は地方公共団体の嘱
　　託登記 `93`
区分地上権
　　――の設定 `94`

【け】

契印
　　――の意味 `95`
形式的確定力
　　――の種類 `96`
形式的審査主義
　　――による登記申請の審査 `97`
継親子
　　――の法律関係 `98`
形成権
　　――行使の効果 `99`
形成の訴え `100`
継続的取引契約 `101`
系統
　　相続人の―― `231`
競売
　　――の種類と所有権の移転
　　の登記 `102`
契約
　　――の種類と分類 `103`
　　――の成立と契約自由の原
　　則 `104`
　　第三者のためにする―― `256`
　　手付の性質と――の解除 `301`
　　根保証―― `372`

契約自由の原則
　　契約の成立と―― `104`
契約上の地位
　　買主の地位（――）の譲渡 `38`
契約の解除
　　手付の性質と―― `301`
欠席裁判
　　自白・擬制自白・――と証
　　明の要否 `184`
決定
　　判決・――・命令の形式 `386`
権限
　　後見人の種類と―― `124`
　　相続財産管理人の―― `228`
　　特別代理人の選任と―― `343`
　　取締役の選任と―― `350`
　　復代理人の―― `403`
　　不在者の財産管理人の―― `405`
　　保佐人の―― `440`
原状回復
　　――による権利の変質 `105`
限定承認
　　――の効果 `106`
限度貸付
　　――を担保する担保物権 `107`
検認
　　――手続の目的と効果 `108`
　　遺言書の―― `4`
　　自筆証書遺言の要件と――
　　の必要性 `185`
元物
　　――としての元本 `110`
現物出資
　　――による所有権の移転 `109`
現物分割
　　――の方法 `111`

原本
　——・謄本（抄本）・正本　113
原本還付
　——できる書面とその手続　112
権利
　登記することができる——　326
権利義務
　遺言執行者の——　3
　会社合併による——の承継　35
　会社分割による——の承継　36
権利質
　——と登記記録　114
権利に関する登記　115
権利の移転
　遺産分割による——　10
権利能力なき社団（財団）
　——の登記能力と強制執行　116
権利の消滅
　混同による——　143
権利の消滅の定め　117
権利の変更
　自己信託と——の登記　174
権利の変質
　原状回復による——　105
権利の変動
　対抗要件の具備と——の主
　張　253
権利部
　——の記録事項　118
権利変換
　——による所有権の変更　119

【こ】

合意解除
　——・合意解約の異同　120
合意解約
　合意解除・——の異同　120
行為能力
　登記申請——　324
　未成年者の——　453
合意の登記　121
効果
　隠居の要件と——　21
　解除の——と登記の方法　37
　解約の——と抹消登記原因　42
　供託の——　78
　形成権行使の——　99
　限定承認の——　106
　検認手続の目的と——　108
　交換の——　123
　婚姻の——　142
　債務引受の——　158
　錯誤の——　160
　時効の——　171
　自己契約の——　172
　随伴性の——　218
　相続欠格の——　227
　相続人廃除の対象と——　232
　相続放棄申述書の受理の
　——　236
　相続放棄の意義と——　237
　双方代理の——　238
　代位弁済の——　251
　追認の——　287
　同時死亡の推定の——　337
　取消権者と取消しの——　349
　内縁関係の——　351

認知の―― 361
破産手続開始の―― 383
復氏の―― 402
別除権の行使の―― 427
弁済の―― 430
法律要件の成立と―― 438
身分行為の―― 455
無権代理行為の―― 457
免除の―― 461
養親子関係の成立と―― 474
離縁の―― 478
離婚の―― 480
和解成立の―― 488

更改
　――と新債務の担保 122

交換
　――の効果 123

後見人
　――の種類と権限 124

公示
　――による意思表示 126
　――の原則と登記 127
　始期・終期の――方法 167
　指定債務者の――と根抵当
　　権の状態 183
　住所の―― 188
　総有の―― 240
　物権法定主義と物権の―― 414
　不動産の――方法 420

公示催告
　――の効力 125

後順位抵当権者
　共同抵当と――の代位 81

工場財団
　――の設定と登記 128

公証人
　――による文書の真正担保 129

公信の原則
　――と登記 130

更正
　登記名義人の氏名等の変更
　　（――） 334
　判決の―― 388

公正証書
　――と登記申請 132

公正証書遺言
　――の確実性 131

更正登記 133
　登記上の利害関係を有する
　　第三者（変更登記・――
　　の場合） 322

公知の事実
　――と登記原因証明情報の
　　要否 134

公売処分
　――による嘱託登記 135

効力
　確定判決の登記上の―― 45
　公示催告の―― 125
　参加差押えの―― 163
　承継執行文の付与の―― 199
　調停成立の―― 280
　賃貸借の―― 283
　停止条件付法律行為の―― 293
　同意の―― 308
　登記の―― 329
　付加一体物と抵当権の―― 397
　不分割特約の―― 422
　利益相反行為の―― 477

高齢者消除 136

小切手債権
　手形債権（――）の根抵当
　　権による担保 299

国際私法
　——の意義と目的　　　137

国税徴収法
　——・国税通則法による国
　　税等の徴収　　　138

国税通則法
　国税徴収法・——による国
　　税等の徴収　　　138

戸主
　——と家督相続制度　　　139

戸籍
　入籍すべき——　　　355
　本籍による——の表示　　　448

戸籍訂正
　親子関係不存在の確認の訴
　　えによる——　　　32

戸籍の附票
　——の機能　　　140

戸籍簿
　——・除籍簿の編製と再製　　　141

婚姻
　——の効果　　　142

混合契約
　典型契約と——　　　303

混同
　——による権利の消滅　　　143

【さ】

債権
　——の性質と登記　　　150
　請求権と——　　　221
　租税——と他の——の優劣　　　245
　当座貸越しによる——の担
　　保方法　　　335
　根抵当権の——の範囲　　　366

債権一部譲渡
　——・債権一部代位弁済　　　144

債権一部代位弁済
　債権一部譲渡・——　　　144

債権額
　——の変更と抵当権の変更　　　145

債権行為
　物権行為・——の関係　　　410

債権質
　——としての抵当権付債権
　　質入　　　146

債権者代位権　　　147

債権者取消権
　——（詐害行為取消権）　　　148

債権譲渡
　——と対抗要件　　　149

財産管理人
　不在者の——の権限　　　405

財産の承継
　家督相続による——　　　48

財産分与
　——による所有権の移転　　　151

祭祀財産
　——の承継の登記　　　152

再製
　戸籍簿・除籍簿の編製と
　　——　　　141

採石権
　——の物権性　　　153

再代襲
　——による相続　　　154

財団抵当
　——の制度　　　155

再売買の予約　　　156

キーワード検索用 語句索引

債務
　事業に係る——についての
　　保証契約　169
　主たる——・従たる——　191
　弁済期と——の履行　429
債務承認
　——による抵当権の設定　157
債務の消滅
　相殺による——　225
債務引受
　——の効果　158
債務名義
　——による強制執行　159
詐害行為取消権
　債権者取消権（——）　148
先取特権
　一般の——の登記　15
錯誤
　——の効果　160
差押え
　——の種類と方法　161
　滞納処分による——　262
　二重——　353
差押登記
　不動産収益執行による——　419
更地
　——と建物の抵当権の関係　162
参加差押え
　——の効力　163

【し】

死因贈与
　——の性質と仮登記　164

資格者代理人
　——の本人確認情報　165
始期
　——・終期の公示方法　167
敷金
　——の定義　166
敷地権付き区分建物　168
事業
　——に係る債務についての
　　保証契約　169
事業用定期借地権　170
時効
　——の効果　171
時効取得
　悪意占有による——　1
　自主占有・他主占有と——　176
　善意占有による——　224
自己契約
　——の効果　172
自己借地権
　——の要件　173
自己信託
　——と権利の変更の登記　174
自作農創設特別措置法
　——による所有権の移転　175
　永小作地の——による買収　29
自主占有
　——・他主占有と時効取得　176
事前通知
　——による本人確認　177
地代
　「——」の意味　178

質権
　　──の性質と登記事項　179
執行文
　　──の意義と種類　180
執行力ある確定判決の判決書
　の正本　181
失踪宣告　182
実体的確定力
　既判力の──　70
実体法
　手続法と──の関係　302
指定債務者
　　──の公示と根抵当権の状
　　態　183
自白
　　──・擬制自白・欠席裁判
　　と証明の要否　184
自筆証書遺言
　　──の要件と検認の必要性　185
指名債権
　　──の譲渡制限　186
氏名変更
　氏の変動と登記名義人の
　　──　24
受遺者
　　──の地位　187
終期
　始期・──の公示方法　167
住居表示
　地番と──　277
住所
　　──の公示　188
従たる債務
　主たる債務・──　191
従物
　　──・附属建物　189

重利
　　──の約定　190
主たる債務
　　──・従たる債務　191
主登記　192
主文
　　──の明示　193
受理
　相続放棄申述書の──の効
　果　236
種類
　形式的確定力の──　96
　契約の──と分類　103
　後見人の──と権限　124
　差押えの──と方法　161
　執行文の意義と──　180
　贈与の性質と──　241
　単独行為の性質と──　268
　担保物権の意義と──　271
　通知の──　289
　有価証券の──　468
順位変更　194
順位保全効
　仮登記の──　56
準拠法
　　──の指定　195
　遺言の──　7
　居所と遺言の──　88
　反致による──の決定　391
準消費貸借
　　──の成立　196
準法律行為
　　──と法律行為の異同　197
承役地
　　──の定義と登記事項　198

キーワード検索用 語句索引

承継
　会社合併による権利義務の
　　―― 35
　会社分割による権利義務の
　　―― 36
　家督相続による財産の―― 48
　祭祀財産の――の登記 152

承継執行文
　――の付与の効力 199

条件
　――と登記事項 200

証書貸付
　――の根抵当権による担保 201

承諾
　――の意義 202
　第三者の許可・同意・―― 255

譲渡
　買主の地位（契約上の地位）
　　の―― 38
　相続分の―― 235
　賃借権の――・転貸 282

譲渡制限
　指名債権の―― 186

譲渡担保
　――による所有権の移転 203

消費貸借
　――の成立要件 204

抄本
　原本・謄本（――）・正本 113

所管
　――換えの登記 205

嘱託登記 206
　国又は地方公共団体の―― 93
　公売処分による―― 135

除権決定
　――による登記の抹消 207

庶子
　――の旧民法上の意義 208

除籍簿
　戸籍簿・――の編製と再製 141

処分証書
　――による法律行為 209

処分制限
　――の登記 210

署名
　――の意義 211

所有権移転請求権
　仮登記された所有権・――
　　の移転 53

所有権登記
　合併による―― 47

所有権の移転
　遺贈による―― 12
　「委任の終了」による―― 17
　受戻権行使による―― 23
　競売の種類と――の登記 102
　現物出資による―― 109
　財産分与による―― 151
　自作農創設特別措置法によ
　　る―― 175
　譲渡担保による―― 203
　土地収用法による―― 346
　売買による―― 381

所有権の帰属
　請負による―― 22

所有権の変更
　権利変換による―― 119

親権
　――の行使の方法 212

申請情報 213
　任意的―― 358

申請代理人 214

真正な登記名義の回復 215
信託
　——の構造 216

【す】

推定相続人
　——の意義 217
随伴性
　——の効果 218
数次相続
　——と中間省略登記 219

【せ】

請求棄却
　——の判断 220
請求権
　——と債権 221
請求の趣旨
　——と判決主文の関係 222
清算結了
　——の登記と権利の登記の
　　申請 223
正本
　原本・謄本（抄本）・—— 113
　執行力ある確定判決の判決
　　書の—— 181
成立要件
　共同根抵当権の—— 82
　消費貸借の—— 204
　代物弁済の—— 263
　諾成契約の—— 266
　不動産質の—— 418

セキュリティ・トラスト
　抵当権設定信託（——）の
　　構造 294
設定
　区分地上権の—— 94
　工場財団の——と登記 128
　地役権の——と目的 273
　地上権の—— 275
善意占有
　——による時効取得 224
全部譲渡
　根抵当権の—— 368

【そ】

相殺
　——による債務の消滅 225
相続
　再代襲による—— 154
　認定死亡の記載と——の開
　　始 362
相続関係説明図 226
相続欠格
　——の効果 227
相続財産
　——の意義 229
　特別縁故者への——の分与 341
相続財産管理人
　——の権限 228
相続財産法人
　——の登記方法 230
相続（の）登記
　寄与分の確定と—— 89
　胎児の—— 259
相続人
　——の系統 231
　「他に——はいない」旨の
　　証明 439

キーワード検索用 語句索引　　13

相続人廃除
　——の対象と効果　232
相続人不存在
　——の意味　233
相続分
　——の決定とその割合　234
　——の譲渡　235
　応急措置法による——と遺
　　留分　31
　具体的——の算出　92
　特別受益者の——　342
　半血兄弟の——　385
相続放棄
　——の意義と効果　237
相続放棄申述書
　——の受理の効果　236
双方代理
　——の効果　238
双務契約
　——の意義　239
総有
　——の公示　240
贈与
　——の性質と種類　241
　負担付——の対価関係　408
属人法主義
　——の意義　242
属地法主義
　——の意義　243
組織変更
　——と会社の同一性　244
租税債権
　——と他の債権の優劣　245
損害金
　——の定め　246

損害賠償
　——による代位　248
　不法行為による——の担保
　　の方法　423
損害賠償額の予定　247
尊属
　——・卑属の意義　249

【た】

代位
　共同抵当と後順位抵当権者
　　の——　81
　損害賠償による——　248
代位原因
　——と代位申請　250
代位申請
　代位原因と——　250
代位弁済
　——の効果　251
代価弁済
　——による抵当権の消滅　252
対抗要件
　——の具備と権利の変動の
　　主張　253
　債権譲渡と——　149
第三債務者
　——の意義　254
第三者
　——の許可・同意・承諾　255
　登記上の利害関係を有する
　　——（登記の抹消の場合）　321
　登記上の利害関係を有する
　　——（変更登記・更正登
　　記の場合）　322

第三者のためにする契約	256
第三者の弁済	257
第三取得者	
——による抵当権消滅請求	258
胎児	
——の相続の登記	259
代襲相続	
——の発生	260
代償分割	
——の意義	261
滞納処分	
——による差押え	262
代物弁済	
——の成立要件	263
代物弁済予約	
——に基づく仮登記	264
代理権不消滅	
——による登記申請	265
代理人	
委任による——の登記申請	16
諾成契約	
——の成立要件	266
他主占有	
自主占有・——と時効取得	176
建物	
——の認定と抵当権の設定	267
更地と——の抵当権の関係	162
単独行為	
——の性質と種類	268
単独申請	269
確定判決と同一の効力を有する証書による——	44
担保	
——の十分性を証する書面	270
金銭債権の性質とその——	90

更改と新債務の——	122
証書貸付の根抵当権による——	201
手形債権（小切手債権）の根抵当権による——	299
電子記録債権の根抵当権による——	304
当座貸越しによる債権の——方法	335
不法行為による損害賠償の——の方法	423
分割貸付の——の方法	424
保証委託契約から生じる求償債権の——	441
担保物権	
——の意義と種類	271
極度貸付を担保する——	87
限度貸付を担保する——	107

【ち】

地役権	
——の設定と目的	273
地役権図面	272
地縁団体	
——の登記能力	274
地上権	
——の設定	275
——の存続期間と——の移転の登記	276
地代	
「——」の意味	178
地番	
——と住居表示	277

キーワード検索用 語句索引

地方公共団体
　国又は——の嘱託登記　　93
嫡出でない子
　——の法的地位　　278
中間省略登記　　279
　数次相続と——　　219
調停
　——成立の効力　　280
直系血族
　——・傍系血族の意義　　281
賃借権
　——の譲渡・転貸　　282
賃貸借
　——の効力　　283
賃料
　——の表示方法　　284

【つ】

追加設定
　——（根抵当権）　　285
　——（普通抵当権）　　286
追認
　——の効果　　287
通貨表示
　外国——の担保権の——の
　　変更　　34
通達
　——の拘束力　　288
通知
　——の種類　　289
　登記識別情報の——　　318

通謀虚偽表示
　——に基づく登記　　290

【て】

定期借地権
　——における特約　　291
定型約款
　——の意義　　292
停止条件
　——付法律行為の効力　　293
抵当権
　——の本質　　296
　債権額の変更と——の変更　　145
　更地と建物の——の関係　　162
　追加設定（普通——）　　286
　付加一体物と——の効力　　397
抵当権（の）消滅
　代価弁済による——　　252
　第三取得者による——請求　　258
抵当権（の）設定
　延滞税と——の登記　　30
　債務承認による——　　157
　建物の認定と——　　267
　農業動産信用法による——　　376
抵当権設定信託
　——（セキュリティ・トラ
　　スト）の構造　　294
抵当権付債権質入
　債権質としての——　　146
抵当権的効力
　仮登記担保権の——と本登
　　記手続　　54
抵当権の処分　　295

キーワード検索用 語句索引

抵当権の変更
債権額の変更と―― 145
抵当証券 297
手形貸付
――の意義 298
手形債権
――（小切手債権）の根抵
当権による担保 299
手形割引
――の意義 300
適用基準時
法定利率と―― 436
手付
――の性質と契約の解除 301
手続法
――と実体法の関係 302
典型契約
――と混合契約 303
電子記録債権
――の根抵当権による担保 304
転貸
賃借権の譲渡・―― 282
転抵当
――の構造と被担保債権額 305
根抵当権の―― 369
添付情報 306
転付命令 307

【と】

同意
――の効力 308
――の登記 309
第三者の許可・――・承諾 255

同一性
組織変更と会社の―― 244
同意の登記 309
登記 310
――することができる権利 326
――することができる物権
変動 327
――の効力 329
――の目的 330
一物一権主義と―― 13
一般承継人による―― 14
一般の先取特権の―― 15
仮執行宣言付判決による
―― 50
仮処分の――（保全仮登記
を除く） 51
共有物不分割特約の―― 84
権利に関する―― 115
合意の―― 121
公示の原則と―― 127
工場財団の設定と―― 128
公信の原則と―― 130
公正証書と――申請 132
債権の性質と―― 150
所管換えの―― 205
処分制限の―― 210
清算結了の――と権利の
――の申請 223
通謀虚偽表示に基づく―― 290
同意の―― 309
判決による―― 387
否認の―― 394
物権的取得権の内容と―― 411
法人格なき社団の――能力 431
法定地上権の成立と―― 435
持分の―― 464

キーワード検索用 語句索引　　17

約定利息の―― 466
要役地の―― 471
登記官 311
登記完了証 312
登記義務者
　登記権利者・―― 316
登記記録 313
　権利質と―― 114
登記原因 314
　遺言の解釈と―― 6
　判決理由による――の表示 389
登記原因証明情報
　――の記載内容 315
　公知の事実と――の要否 134
　要証事実・不要証事実と
　　――上の記載 473
登記権利者
　――・登記義務者 316
登記識別情報
　――の機能 317
　――の通知 318
　――の提供の要否 319
登記事項 320
　質権の性質と―― 179
　承役地の定義と―― 198
　条件と―― 200
登記上の効力
　確定判決の―― 45
登記上の利害関係を有する第
三者
　――（登記の抹消の場合） 321
　――（変更登記・更正登記
　の場合） 322
登記（の）申請
　――意思の擬制 323
　委任による代理人の―― 16

却下事由の存在と―― 72
形式的審査主義による――
　の審査 97
清算結了の登記と権利の
　―― 223
代理権不消滅による―― 265
利息制限法違反の―― 482
登記申請意思
　――の擬制 323
登記申請行為能力 324
登記申請人
　訴えと―― 25
登記済証 325
登記することができる権利 326
登記することができる物権変
動 327
登記請求権 328
登記能力
　権利能力なき社団（財団）
　の――と強制執行 116
　地縁団体の―― 274
　法人格なき社団の―― 431
登記の効力 329
　企業担保権の目的と―― 66
　無効行為に基づく―― 458
登記の抹消
　仮処分の登記に後れる―― 52
　休眠担保権の―― 74
　除権決定による―― 207
　登記上の利害関係を有する
　第三者（――の場合） 321
登記の目的 330
登記の要否
　元本確定事由と―― 61
登記の履行不能
　二重売買による―― 354

キーワード検索用 語句索引

登記引取請求権 331
登記簿 332
登記（の）方法
　違約金の—— 18
　遺留分減殺請求権行使と
　—— 19
　解除の効果と—— 37
　買戻し特約の—— 41
　期限付法律行為の—— 67
　相続財産法人の—— 230
登記名義
　真正な——の回復 215
登記名義人 333
　——の氏名等の変更（更正） 334
　氏の変動と——の氏名変更 24
当座貸越し
　——による債権の担保方法 335
動産抵当
　——の根拠法 336
同時死亡の推定
　——の効果 337
同時履行
　——の法律関係 338
　反対給付と—— 390
到達
　——の状態 339
謄本
　原本・——（抄本）・正本 113
特定承継
　——・一般承継 340
特別縁故者
　——への相続財産の分与 341
特別受益者
　——の相続分 342
特別代理人
　——の選任と権限 343

特約
　定期借地権における—— 291
土地
　——の単位 347
土地改良事業 344
土地区画整理事業 345
土地収用法
　——による所有権の移転 346
取扱店
　——の表示 348
取消し
　取消権者と——の効果 349
取消権者
　——と取消しの効果 349
取締役
　——の選任と権限 350

【な】

内縁
　——関係の効果 351
内国会社
　——・外国会社の区別 352

【に】

二重差押え 353
二重売買
　——による登記の履行不能 354
〔日本国憲法の施行に伴う民法の応急的措置に関する法律〕応急措置法
　——による相続分と遺留分 31

キーワード検索用 語句索引　19

入籍
　──すべき戸籍　355
入夫婚姻
　──・婿養子縁組婚姻の相
　　違　356
任意代理人
　──による復代理人の選任　357
任意的申請情報　358
認証
　──の作用　359
　外国会社の──　33
認諾調書　360
認知
　──の効果　361
認定死亡
　──の記載と相続の開始　362

【ね】

根抵当権　363
　──の一部譲渡　364
　──の元本確定　365
　──の債権の範囲　366
　──の処分　367
　──の全部譲渡　368
　──の転抵当　369
　──の分割譲渡　370
　──の優先の定め　371
　元本確定による──の性質
　　の変化　62
　指定債務者の公示と──の
　　状態　183
　証書貸付の──による担保　201
　追加設定（──）　285
　手形債権（小切手債権）の
　　──による担保　299

電子記録債権の──による
　担保　304
根保証契約　372
年利
　──による利息の定め　373
年齢
　──計算の方法　374

【の】

農業委員会の許可
　──の効力　375
農業動産信用法
　──による抵当権の設定　376
農地
　──の遺贈と農地法の許可　377
　──の買戻しと農地法の許
　　可　378
農地法の許可
　農地の遺贈と──　377
　農地の買戻しと──　378

【は】

配偶者
　──の地位　380
配偶者居住権　379
買収
　永小作地の自作農創設特別
　　措置法による──　29
売買
　──による所有権の移転　381
売買の一方の予約　382

破産
　——手続開始の効果　383
　——廃止による——の終了　384
破産手続開始
　——の効果　383
破産廃止
　——による破産の終了　384
判決
　——・決定・命令の形式　386
　——による登記　387
　——の更正　388
　——理由による登記原因の
　　表示　389
半血兄弟
　——の相続分　385
判決主文
　請求の趣旨と——の関係　222
判決書
　執行力ある確定判決の——
　　の正本　181
判決理由
　——による登記原因の表示　389
反対給付
　——と同時履行　390
反致
　——による準拠法の決定　391

【ひ】

卑属
　尊属・——の意義　249
被担保債権
　——の表示　392
　慰謝料の——適格性　11
　不可分性と——の弁済　399

必要費
　——の具体例　393
否認
　——の登記　394
秘密証書遺言
　——の転換　395
表題登記　396

【ふ】

付加一体物
　——と抵当権の効力　397
不可分債権
　——の意義　398
不可分性
　——と被担保債権の弁済　399
付款　400
付記登記　401
復氏
　——の効果　402
復代理人
　——の権限　403
　任意代理人による——の選
　　任　357
付合　404
不在者
　——の財産管理人の権限　405
付従性
　——の法律関係　406
附属建物　407
　従物・——　189
負担付贈与
　——の対価関係　408
負担部分
　——の弁済と求償権　409

キーワード検索用 語句索引

物権
　——の性質と分類 `413`
　物権法定主義と——の公示 `414`
物権行為
　——・債権行為の関係 `410`
物権性
　採石権の—— `153`
物権的取得権
　——の内容と登記 `411`
物権的請求権
　——の発生原因 `412`
物権変動
　登記することができる—— `327`
物権法定主義
　——と物権の公示 `414`
物上代位
　——の意義と行使の要件 `415`
物上保証
　——と求償権の行使 `416`
不動産
　——の公示方法 `420`
不動産先取特権
　——の成立と優先順位 `417`
不動産質
　——の成立要件 `418`
不動産収益執行
　——による差押登記 `419`
不当利得
　——の返還範囲 `421`
不分割特約
　——の効力 `422`
不法行為
　——による損害賠償の担保
　　の方法 `423`
不要証事実
　要証事実・——と登記原因
　　証明情報上の記載 `473`

分割貸付
　——の担保の方法 `424`
分割譲渡
　根抵当権の—— `370`
分筆 `425`
分離処分可能規約 `426`
分類
　契約の種類と—— `103`
　物権の性質と—— `413`

【へ】

別除権
　——の行使の効果 `427`
変更（の）登記 `428`
　登記上の利害関係を有する
　　第三者（——・更正登記
　　の場合） `322`
弁済
　——の効果 `430`
　第三者の—— `257`
　不可分性と被担保債権の
　　—— `399`
　負担部分の——と求償権 `409`
弁済期
　——と債務の履行 `429`
編製
　戸籍簿・除籍簿の——と再
　　製 `141`

【ほ】

傍系血族
　直系血族・——の意義 `281`

法人格なき社団
　　——の登記能力　431
法定相続
　　——の形態　433
法定相続情報一覧図　432
法定代理
　　——の範囲　434
法定地上権
　　——の成立と登記　435
法定利率
　　——と適用基準時　436
法律関係
　　継親子の——　98
　　同時履行の——　338
　　付従性の——　406
法律行為
　　——と意思表示の関係　437
　　準法律行為と——の異同　197
　　処分証書による——　209
　　停止条件付——の効力　293
法律要件
　　——の成立と効果　438
　　「他に相続人はいない」旨の
　　証明　439
保佐人
　　——の権限　440
保証委託契約
　　——から生じる求償債権の
　　担保　441
保証契約
　　——の態様と求償権の範囲　442
　　事業に係る債務についての
　　——　169
保全仮登記　443
保存行為
　　——となる行為　444

保存登記　445
本案訴訟　446
本国法
　　——の意義　447
本籍
　　——による戸籍の表示　448
本登記　449
　　仮登記に基づく——　55
本登記手続
　　仮登記担保権の抵当権的効
　　力と——　54
本人確認
　　事前通知による——　177
本人確認情報
　　資格者代理人の——　165

【ま】

増担保　450
抹消仮登記　451
抹消登記　452
抹消登記原因
　　解約の効果と——　42

【み】

未成年者
　　——の行為能力　453
認印
　　——の押印　454
身分行為
　　——の効果　455
　　「民法646条2項」による移転　456

キーワード検索用 語句索引

【む】

無権代理行為
　——の効果　457
無効行為
　——に基づく登記の効力　458
婿養子縁組婚姻
　入夫婚姻・——の相違　356
無名契約
　——の解釈　459
無利息
　——の定め　460

【め】

命令
　判決・決定・——の形式　386
免除
　——の効果　461

【も】

持分
　——の登記　464
持分権
　——の内容　462
　——の放棄　463

【や】

約定
　重利の——　190
約定解除権
　——の発生事由　465

約定利息
　——の登記　466

【ゆ】

有益費
　——の求償　467
有価証券
　——の種類　468
有効性
　「永久」地上権の——　27
有償契約
　——の意義　469
優先弁済権
　——と債権者平等の原則の
　　関係　470

【よ】

要役地
　——の登記　471
要件
　隠居の——と効果　21
　自己借地権の——　173
　自筆証書遺言の——と検認
　　の必要性　185
　物上代位の意義と行使の
　　——　415
要式行為
　——の具体例　472
要証事実
　——・不要証事実と登記原
　　因証明情報上の記載　473
養親子関係
　——の成立と効果　474

要物契約
　　——の要素　　　　　475
与信契約
　　——の具体例　　　　476

【り】

利益相反行為
　　——の効力　　　　　477
離縁
　　——の効果　　　　　478
利害関係
　　登記上の——を有する第三
　　者（登記の抹消の場合）　321
　　登記上の——を有する第三
　　者（変更登記・更正登記
　　の場合）　　　　　　322
利害関係人
　　——の意義　　　　　479
離婚
　　——の効果　　　　　480
利子税
　　——の意義　　　　　481
利息
　　——と元本の関係　　483
　　——の定めの表記　　484
　　年利による——の定め　373
利息制限法
　　——違反の登記申請　482
立木
　　——の不動産性　　485

【れ】

連帯債務
　　——の性質　　　　　486

連帯保証
　　——の性質　　　　　487

【わ】

和解
　　——成立の効果　　488

| 1 | 悪意占有による時効取得 |
| 2 | 明渡猶予制度 |

25

1　悪意占有による時効取得

POINT

　時効取得を原因とする所有権の移転は、登記原因証明情報上に悪意占有の要件が記載されている必要がある。

1　悪意占有は、主に時効取得（171）による所有権の移転の場合に問題となります。

　　一般に、ある事情を知っていることを悪意といい、知らないことを善意といいます。本権（例えば所有権）が自己にないことを知って占有することが悪意占有となると解されます。

2　悪意占有の場合の時効取得による所有権の移転は、占有期間が20年とされています（民162①）。

　　したがって、この場合は、悪意である旨の具体的事実と、20年間占有が継続している旨が、所有権移転の登記申請の際の登記原因証明情報上に記載されている必要があります。

2　明渡猶予制度

POINT

　抵当権者に対抗できない建物の賃借人は、競売における買受人への所有権の移転から6か月間は明渡しをしなくてよい。

1　明渡猶予制度とは、短期賃借権の保護の制度の廃止に伴って、賃借人保護のために設定された制度です。

　　民法395条は改正され（平成15年法律134号）、先順位抵当権に対抗

できない賃借権を短期間保護する短期賃借権の保護の制度は廃止されました。従来から、この制度は、抵当権の妨害のため利用されるとの指摘があり、判例は、真実の用益を目的としない抵当権と併用された短期賃借権は無効と判示しました（最判昭52・2・27民集31・1・67、最判平元・6・5民集43・6・355）。

2　上記民法改正時に、短期賃借権の保護の制度に替わって、明渡猶予制度が設けられました。

　　これは、抵当権者に対抗することのできない建物賃借人は、抵当権の実行により当該建物の所有者となった者に対し、所有権が移転した時から6か月間は、建物の明渡しをしなくてもよいとするものです（民395）。

　　この制度は、土地には適用されず、また、現に建物を使用、収益していない賃借人には保護が与えられません。

3　明渡しの猶予が認められても、賃借人と買受人の間の賃借権が擬制されるものではなく、賃借権は消滅し、ただ、明渡しが猶予されるに過ぎません。

　　したがって、買受人は賃貸人としての権利義務はないものの、不当利得として、賃料相当額を請求することができることとなります。

3　遺言執行者の権利義務

POINT

　指定遺言執行者、選定遺言執行者は共に相続人の代理人とみなされ、遺言の執行に必要な一切の権利義務を有する。

1　遺言の内容によっては、遺贈（民964）のように、その実現に一定の

行為を必要とするものがあり、これを行う者を遺言執行者といいます。

2　遺言によって指定され、又はその指定を委託された第三者によって指定された遺言執行者を指定遺言執行者といい（民1006）、利害関係人の申立てによって家庭裁判所から選任された遺言執行者を選定遺言執行者といいます（民1010）。

　　どちらも、遺言執行者は相続人の代理人とみなされます（民1015）。

3　遺言執行者は、相続財産の管理その他遺言の執行に必要な一切の権利義務を有するとされます（民1012①）が、遺贈の場合の所有権の移転の登記の申請の形態に議論があります（ 12 ）。

4　遺言書の検認

POINT

検認を欠く自筆証書遺言による登記申請は、却下される。

1　遺言書は、相続の開始後、公正証書遺言（民969）（ 131 ）の場合を除いて、家庭裁判所の検認を受ける必要があります（民1004）。

2　家庭裁判所の検認は、その現状を保全する手続であり、遺言の内容の適否、遺言者の真意の有無、その効力の有無を決するものではありません。しかし、不真正な遺言執行の防止の機能があるとされています。

　　先例（平7・12・4民三4343）は、自筆証書遺言（ 185 ）が添付された所有権の移転の登記の申請の場合、検認を経ていることを要するとし、検認を欠く申請は却下される（不登25九）としています。

3　封印されている遺言書は、家庭裁判所において開封することを要

28 　　5　遺言による意思表示

しますが、上記のように、検認は遺言の効力の有無を決するものではなく、裁判所外において開封されていた場合には、過料はともかく（民1005）、更に遺言書の検認を要します（民1004③）。

4　遺言の検認の申立ては、遺言者の最後の住所地の家庭裁判所に、申立書を提出します。この申立書には、遺言書、相続人全員の戸籍謄本、遺言者の出生から死亡までの戸除籍の謄本が添付されます。そして、検認期日において裁判所の調査を経て検認調書が作成されます（家事規113・114）。

　検認の手続が終了すると、遺言書の原本に検認済証明書が添付、契印され、返還されます（家事47）。

5　平成30年7月13日、「法務局における遺言書の保管等に関する法律」が公布されました。この法律によれば、自筆証書遺言は法務局が保管し（遺言保管2）、この制度による場合は、家庭裁判所の検認は不要となります（遺言保管11）。

　したがって、当該の自筆証書遺言により、直接、その内容の実現の手続に入ることができ、従来の検認調書を要しないこととなります。

5　遺言による意思表示

POINT

遺言者は、要式行為である遺言により、死亡後も自己の財産を処分することができる。

1　遺言は、一定の方式によってなされる相手方なき一方的、単独の意思表示　268　です。

それは、遺言者の死亡後の法律関係を定める意思表示であり、こ
れにより死亡後も自己の財産を処分することができる結果となりま
す。

2　遺言は意思表示なので、意思能力が必要ではあるものの、通常の取
引行為ではないので、満15歳に達した者は、遺言能力があるとされ
ます（民961・962、成年被後見人につき民973）。

3　遺言は、厳格な要式行為（|472|）とされます（民967）。遺言者の最終
の意思表示であり、遺言者の死亡によって効力を生じる（民985①）
ので、遺言の内容を厳格に確定し、他者による改造等を防止する必
要があるからです。

　遺言の方式には、普通方式（民967）と特別方式（民967ただし書）が
ありますが、登記実務上は、自筆証書遺言（民968）と公正証書遺言
（民969）による例がほとんどと思われます。

　遺言事項は、民法の規定によるもののみ認められ、それ以外の事
項は、いわゆる「遺訓」として、法律上の効力は認められません。

4　遺言は、遺言者の死亡によって効力が生じ、死亡前には何らの権利、
義務は生じません。遺言者は、その死亡まで、いつでも、遺言の方
式によって、自由に遺言の全部又は一部を撤回することができます
（民1022）。

6　遺言の解釈と登記原因

POINT

　原則として「相続させる」との遺言による所有権移転の登記原因は、
「遺贈」ではなく、「相続」である。

1　遺言の解釈につき、遺言の文言を形式的に判断することなく、全記

載との関連や遺言作成時の事情、遺言者の状況により、遺言者の真意を探求して遺言の趣旨を確定するとするのが判例です（最判昭58・3・18判時1075・115）。

2　「相続させる」旨の遺言の性質については、「遺言書の記載から、その趣旨が遺贈であることが明らかであるか又は遺贈と解すべき特段の事情がない限り、遺贈と解すべきではない」とする、いわゆる「香川判決」（最判平3・4・19民集45・4・477）があります。そして、特定不動産を特定相続人に「相続させる」旨の遺言に基づき、目的不動産は相続人に「相続」され、所有権移転の申請ができます（最判平7・1・24判時1523・81）。

3　もっとも、登記官は、提供された遺言書のみに基づいて、遺言を形式的に解釈するしかありません。

　　したがって、2の「香川判決」の基準により、登記原因を判断しているのが実務です。

7　遺言の準拠法

POINT

遺言の方式は、法の適用に関する通則法ではなく遺言の方式の準拠法に関する法律の適用による。

1　遺言の成立及び効力については、遺言が成立した時の遺言者の本国法によります（法適用37①）。日本法では、民法961条ないし966条に規定する実質的成立要件と民法985条に規定する遺言の効力発生時期を指すこととなります。

2　遺言の方式については、法の適用に関する通則法の規定は適用さ

れず（法適用43②）、遺言の方式の準拠法に関する法律が適用され、準拠法 195 として、行為地法、本国法、住所地法、常居所地法、不動産所在地法のうち、いずれかの方式に準拠していればよいとされています（遺言準拠法2）。

3　遺言の検認については、法廷地法を準拠法とする見解が有力であり、我が国の不動産を目的とする遺言は、我が国の家庭裁判所による検認も可能です。

8　遺産相続の対象

POINT

相続される遺産には、消極財産を含む。

1　遺産とは、被相続人の死後に残された財産の総称です。相続人から見れば相続財産 229 とされ、被相続人側から見た死後に残された全体財産の意味です（民906）。

2　遺産は、相続の対象となる財産であって、一身専属権や系譜、祭具、墳墓等の祭祀財産（民897）152 は含まれませんが、積極財産だけでなく消極財産（相続債務）も含まれます。

3　現行法上このような財産が遺産として相続されますが、旧民法下では、戸主の地位の相続としての家督相続（旧民964以下）48 に対して、戸主以外の家族の死亡によって財産を相続する場合が遺産相続とされました（旧民992以下）。

4　なお、今般の民法改正（相続法）により、配偶者居住権の規定が新設されました。配偶者にのみ認められる配偶者居住権は、被相続人の配偶者が相続開始時に居住していた建物を、配偶者が死亡するま

32 　　9 遺産分割協議書上の押印

で使用、収益する権利とされています。

　この配偶者居住権は遺産分割の場合、配偶者が取得する法定の権利と解されるので、この限りで遺産相続の対象財産に制限を加えることとなります（改正民（相続）1028以下）（379）。

9 　遺産分割協議書上の押印

POINT

　遺産分割協議書上の「押印」は、その作成の真正を担保するもので、相続人の得た勝訴判決は、「押印」に代わるものとなる。

1　遺産分割協議により被相続人の不動産を取得した相続人は、直接、相続により所有権の移転の登記を申請することができます（明44・10・30民刑904）。

　この登記申請には、登記原因証明情報として、戸・除籍謄本の他に、作成の真正担保のため相続人の記名押印（71）と不動産を取得した者以外の相続人の印鑑証明書の添付のある遺産分割協議書の提供が必要となります（不登令別表㉒、昭30・4・23民甲742）。

2　遺産分割協議書に一部押印を欠く場合、例えば共同相続人ＡＢＣでＢが不動産を単独で取得したのに、Ａの押印を欠く場合には、まず、保存行為として、Ｂは単独でＡＢＣの法定相続による登記をし、次にＣの持分を全部Ｂに移転する登記をすることとなります。

　その後に、Ａの持分をＢに移転することにより、Ｂ単有とすることができますが、もし、Ａがこの持分移転の登記に協力しないときは、ＢはＡに対し、その持分移転手続をするよう訴求し、その勝訴

判決により、持分移転の登記をすることができます（不登63①）。

3　また、Aに対する遺産分割協議書真否確認の訴（民訴134）の勝訴判決を印鑑証明書の代わりとすることができるとするのが先例（昭55・11・20民三6726）です。

さらに、BがAに対して、所有権確認の訴えを提起しその勝訴判決により、Cの印鑑証明書も添付して、単独で遺産分割による相続登記を申請することもできます（平4・11・4民三6284）。

10　遺産分割による権利の移転

POINT

所有権の移転の登記原因日付は、被相続人の死亡の日に遡及する。

1　遺産分割とは、共同相続（80）において、過渡的に共同相続人が有する遺産を、その相続持分に応じて分割し、多くの場合、各共同相続人の単有とすることですが（民906以下）、特定の共同相続人間の共有とすることも遺産分割です。

2　被相続人の指定がなければ（民908）共同相続人の全員で分割の協議をすることができ（民907）、その協議ができないときは家庭裁判所の審判によることとなります。

いずれにしても、現物分割（111）に限らず、各財産を分配し、差額を金員で調整する方法もあります。この協議の本質は、各相続人間の相続分（持分）の交換類似の法律関係と解されます。

3　分割の効力は、相続開始時（民882）に遡及して生じます（民909）。したがって、相続による所有権移転の登記原因日付は、相続開始の日、つまり被相続人の死亡の日となります。

11 慰謝料の被担保債権適格性

POINT

慰謝料も金銭債権として、担保権の被担保債権とすることができる。

1 不法行為 （423） の場合、精神的損害をも賠償しなければならない （民710） ところ、慰謝料とは、この精神的損害の意味です。

　債務不履行の場合にも慰謝料を認めるのが一般です。

2 慰謝料は金銭賠償が原則です （民722・417）。したがって、担保権の被担保債権 （392） とすることができ、その表示も「慰謝料債権」とすることができます。

12 遺贈による所有権の移転

POINT

遺贈による目的物の所有権の移転の登記申請は、受遺者を登記権利者、相続人全員を登記義務者とする共同申請である。

1 遺贈とは、遺言により、遺産の全部又は一部を無償又は負担付きで他人に譲渡することで、単独行為 （268） である点で贈与と異なりますが、死因贈与 （164） には遺贈の規定が準用されます （民554）。

　遺贈を受ける者を受遺者 （187） といい、相続欠格者 （227） でない限り、誰でも受遺者となることができますが （民965）、実務上は、相続人が受遺者となる例が多いと思われます。

2 遺贈には、包括遺贈と特定遺贈があります。

　包括遺贈は、遺産全部、又は遺産の何分の一という形態でなされます。包括受遺者は、相続人と同一の法的地位に立ちます （民990）。

相続の承認、相続の放棄、遺産分割等の規定が適用されます。

特定遺贈は、特定の財産についてなされる形態です。目的財産が特定、独立したものであれば遺贈により、物権変動が直ちに生じます（民985①）。しかし、受遺者は遺贈を放棄することができます（民986①）。

3　遺言者の死亡により遺言の効力が生じると遺贈目的物の所有権が移転しますが、この登記の申請は、受遺者が登記権利者、遺贈者の相続人全員が登記義務者として、共同申請の形態（不登62）になります。先例（昭33・4・28民甲779）は、包括遺贈であって遺言執行者が選任されていても単独申請（不登63②）によるのではなく、共同申請（ 79 ）によるとしています。遺贈は贈与（ 241 ）であって、相続ではないことを理由としています。

4　遺言執行者の代理権限を証する情報は、指定遺言執行者（ 3 ）の場合は指定した遺言書、選定遺言執行者の場合は、その審判書が該当します。選定遺言執行者の場合、家庭裁判所において、遺言者の死亡の事実は確認されているので、指定遺言執行者の場合と異なり、その死亡の記載ある戸籍謄本等は必要ありません（昭59・1・10民三150）。

13　一物一権主義と登記

POINT

同一物に同一内容の物権は成立せず、一個の物の部分、集合物には原則として物権が成立しない。

1　物権法は、所有権と所有権を基礎とした制限物権（ 413 ）から構成

されています。それらは、排他性を有するので、一物一権主義とは、一つの物の上には、同一の内容の物権は二つは成立しないことを意味するとされます。このことから、同一物に二つの所有権は成立せず、登記上期間が満了していても、二重に地上権の設定 (275) の登記はできません(昭37・5・4民甲1262)。ただし、区分地上権の設定 (94) は可能な場合があります (民269の2)。

2　一物一権主義から、物の部分には物権は成立せず、物の集合物にも一個の物権は成立しないのが原則です。ただし、取引上の必要から、この主義には修正が加えられ、集合動産に対する動産抵当 (336) や企業担保権 (66) 等が認められ、登記することができます。

14　一般承継人による登記

POINT

一般承継人による登記申請では、登記申請人と登記権利者の表記が異なる場合がある。

1　登記権利者、登記義務者 (316)、登記名義人 (333) に相続「その他」の一般承継があった場合は、その一般承継人が権利に関する登記を「申請」することができます (不登62、所有権保存登記につき不登74①一)。

2　一般承継とは、相続の他、「その他」として会社の合併があり、相続と同様に考えることとなります。

3　例えば、一般承継としての相続による場合、登記の「申請」人は相続人であるものの、登記権利者等として表示される者は被相続人となります。

ここで相続人とは、登記義務者については「相続人全員」（昭27・8・23民甲74）であり、登記権利者については、保存行為（民252ただし書）（444）として、共同相続人（80）の一人からの登記申請もできます。

15 　一般の先取特権の登記

POINT

不動産上に成立した一般の先取特権は登記することができる。

1　一般の先取特権は、債務者の総財産の上に成立する法定担保物権です（民306）。つまり、一般の先取特権者は債務者の総財産から優先して弁済を受けることができます。

2　一般の先取特権は、債務者の総財産の上に成立し、債務者の個々の財産には、公示されません。

　　ただし、不動産上に成立する一般の先取特権は登記することができ（不登3五・83）、登記した一般の先取特権と抵当権の優劣は登記の前後によることとなります。

16 　委任による代理人の登記申請

POINT

登記申請の双方の代理は無権代理とはならない。

1　委任と代理権の授与とは、一応は別個の行為です。しかし、実際上

は、法律行為をすることを目的とする委任（民643）は、受任者に代理
権を授与する例が多く見られます。

2　登記の申請行為は、登記を求める公法上の行為ではあるものの、私
法取引の一環としてなされるので、登記の申請代理人（214）にも民
法の規定が類推適用されます。よって、復代理人の選任（民104、改正
民（債権）105・106）も認められることとなります。

　　また、双方代理（238）の規定（民108前段、改正民（債権）108①本文）
も類推適用されますが、登記の申請は、既に確定した法律行為を記
録するもので、新たに利害関係が生じない行為なので、無権代理と
はなりません（改正民（債権）108①ただし書）。

　　なお、代理人は行為能力者である必要もありません。しかし、任
意代理につき制限行為能力者を代理人とした場合、本人は代理人の
行為を取り消すことはできません（改正民（債権）102本文）。

17　「委任の終了」による所有権の移転

POINT

　「委任の終了」を登記原因とする「所有権移転」があっても、実体
的な権利主体に変更はない。

1　「委任の終了」を登記原因とする所有権の移転の登記は、いわゆる
権利能力なき社団（116）の代表者が交代した場合になされます（昭
41・4・18民甲1126）。権利能力なき社団の登記能力が否定される結果
（昭28・12・24民甲2523）、その代表者が受任者としての地位に立ち、登
記名義人となっているからです。

2　「委任の終了」によって、登記名義が新代表者に移転しても、所有

権の主体は権利能力なき社団であることに変わりはなく、実体的な所有権の移転はありません。

　この点が「民法646条2項による移転」（456）と相違する点です。「民法646条2項による移転」は、受任者が「自己の名」において取得した権利を委任者に移転する場合であり、実体的な所有権の移転があると解されます。

18　違約金の登記の方法

POINT

違約金は、不動産登記法上は「損害金」として登記される。

1　違約金とは、契約締結の際に、当事者で債務不履行のとき、債務者が債権者に支払うと定めた一定の金銭のことです。

　当事者の契約によって定まるので、違約金の性質は種々あるところ、民法は、「賠償額の予定」（民420③）（247）としています。

2　「違約金」自体は登記事項ではありません。しかし、定期金的性質を有する賠償の定めは「損害金」として登記事項となります（不登88①二、昭35・3・31民甲712）。

　不動産登記法の法文は「民法第375条第2項に規定する損害の賠償額の定め」とし、民法の同規定は「債務の不履行によって生じた損害」としていますが、債務不履行は生じるか否か確定できないので、上記不動産登記法の「賠償額の定め」とは、賠償額の「予定」と解することとなります。

19 遺留分減殺請求権行使と登記方法

POINT

遺留分減殺請求権は、「遺留分減殺」を登記原因とする所有権の移転の方法により行使される。もっとも、今般の民法改正（相続法）により、金銭の支払請求の方法によってのみ行使される。

1　現在の積極相続財産から、贈与、遺贈、「相続分の指定」、「相続させる」旨の遺言（ 6 ）による所有権の移転の額を引くと、遺留分の額に達しない場合に、遺留分が侵害されたこととなります。この場合に、遺留分権利者が自己の遺留分を保全する限度で、既になされた遺贈等による給付の返還等を請求するのが遺留分減殺請求です（民1031以下）。

　その性質は、遺留分減殺請求という意思表示によって、減殺の効果（実務上は所有権の移転）が発生する形成権と解されます。

2　遺留分に反する処分は当然には無効でなく、遺留分減殺請求の対象となるものの（最判昭35・7・19民集14・9・1779）、この処分に基づく所有権の移転の登記ができます（昭29・5・6民甲968）。

　この場合、遺留分権利者が自己の権利を登記するには、既になされた移転の登記を抹消するのではなく、遺留分権利者を登記権利者、受遺者等の現在の登記名義人を登記義務者とする共同申請（不登60）による移転の登記をすることとなります。移転の登記原因は「遺留分減殺」となります（昭30・5・23民甲973）。しかし、実質は「相続」なので、移転登記の登録免許税は「相続」の税率であり、また、農地法所定の許可は不要です。

3　反対に、遺留分に反する処分による登記がなされず、被相続人名義のままである場合は、遺留分権利者は、直接「相続」の登記をして

も差し支えないとされています（昭30・5・23民甲973）。

4　受贈者等が遺留分減殺による価額弁済（民1040①・1041）に代えて、他の不動産を遺留分権利者に移転することもでき、登記原因は「遺留分減殺による代物弁済」となります。

　　ただし、この原因は、相続、遺留分減殺ではないので、農地法所定の許可を要し、移転登記の登録免許税も「その他の原因」の税率となります。

5　今般の民法改正（相続法）により、相続分野の中の遺留分減殺請求の規定が改正され、遺留分を侵害されたときの減殺請求は、金銭の支払請求のみとされました（改正民（相続）1046①）。この結果、遺留分侵害による金銭の支払債務に代えて、不動産の所有権を移転する場合の登記原因は、「代物弁済」となるとも考えられますが、明確な通達の発出が望まれるところです。

20 遺留分権利者とその割合

POINT

相続人中、兄弟姉妹は、遺留分権利者ではない。

1　遺留分とは、一定の相続人に対し、法律によって留保されている遺産の一定割合です。被相続人は、遺言によりその死亡後、遺産を自由に処分できる（ 5 ）ものの、相続によって期待される利益や生活保護のため、被相続人の一定の近親者に遺産の一定部分を保障するものです。

2　この遺留分が保障される者を遺留分権利者といい、配偶者と直系卑属及び直系尊属に限定され、直系尊属のみが相続人の場合は、被

相続人の財産の3分の1、その他の場合は2分の1が遺留分とされます
が、兄弟姉妹は遺留分権利者ではありません（民1028）。

遺産に、この遺留分率を乗じて、遺留分額が算定されます。

21　隠居の要件と効果

（ POINT ）

旧民法上の家督相続の原因の一つで、届出によって成立する。

1　隠居とは、家督相続（ 48 ）の開始原因の一つです（旧民964一）。戸
　主が、家督相続人に戸主の地位を承継させる行為です。
2　隠居は、原則として、戸主の年齢が満60年以上で、法定又は指定の
　家督相続人の単純承認が必要です（旧民752）（普通隠居といわれま
　す。）。
3　隠居者及び家督相続人の届出によって隠居が成立しますが、家督
　相続人の届出は、上記2の相続人の承認となります。

22　請負による所有権の帰属

（ POINT ）

請負による所有権の帰属時期により既になされた権利の登記の効力
が問題となる。

1　請負は、当事者の一方（請負人、例えば建築会社）が、ある仕事を
　完成することを約束し（例えば家屋を建築する）、注文者がこれに対

して報酬を与えることを約束する契約（民632）です。有償（469）・双務（239）・諾成（266）・不要式契約（472）です。建設業法19条は、一定の事項に書面を要するとしていますが、請負契約の成立には、何らの方式を要しません。

2　完成した家屋の引渡し前の所有権の帰属については、主として表題登記の所有者の認定の場合に論じられ、請負人に原始的に帰属するとする見解と、注文者に原始的に帰属するとする見解がありますが、工事の進行により、数回に分割して注文者が報酬を支払っていれば、完成と同時に注文者に帰属するとする見解が有力です（最判昭44・9・12判時572・25）。権利の登記（115）でも、引渡し前の家屋に請負人が保存登記をし、抵当権設定の登記をすると、その効力が問題となります。

23　受戻権行使による所有権の移転

POINT

受戻権の行使は、「受戻し」を原因とする所有権の移転の登記による。

1　仮登記担保契約に関する法律は、債務者等の保護の立場から、債務者等は、債権者から清算金の支払を受けるまでは、債務を弁済して、目的物を受け戻すことができると規定しています（仮登記担保11本文）。これを受戻権といいます。

2　清算期間（仮登記担保2②）が経過した時の目的物とされる土地等の価格が、その時の債権等の額を超えるときは、債権者はその超える額に相当する額を債務者等に支払わなければならないとされ、これを清算金といいます（仮登記担保3①）。

3 一般的に、この清算金の支払債務と、仮登記担保契約による所有権の移転の登記義務は同時履行（338）の関係にあるところ（仮登記担保3②）、債権者があらかじめ所有権移転の本登記に必要な書類を預っている場合等には、清算金の支払のないまま所有権移転の本登記がなされる例があります。

4 このとき、債務者等は、受戻権の行使として目的の土地等の所有権を受け戻し、所有権の移転の登記をすることができます。

　　この所有権の移転の登記は、担保仮登記の登記義務者が登記権利者となり、登記原因を「受戻し」、その日付を、受戻しの意思表示が債権者に到達した日として申請されることになります。ただし、担保仮登記の本登記の日から5年以内であることを要します（昭54・4・21民三2592）。

24 氏の変動と登記名義人の氏名変更

POINT

　登記名義人の氏名変更の登記の登記原因日付は、身分変動の届出が創設的か報告的かにより異なる。

1 氏は、現行法では戸籍の編製の単位又は戸籍を同一にする夫婦と子の表示の手段にすぎないとされます（戸籍6）。

　　氏が変動すると戸籍の変動が生じ、不動産登記では、登記名義人の氏名変更（334）の登記として申請されます。

2 この氏名変更の登記の原因日付は、届出により身分変動が生じ、その結果氏が変動する場合（創設的届出の場合）と、身分変動が生じたことを事後的に届け出る場合（報告的届出の場合）とで異なります。

例えば、一般に婚姻（[142]）は届出によって成立し（創設的婚姻届）（民739①）、夫婦の一方の氏が変動するので（民750）、届出の日が氏の変更の原因日付となります。また、離婚の届出（[480]）により夫婦の一方に氏の変動が生じ（創設的離婚届）（民767①）、やはり届出の日が氏変更の原因日付となります。

一方、裁判上の離婚（民770・771）は、離婚裁判の確定によって成立するので、その離婚届は、既に生じた氏の変動を事後的に報告する届出であり、氏の変動の原因日付は離婚裁判が確定した日であって、届出の日ではありません。

また、外国の方式に従って身分行為がなされた場合（戸籍41）には、外国の方式による身分行為が成立した日であって、証書を提出した日ではありません。

以上のことは、養子縁組、その離縁、子の氏の変更の場合等（民810・816・814・791等）に生じます。

25 訴えと登記申請人

POINT

訴訟物によっては、必ずしも原告、被告と登記権利者、登記義務者が一致しない場合がある。

1　ある者（原告）が、特定の者（被告）に対して特定の権利を主張し、その主張の当否について裁判所の審判を求めることが訴えです。

審判の対象としての権利の主張が訴訟法上の請求、訴訟物と解されています。

2　訴えの提起の効果として、訴訟係属等の訴訟法上の効果の他、民法

等の実体法上の効果として従来は時効の中断が認められていましたが、今般の民法改正（債権法）により、改正前の民法147条は削除され、時効完成猶予と更新の規定（改正民（債権）147）が設けられました。

3　訴訟法上の請求、性質によって、確認の訴え（ 46 ）、給付の訴え（ 73 ）、形成の訴え（ 100 ）に分類されますが、訴訟物によっては、訴訟上の原告、被告と登記権利者、登記義務者が一致しない場合もあります。

　　例えば、財産分与を求める訴えにおいて、原告である妻が勝訴したにもかかわらず所有権の移転の登記を申請しないとき、被告である夫は、所有権の移転の登記の登記義務者ではあるものの、別訴において登記権利者である妻を被告として登記引取請求権を行使し、勝訴しなければ所有権の移転の登記の単独申請（不登63①）はできないとされています。

26　永久永小作権の「期間」

POINT

存続期間の定めの意味によっては、存続期間50年又は期間の定めのない永小作権となる。

1　永小作権の存続期間には制限があり、当事者の約定による場合は20年以上50年以下とされ、50年より長い期間のときは、50年とされています（民278①）。

　　存続期間は登記事項（ 320 ）とされ（不登79二）、20年未満又は50年を超えるときは却下（ 72 ）されます（不登25五）。つまり、存続期間

の規定は強行規定です。もっとも20年未満の設定は、賃借権と解する余地があります。

2 「永久」、「永代」との存続期間は、その意味が永久又は50年より長い期間の意味のときは「50年」、50年より短期間のときはその期間、期間を定めない意味のときは期間の定めのない永小作権として登記すべきとされます（昭5・4・22民405）が、当事者の真実の意味の確認は登記官には困難な場合が多いと思われます。

27 「永久」地上権の有効性

POINT

存続期間を永久とする地上権も、期間の定めのない地上権として有効である。

1 地上権（275）の存続期間は、設定行為で必ずしも定めることを要しませんが、存続期間が定められたときは、登記事項（320）となります（民268①、不登78三）。

2 この存続期間は、有期であることを要せず「永久」、「永代」とするのも有効とされています（大判明36・11・16民録9・1244）。

　もっとも、「無期限」との定めは「永久」ではなく「期間の定めのないもの」とし（大判昭15・6・26民集19・1033）、運炭車のためのレール敷地を目的とする場合の「無期限」の登記は「炭坑経営の継続する限り」と解されています（大判昭16・8・14民集20・1074）。

28 営業財産の内容

POINT

営業財産か否かにより、債権者の利害に影響を与える。

1 営業財産とは、不動産（420）、動産、担保物権（271）、債権（150）等、商人の営業のため、組織付けられた財産の全体で営業から生じる債務も含みます。

また、広義では、営業上の秘訣、のれん等を含みます。

2 会社の財産の全ては、営業財産です。個人商人の財産は、個人用の財産と営業財産に分かれますが、その区別は明確でない場合が多くあります。

しかし、この区別によっては、差押え等の債権者の利害に関係します。

29 永小作地の自作農創設特別措置法による買収

POINT

現在、永小作権は極めてまれで、ほとんど賃借権により、耕作されている。

1 永小作権は、小作料を支払って、他人の土地で耕作、又は牧畜をする権利であり、物権の一種であって（民270）、登記することのできる権利の一つです（不登3三）。

2 第2次世界大戦後に行われた農地改革により小作問題に根本的な改革が行われ、多くの永小作地は買収処分の対象となり、自作農創設特別措置法（175）（後に農地法に整理、統合され廃止）により小作

|30| 延滞税と抵当権設定の登記
|31| 応急措置法による相続分と遺留分　49

　人に売り渡され、現在では、永小作権は、ほとんど見られません。しかし、その買収の嘱託登記記録は、公示されています。
3　他人の土地で耕作又は牧畜をするには、賃借権でも可能であり、実際上、賃借権によるのが通例です。

|30|　延滞税と抵当権設定の登記

POINT

　延滞税は、実質的には、損害金として登記される。

1　延滞税とは、法定納期限までに国税を完納しない場合未納付の税額の遅延に対して課される、従たる税で遅延利息（損害金）の意味です（税通60①）。
2　延滞税の額は、未納税額の年14.6％が原則であり（税通60②）、その計算の基礎となる国税と合わせて納付しなければならないとされています（税通60③）。
　　その他、国税通則法61条〜63条が延滞税について規定しています。
3　延滞税は、例えば、相続税を担保（税通50以下）するための抵当権の登記事項として、「延滞税の額↔国税通則法所定額」と記録されます。

|31|　応急措置法による相続分と遺留分

POINT

　応急措置法による相続は、遺産相続である。

1　日本国憲法の施行に伴う民法の応急的措置に関する法律（応急措置

50　　　32　親子関係不存在確認の訴えによる戸籍訂正

法）により、旧民法の第4編と第5編に規定する家督相続（48）の制
度は廃止され、原則として、遺産相続（8）の規定が適用されます
（応急措置3・7）。

2　応急措置法は、昭和22年5月3日から、同年12月31日までとされ（応
急措置附則）その相続人の順位、相続分と遺留分は以下のとおりです。
　(1)　相続人の順位と相続分（応急措置7・8）
　　　第1順位　配偶者　3分の1　直系卑属　3分の2
　　　第2順位　配偶者　2分の1　直系尊属　2分の1
　　　第3順位　配偶者　3分の2　兄弟姉妹　3分の1
　　　※兄弟相続には、全血、半血の差がありません。兄弟姉妹の直系卑
　　　　属には代襲相続権がありません（昭25・10・7民甲2683）。
　　　・非嫡出子の相続分は嫡出子の2分の1です。
　(2)　遺留分（応急措置9）
　　　・直系卑属のみ、直系卑属と配偶者が相続人のとき　2分の1
　　　・その他の場合　3分の1
　　　※兄弟姉妹には、遺留分はありません（20）。

32　親子関係不存在確認の訴えによる戸籍訂正

POINT

　親子関係不存在確認の訴えにより、子は非嫡出子となり、本来入籍
すべき戸籍に移記される。

1　実親子関係も一種の法律関係とする見解により、その存否の確認
　の訴えが許されるとするのが通説です。
　　そこで、戸籍上の親子関係が存在しない場合、裁判によりその不

存在の確認を求める訴えをいつでも提起することができます。これを、親子関係不存在確認の訴えといいます。

2　この裁判の確定により親子関係が否定され、相互に相続人 231 の関係が否定され、戸籍を訂正することとなります。

　戸籍の記載上、例えば「甲野梅子との親子関係不存在確認の裁判確定」として従前の戸籍の記録を消除の上、親子関係のある戸籍に移記する戸籍の訂正を行います。

　この結果、子の戸籍が消除、移記されるので、子の氏が変動したり、相続登記の場合の、相続人の認定のため提供される戸籍、除籍が従前と異なることとなる場合が生じます。

　なお、この訴えにより、子は非嫡出子となりますが、嫡出子と同一の相続分を有するとされました（民900四）。

33 外国会社の認証

POINT

外国会社の存在を担保する認証中、特に台湾（中華民国）法による会社には、実務上、原則として台北駐日経済文化代表処の奥書きを必要とする。

1　例えば、外国法によって設立された会社が日本で営業している場合のように、日本の国籍を有しない会社が外国会社といわれます。

　外国会社は、外国法人であり、日本において成立する同種の会社と同一の私権を有します（民35）。

2　この外国会社が日本の不動産の登記名義人となる場合、日本において会社の登記がされているときは、その登記事項証明書が会社を証する情報となりますが、日本において会社の登記がされていない

ときは、本店所在地の官公署発給の代表者の資格を証する情報が必要とされます（登研183・52）。この文書には当該国の官憲の証明文が付与されています。

3 外国公文書の効力は、領事認証手続を経て認められるとされています。領事認証手続とは、当該文書の作成の真正を当該国の官憲が証明し、さらに当該国に駐在する日本の領事等が認証する制度です。

4 もっとも、ハーグ条約締結国間ではこの認証手続が免除されている上、日本はこの領事認証制度を採用していないとされるのでハーグ条約による証明は不要であり、登記官において、外国公文書について形式、方式から真正に作成されたとの心証が得られる場合はその効力が認められます（民訴228、登研617・145以下）。

5 ちなみに、台湾（中華民国）法によって成立し、日本において会社の登記がない会社については、台湾の主務官庁が発行する会社の登記簿謄本とこれに対する台北駐日経済文化代表処の奥書きにより文書の真正を担保するのが取扱いです（登研512・90）。

　ただし、これは台湾との過去の経緯によるものであり、絶対的なものではなく、これらの手続を経ていない文書でも、真正に作成されたと認められれば、一般の外国公文書と同様に扱うこととなります（登研800・109）。

34　外国通貨表示の担保権の通貨表示の変更

POINT

　債権額を外国通貨表示から日本通貨表示に変更する場合は、「担保限度額」は抹消される。

1 抵当権等の担保物権の登記は、債権担保のための登記であり債権

額（145）が登記事項です（不登83①一）。この債権額の表示が、例えば「米貨金○○ドル」と表示されているのが外国通貨表示の抵当権です（記録例376）。

2　外国通貨をもって債権額を表示する場合は、日本の通貨で表示した「担保限度額」も登記すべき事項です（不登83①五）。為替レートは毎日変動するので抵当権者等の優先弁済権（470）の範囲を「担保限度額」として明確に公示する必要があります。

3　債権額を外国通貨表示から日本通貨表示に変更することもできます。被担保債権の同一性があるからです。もっとも日本通貨に表示を変更する場合は、「担保限度額」は抹消されます。このときは、「担保限度額」は登記事項ではなくなるからです。

　　登記の目的は「抵当権変更」、登記原因を「平成○年○月○日債権額の表示変更」として変更後の事項を「債権額金○万円」と記録することとなります。

　　この変更の登記をしても、「担保限度額」の範囲であれば、後順位抵当権者等の利益を害することはないので、これらの者の承諾は不要です（322）。

35　会社合併による権利義務の承継

POINT

会社合併の形態により、権利義務の承継の効力の発生日が異なる。

1　会社合併とは、契約により、2つ以上の会社が1つの会社に合同して、当事会社の一部又は全部が消滅する組織法上の行為です。

2　全ての種類の会社は、全ての種類の会社を当事会社として合併す

ることができます（会社748〜756）。

　合併には、吸収合併と新設合併の2つの類型があります。

　吸収合併とは、当事会社の一部（一方）が解散（この会社を消滅会社といいます。）し、合併後存続する会社（この会社を存続会社といいます。）に吸収される類型で、その財産等は存続会社に承継されます。

　新設合併とは、当事会社の全部が解散し、新会社を設立（この会社を新設会社といいます。）する類型で、解散した会社の財産は新設会社に承継されますが、実際上は新設合併は少ないとされています。

3　消滅会社の財産は清算手続（223）をしなくても存続会社又は新設会社に当然に包括承継（340）されますが、吸収合併の効力は効力発生日に生じるとされ（会社750①・749①六・921）新設合併と異なり登記の日ではありません（会社754・922・49）。

36　会社分割による権利義務の承継

POINT

会社分割の形態により、権利義務の承継の効力の発生日が異なる。

1　会社分割とは、分割しようとする会社（これを分割会社といいます。）が有していた事業の全部又は一部を他の会社（これを設立会社又は承継会社といいます。）に承継させる組織法上の行為です。会社の合併（35）によって設立された会社又は承継した会社が被合併会社の権利義務を一般承継するのと同じ法的性質を有し、会社分割は会社合併と表裏の関係にあります。

2　会社分割には、新設分割と吸収分割の類型があります。

新設分割とは、分割によって新たに設立される会社（設立会社）が分割会社の事業を承継することです（会社2三十）。

吸収分割とは、既存の他の会社（承継会社）が分割会社の事業を承継することです（会社2二十九）。

3　新設分割の効力は「設立の登記」をしたときに発生します（会社49・764①・766①）。吸収分割の場合は、吸収分割契約で定めた「効力発生日」にその効力を生じます（会社757・758七・759①・760六・761①）。

会社分割の効力が生じると、設立会社又は承継会社は分割会社が有していた権利義務を分割計画書又は分割契約書の定めにより承継します。

37　解除の効果と登記の方法

POINT

解除により、「移転」ではなく「抹消」の登記が多くなされる。

1　解除とは、契約の当事者の一方のみの意思表示により契約関係を遡及的に消滅させることで、この意思表示をすることのできる地位、資格を解除権といいます（民540以下）。

2　契約の当事者の新たな合意により契約関係を消滅させる点で合意解除（合意解約）[120] と異なり、遡及効がある点で、将来に向かって契約関係を消滅させる解約 [42] と異なります。しかし、登記実務では、この点をあまり意識されずに多くは解除を抹消登記の原因に用いています。

3　解除には、当事者があらかじめ留保した約定解除と法律によって定められた法定解除がありますが（民540①）、解除によって、当事者

は原状回復義務（105）を負います（民545①）。この義務により、契約関係は遡及的に消滅し無効となり、履行したものについては不当利得（民703以下）になるとする見解と、当事者に新たな債権債務関係が生じるとする見解があります。登記記録としては、例えば、売買による所有権が解除され、前主に登記名義を戻すには、所有権移転登記を抹消する方法と、新たな所有権移転登記による方法が考えられますが、抹消による方法が多く用いられています。

38　買主の地位（契約上の地位）の譲渡

POINT

買主の地位の譲渡の場合の登記原因証明情報のひな型では、売主（登記義務者）、買主とその地位の譲受人（登記権利者）の関与が明示されている。

1　例えば、ＡＢ間で売買契約が成立すると売主Ａと買主Ｂには種々の権利義務が発生するところ、このような権利・義務を一括して譲渡するのが契約上の地位の譲渡です。

　つまり、買主Ｂの売主Ａに対する売買契約上の権利義務を一括して第三者Ｃに譲渡することです。

2　このような譲渡は、Ａ、Ｂ、Ｃを当事者とするほか、ＢＣ間のみでも可能です。ただし、ＢはＡに対し一括して権利義務を負っているので、Ａの意思に反することはできず、免責的債務引受（158）類似の関係として、Ａの承諾が要件です（最判昭30・9・29民集9・10・1472）。

　この点について、従来、明文の規定がありませんでしたが、今般、契約の相手方（Ａ）の承諾があると、契約上の地位が移転すると明文化されました（改正民（債権）539の2）。

　なお、賃貸借契約上の賃貸人の地位の譲渡についても明文化され

ました（改正民（債権）605の2）。

3　ＡＢ間で所有権移転時期に特約がある場合、その時期の到来前に
ＢＣ間で買主の地位の譲渡があると、その時期の到来によりＡから
Ｃに所有権が移転します。ＡからＣに直接所有権が移転するのでそ
の登記は、中間省略登記ではありません。

4　この点に関して、具体的なひな型としての登記原因証明情報の内
容が先例に示されています（平19・1・12民二52別紙2）。

　　同先例は、内容として、他にＢの署名又は記名押印を要するとし
ています。このような内容の真正を担保するには、登記義務者Ａは、
ＢＣ間の譲渡に関与していないので、Ａの他にＢの署名、記名押印
が必要となります。

39　回復登記

POINT

回復登記により、抹消する原因がないのに抹消された登記と同一の
登記が遡及的に回復する。

1　回復登記は、既になされた登記が「抹消する原因がない」のに抹消
された場合、その抹消された登記と同一の登記を回復させることで
す。つまり、登記の抹消が有効な原因によって行われた場合には回
復登記は許されません。

　　また、この回復により、登記と実体関係が符合していることを要
します。例えば、抵当権の登記を回復しても、既に弁済等により抵
当権が消滅している場合は、回復は許されません。

　　「抹消する原因がない」とは、実体法上、抹消すべき事由がない
ことで、第三者の不適法な抹消申請、当事者の錯誤による申請と登

記官の過誤による場合とされます。

2 抹消された登記を回復すると遡及的に抹消されなかったこととなり、抹消された登記と同一の登記がなされます（不登規155）。

　このことは、回復登記がなされるまでに権利の登記をした第三者の利益が害されるので、第三者の承諾を要することとなります。したがって、「登記上の利害関係人」（不登72）か否かは、第三者の利益が害されるか否かの点から判断されます（仮登記権利者につき昭39・11・20民甲3756、後順位根抵当権者につき昭52・6・16民三2932）。

3 回復登記の申請の登記権利者は、抹消された登記の登記名義人です。

　登記義務者は、現在の登記名義人、つまり回復登記がなされると登記上直接不利益を受ける者となります（316）。

40 買戻し特約の機能

POINT

買戻し特約は再売買の予約と同様、債権を担保する機能を有する。

1 買戻し特約とは、売買契約の締結と同時に、買主が一定の期間内に売買代金と契約費用を返還して、目的物を取り戻せる旨の特約で（民579）、買戻し特約付売買は解除権を留保した売買です（最判昭35・4・26民集14・6・1071）。なお、売買代金について、条文に括弧書きが付され、任意規定として「買主が支払った代金」の他、「特約による金額」を返還すれば買戻しができることとされました（改正民（債権）579前段）。

　法文上、買戻し特約の目的物は不動産とされていますが、その他、地上権、永小作権等の不動産を目的とする売買できる権利や工場財

団のように不動産とみなされるもの（工場抵当14①）も目的とすることができます。

2　買戻し特約は、目的物を買主から取り戻すことのできる権利ですが、同様の権利として再売買の予約があります。しかし、①買戻し特約は売買契約と同時になされることを要しますが、再売買の予約はその必要がありません。②買戻権の行使には売買代金と契約の費用の返還を要しますが、再売買の予約の場合は代金は最初の売買の代金と異なってもよいとされます。③買戻し特約の期間は最長10年とされるなど期間の制限がありますが（民580）、再売買の予約には、このような制限はありません。④対抗要件としての登記は、買戻し特約の場合は所有権移転登記と同時になされることを要するところ、再売買の予約に基づく所有権移転請求権仮登記（ 56 ）は所有権移転登記と同時になされる必要はありません。

3　実際上の作用は、買戻し特約も再売買の予約も債権担保にあるとされますが、上記のように買戻し特約には制限があるので、再売買の予約の方が多く用いられます。

　もっとも、公社、公団等の買戻し特約では、特定の政策に基づくものもあります。

41　買戻し特約の登記方法

POINT

　買戻権は、所有権とは別の独立した一個の権利として、その登記も、同一の受付番号ではあるものの所有権移転の登記とは別に申請される。

1　昭和35年の不動産登記法改正（昭和35年法律第14号）以前は、買戻

し特約の登記は所有権移転登記の原因の中で特約として公示されていました。しかし、この権利は独立した一個の権利であることから上記改正後は、買戻し特約の登記は売買による所有権移転登記の申請と同時に、別個の申請によることとされています（昭35・3・31民甲712）。つまり売買による所有権移転登記の付記登記（401）として同一受付番号によることとなります（不登19③、不登規3九、記録例509）。

2　所有権移転登記が仮登記である場合には買戻し特約の登記も、この仮登記に対する付記の仮登記によることとなります。そして、買戻し特約の仮登記は、所有権移転の仮登記と同時に申請されなくても所有権移転の仮登記の本登記までに買戻し特約の仮登記をすればよいとされています。もっとも、所有権移転の本登記と買戻し特約の本登記は同時に申請されることを要するとされるので（昭36・5・30民甲1257）、所有権移転の仮登記と買戻し特約の仮登記は同時に申請されることが望ましいとされています。

3　買戻し特約の登記の登記事項（不登96）の中で、買主が支払った代金、契約費用は各不動産毎に定めることを要し（昭43・2・21民甲335）、所有権移転登記の登録免許税は、契約費用に含まれます（最判昭42・9・7判時500・25）。

　買戻し期間は、10年を超えることはできず、これを超過するときは10年に短縮されるので（民580①後段）、申請情報は10年となります。また、期間を定めたときは、後日、これを伸長することはできません。

| 42 | 解約の効果と抹消登記原因 |
| 43 | 家屋番号 |

42　解約の効果と抹消登記原因

POINT

　賃借権等の継続的法律関係の登記の抹消原因は、「解除」でなく「解約」とするのが望まれる。

1　解約とは、継続的な債権関係、例えば賃貸借契約関係を、当事者の一方的な意思表示によって、将来に向かって消滅させることです。

2　契約関係が消滅する点では解除（ 37 ）と同一であるものの、その効力が将来に向かって生じる点で異なります。賃貸借の消滅の効果として遡及効を認めると、従前の物の利用等が不適法で法律の原因を欠くこととなり、その法律関係が複雑となり不都合となるので、将来効（民620）を認める場合が解約です。

3　解約と解除は登記実務上明確に区分して使用されず、解除とする例が多いものの、一部の金融機関では根抵当権設定の登記の抹消の場合に解約を使用する例もあります。

43　家屋番号

POINT

　家屋番号は、登記所によって建物の特定のため、一個の建物ごとに原則として敷地と同一の番号によって付される。

1　家屋番号は、建物の特定のため、一個の建物（ 267 ）ごとに付される番号で登記所が付番します（不登45・2二十一）。

　家屋番号は、不動産を識別するための事項として、申請情報の内容です（不登18、不登令3八ロ）。

2 地域ごとに建物の敷地と同一の番号で付番されます。もっとも、敷地が二筆以上の場合には、附属建物があるときは主たる建物が存する敷地又は附属建物が存しないときは、床面積の多い部分の敷地の地番が、家屋番号となるのが原則です（不登規112）。

なお、区分建物の家屋番号については、他に規定があります（不登規116）。

44 確定判決と同一の効力を有する証書による単独申請

POINT

確定判決により登記申請意思が擬制されるところ、公正証書では、登記申請意思は擬制されず、単独申請はできない。

1 登記手続を命じる確定判決（45）がある場合は、当事者の一方の単独申請（269）によることができます（不登63）。これは、確定判決によって、当事者の登記申請の意思が擬制（323）され（民執174）、共同申請（79）の一形態としての単独申請によることができるとしたものです。

2 このように登記申請の意思が擬制されるのは、確定判決に準じるものも同様です。

裁判上の和解（488）又は請求認諾調書（民訴267）（360）、民事調停法の調停調書等（民調17・18）（280）、家事事件手続法による調停調書等（家事268以下）も確定判決と同一の効力を有するとされます。

3 これに反して、公証人作成の公正証書は一定の金銭の支払等に執行力があり（民執22五）、登記申請意思は擬制されず、執行力がない（181）ものとして不動産登記法63条を適用することはできません。

| 45 | 確定判決の登記上の効力 |
| 46 | 確認の訴え |

45 確定判決の登記上の効力

POINT

　確定判決の正本は、登記原因証明情報となるほか、これにより単独申請ができる。

1　未確定の裁判に対し、上級の裁判所に再度の審査を求める不服申立方法を上訴といいますが、上訴によって取り消すことのできなくなった状態の判決を確定判決といいます。

2　確定判決は、その判決の内容により、既判力（ 70 ）、執行力（ 181 ）、形成力（ 99 100 ）を有し、その正本は登記原因証明情報となり、登記原因日付に影響を及ぼすことがあり、これにより、単独申請をすることができます（不登63①、不登令7①五ロ(1)）。

46 確認の訴え

POINT

　全ての訴えの基本である確認判決によっても、所有権保存登記が申請できる。

1　確認の訴えとは、ある一定の権利関係の存在又は不存在を訴訟物として、その存否の確認の判決を求める訴えのことで、確認訴訟ともいいます。

2　確認の訴えは、権利関係の存否を判断して既判力（ 70 ）のみを生じさせる訴えで、執行力を生じる給付の訴え（ 73 ）や権利関係の変動が生じる形成力を有する形成の訴え（ 100 ）と区別される類型です。

3 もっとも、給付の訴え又は形成の訴えにおいて、請求棄却 （220）の判決は給付請求権又は形成権の不存在を確定する確認判決と考えられます。

　そこで、給付の訴え、形成の訴えにおいても常に権利を確定する作用があるので、確認の訴えが全ての訴えの基本とされています。

　このことから、所有権の保存登記の場合の「判決」(不登74①二) とは、所有権が認められていればよいので、確認判決のほか、給付、形成判決でもよいとされています。

47 合併による所有権登記

POINT

　登記官による「合併による所有権登記」は、実質的には所有権保存登記である。

1 登記記録上、数個の土地を合併して単一の土地とすることを合筆といいます。例えば1番1に1番2の土地を合筆した場合、登記官により合筆後の1番1の甲区になされるのが「合併による所有権登記」です (不登規107①一、記録例32)。

2 合筆の登記の申請は、数個の土地を1個の土地とすることを登記官に求める公法上の行為で、登記官はこれに応じて合筆という行政処分をすることとなります。

3 この登記官の処分によって、1個となった土地にする単一の登記は、「所有権保存」（445）の意味を有する独立した新しい登記です。

|48| 家督相続による財産の承継
|49| 仮差押えの方法

|48| 家督相続による財産の承継

POINT

　家督相続は、旧民法下の戸主の地位の承継に伴う相続制度で、戸主以外の家族の財産の遺産相続と区別される。

1　家督相続とは、旧民法下において、家制度を前提とした戸主の地位の承継に伴う身分による相続制度とされます。財産を承継する遺産相続（|8|）と対比されます。

2　家とは、戸籍上、家として登録された親族団体であり戸籍上の観念的な団体とされています。

　　この家制度において、家の長を戸主（|139|）といいます（旧民732）。家には、戸主が必須であり、財産法上では、家に属する財産を独占しました。

　　戸主の地位の承継が家督相続であり、常に単独相続として、通常「長男」が家督相続人となり、戸主以外の家族の財産の共同相続である遺産相続とは区別されます。

　　第二次大戦後この制度は廃止されましたが、登記実務上は、現在でも相続登記の申請の処理上、重要な意義を有します。

|49| 仮差押えの方法

POINT

　不動産に対する仮差押えの執行は、強制執行の実行性を担保するため、民事保全法により「仮差押」登記によってなされる。

1　仮差押えとは、将来の金銭執行を保全するため、債務者の財産を仮

に差し押さえ、確保する手続です（民保1）。債権者が強制執行するまでの間に債務者の財産が散逸するのを防ぎ、強制執行の実効性を担保することを目的とするものです。

2　不動産に対する仮差押えの執行は、仮差押えの登記の方法によります。仮差押えの登記の嘱託（206）は、裁判所書記官によってなされます（民保47①③、記録例666）。

50　仮執行宣言付判決による登記

POINT

　判決の未確定の状態では登記申請の意思を擬制できないので、仮執行宣言付判決では、登記の単独申請はできない。

1　判決は、上訴等により取り消される可能性がありますが、取り消される可能性がなくなる状態になると判決は確定します（民訴116）。執行力（180）は判決の確定によって生じるのが原則ですが、未確定判決に確定した判決と同様の執行力を与える裁判が仮執行宣言です（民訴259）。執行力の発生の遅れによって勝訴者の権利を阻害するのを防止する趣旨です。

2　登記手続を命じる判決には仮執行宣言を付すことができません（大判明45・4・12民録18・377、通説）。

　　登記手続を命じる判決は、登記の申請という意思表示を擬制（323）するものであるところ（民執174①）、判決が未確定では、この意思表示を擬制できないので、仮執行宣言は付与できないからです。

3　そこで、もし仮執行宣言が付与された登記申請がなされても、単独申請はできず、却下される（不登25九）とするのが登記実務です（最判

昭41・6・2裁判集民83・675、昭25・7・6民甲1832)。

　もっとも、登記官が誤って受理した場合には、その登記は職権抹消(不登71①) はできません。その登記を無効とするには疑問があり、また登記自体からは無効と判断することはできないからです。

51　仮処分の登記（保全仮登記を除く）

POINT

　仮処分の登記は、債権者の権利が実行できなくなるおそれがあるとき又はその実行に著しい困難が生ずるときに嘱託され、相対的効力を有する。

1　売買等により当該不動産の所有権を取得した者は、その登記義務者（売主）が第三者に所有権を移転するなどして生じる損害を回避するため「処分禁止の仮処分」を申し立てることができます(民保23)。
2　この申立てには、申立人が所有権に関する登記請求権(所有権移転、所有権抹消、更正）を有することと、仮処分の必要性があることの疎明又は保証金の供託（ 78 ） が要件です（民保13・14）。

　処分禁止の仮処分命令による仮処分の登記は裁判所書記官が登記所に対し嘱託（ 206 ）します（民保53①③・47③)。この登記には、債権者（買主等）の住所、氏名は表示されるものの「禁止事項」は表示されません（平2・11・8民三5000)。
3　処分禁止の仮処分の効力は相対的効力です。例えば、所有権移転の登記義務者は第三者に新たに所有権を移転し、その登記をすることができ、抵触する第三者の登記の効力が否定されることとなります（民保58①、大判大12・5・21民集2・305、昭24・10・1民甲2272)。

つまり、仮処分の登記は権利関係を暫定的に定めるもので、対抗力の問題となります。

52 仮処分の登記に後れる登記の抹消

POINT

所有権の移転の登記と同時になされる仮処分の登記に後れる登記の抹消は、仮処分の効力の援用なので、後れる登記の全てについてする。

1 所有権について、登記請求権保全のための処分禁止の仮処分の登記（51）をした仮処分債権者は、仮処分債務者を登記義務者とする所有権の登記を申請する場合、仮処分の登記に後れる登記の抹消を単独で申請することができます（不登111①）。

2 「所有権の登記」とは、移転、変更、消滅の登記です（不登3）。仮登記を除き、更正、抹消回復登記を含みます。

　「処分禁止の仮処分の登記」は、登記の目的を「処分禁止仮処分」と記録されます（記録例690）。

3 「仮処分の登記に後れる登記」とは、例えば、仮処分の登記前に登記された抵当権の登記名義人が申し立てた競売による差押えの登記のように、仮処分の登記より後順位の登記であって、登記記録上から、仮処分に対抗することが明らかな登記のことです（平2・11・8民三5000第3　1(2)ウ）。

4 仮処分の登記に後れる登記の抹消の申請は、所有権の登記の申請と「同時」にしなければなりません（平2・11・8民三5000第3　1(2)エ(ア)）。

　また、この抹消の申請は、仮処分の効力の援用なので、全ての仮処分の登記に後れる登記についてしなければならないのが原則です

（平2・11・8民三5000第3　1(2)エ(ア)）。例えば、仮処分の登記後、A→
B→C→Dと所有権移転の登記が記録されている場合、これらの登
記を全部抹消しないと、仮処分債権者の所有権の登記は、登記義務
者（仮処分債務者）が登記記録と符合せず却下事由（不登25七）とな
ります。

53 仮登記された所有権・所有権移転請求権の移転

POINT

仮登記した所有権の移転の場合は、主登記により、所有権移転請求
権仮登記の場合は、付記登記による。

1　古くは、仮登記されている権利に更に仮登記はできないとの見解
　もありましたが、実記実務はこれを肯定しています（昭36・12・27民甲
　1600）。しかし、その仮登記の形態によって、その公示方法が異なり
　ます。
2　例えば、Aの有する仮登記が、所有権移転仮登記（不登105一）で所
　有権はAに帰属している場合、BがAから「所有権」を取得すると、
　Bのなすべき仮登記は「所有権以外の権利」ではなく所有権そのも
　のを目的としているので、付記登記（不登4②）によらず、独立した主
　登記によります。また、Aの登記は仮登記なのでBも仮登記（仮登
　記所有権移転の仮登記）により、Bの権利を保全することとなりま
　す（記録例575参照）。
3　例えば、Aの有する仮登記が所有権移転請求権仮登記（不登105二）
　で請求権のみがAに帰属している場合
　(1)　BがAからAの有する請求権自体を取得すると、「所有権以外」

の権利としてBは付記登記の本登記（付記による所有権移転請求権の移転の登記）によりBの権利を保全することとなります（記録例576参照）。

(2)　BがAの有する請求権を取得する請求権を取得すると、Aの仮登記に付記した仮登記（付記による所有権移転請求権の移転請求権仮登記）によりBの権利を保全することとなります（記録例577参照）。

54　仮登記担保権の抵当権的効力と本登記手続

POINT

担保仮登記は、抵当権とみなされるほか、最短でも清算金の見積額の通知から2か月が経過しないと目的物の所有権は移転しない。

1　担保仮登記とは、仮登記の中でも、金銭債務の担保のため、その債務不履行のとき債権者に債務者又は第三者の所有権等を移転等することを目的とする仮登記で（仮登記担保1）、金銭債務の担保のための代物弁済の予約（264）又は停止条件付代物弁済契約（293　263）を仮登記原因とする仮登記です（昭54・4・21民三2592第1　1）。

2　一般の仮登記は、順位保全の効力しかなく、そのままでは対抗力は認められません。

これに対し、担保仮登記の場合は、仮登記のままで抵当権とみなされ、優先弁済効が認められます（仮登記担保13）。

3　一般の代物弁済予約や停止条件付代物弁済契約では、予約完結権の意思表示や債務不履行の事実があれば、原則として、目的とされる不動産の所有権が移転します。

55 仮登記に基づく本登記　　71

　これに対し、担保仮登記の場合は、当事者の契約によって、所有
権が移転するとされる日以後に債権者が清算金の見積額（清算金が
ないときはその旨）を債務者、第三者に通知し、その通知が到達し
てから2か月を経過しないと所有権が移転しないとされています（仮
登記担保2）。

　したがって、所有権の移転の原因日付は、担保仮登記の原因日付
の公示日から2か月経過後の日付であることを要します（昭54・4・21
民三2592第1　1）。上記の手続をするには最短で2か月を要するから
で、2か月以前の日を原因日付とすることはできません。

55　仮登記に基づく本登記

POINT

　仮登記に基づく本登記は、仮登記の内容が同一であり、利害関係人
の承諾があるときになされる。

1　仮登記がされると、「余白」を設けなければなりません。仮登記に
　基づく本登記はこの「余白」になされます（不登規179）。
　　登記の対抗力は、本登記の時に生じ、仮登記の時（不登106）に生じ
　るものではありません。
2　本登記は、仮登記権利者と仮登記義務者の共同申請（ 79 ）による
　のが原則です。「余白」になされる本登記の登記内容は、仮登記によ
　って記録された登記内容と一致している必要があり、例えば、登記
　事項としての住所が相違している場合には前提として仮登記の変更
　をしなければなりません。
3　また、登記上の利害関係を有する第三者がある場合には、当該第三

者の同意がなければ、仮登記に基づく本登記をすることができません（不登109）。

この登記上の利害関係を有する第三者とは、仮登記に基づく本登記がなされると、当該不動産に対する権利を害されることが、登記の形式上明らかな第三者であり、登記に表われていない者は、第三者に該当しないとされています（最判昭39・7・24民集18・6・1198）。

具体的には、仮登記後の仮登記又は登記の登記名義人は、この第三者に該当します。

56 仮登記の順位保全効

POINT

いわゆる1号仮登記と2号仮登記とも順位保全の効力が認められ、この点で差はない。

1　仮登記は、将来、なされるであろう本登記（449）（終局登記）の順位の保全のためになされる予備登記です（不登106）。

登記される物権変動は既に生じているものの、本登記手続に必要な手続要件が欠けている場合になされる仮登記（不登105一）と、物権変動は生じていないものの、物権変動を生じる請求権が生じているときになされる仮登記（不登105二）があり、前者は物権保全の仮登記（1号仮登記）、後者は請求権保全の仮登記（2号仮登記）といわれます。

2　仮登記自体には、本登記のように対抗力（253）はありません。本登記をしたとき仮登記をした時点で本登記をしたこととなるので（不登106）、この本登記と抵触する仮登記後の処分は失効することとなります。

このような仮登記の効力は、物権保全の仮登記、請求権保全の仮登記の双方に認められ差異はありません（大決昭6・1・13新聞3243・12）。つまり、1号仮登記、2号仮登記とも順位保全の効力が認められます。

このように、その効力に差異がないので1号仮登記、2号仮登記間で更正登記が認められます（最判昭37・7・6民集16・7・1452）。

3 仮登記は、登記権利者と登記義務者との共同申請（[79]）（不登60）によるのが原則です。

しかし、仮登記は迅速性が要請され、また予備登記であることから登記権利者の単独申請（[269]）（不登107①）、仮登記仮処分（[57]）（不登108①）が認められています。

[57] 仮登記を命ずる処分と仮登記原因の疎明

[POINT]

仮登記を命ずる処分は、本案訴訟を前提としないが、その申立てには仮登記の原因となる事実の疎明を要する。

1 裁判所は、仮登記の登記権利者の申立てにより、仮登記を命ずる処分をすることができます（不登108①）。仮登記権利者による仮登記の単独申請（[269]）（不登107①）の一つの方法です。

2 民事保全法による仮処分は、本案訴訟（[446]）を前提とするところ、不動産登記法による仮登記を命ずる処分は、本案訴訟を前提とすることは必要ではありません。

3 この仮登記を命ずる処分を求める申立ては、仮登記の原因となる事実を疎明しなければなりません（不登108②）。

仮登記の原因となる事実として、不動産登記法105条1号の場合には、物権変動が既に生じていること、登記識別情報等の提供ができ

ないこと（不登規178）、不動産登記法105条2号の場合には、仮登記を請求することのできる請求権の存在の疎明が必要です。

疎明とは、仮登記の原因となる事実が、一応確からしいと裁判官に心証を抱かせることです。この疎明のため、公正証書以外の契約書等では、仮登記義務者の署名、押印（印鑑証明書付き）が求められるのが実務です。

58 換価分割の方法

POINT

遺産を売却し、その代金を分配する遺産分割の方法で、相続登記を前提とする。

1 換価分割とは、遺産分割（ 10 ）の方法の一つで、遺産を売却して得た代金を共同相続人（ 80 ）が各々の持分に応じて分配する方法です。
2 遺産を売却するためには、前提として、目的不動産に相続を原因とする所有権移転登記をし、共同相続人名義とする必要があります。

59 換 地

POINT

土地区画整理法等に基づき従前地に照応して交付される土地をいう。

1 換地とは、土地の区画整理（ 345 ）又は改良事業（ 344 ）において、

従前の土地に対して交付される土地をいいます（区画整理89、土地改良53）。

2　自然条件等を総合的に勘案して、換地は従前の土地に照応するものでなければなりません（換地照応の原則）。

　　不均衡のある場合や換地が定められない場合には金銭で清算されます（区画整理94、土地改良52の5）。従前の土地の地積より少ない地積の土地を交付する、いわゆる「減歩換地」が通例です。

60　元本確定後にできる事項

POINT

元本確定後の根抵当権は、普通抵当権と同様の性質を有することとなる。

1　根抵当権は、元本が確定すると、流動性を失い、普通抵当権と同様の性質を有することとなります。この性格から、次の事項が元本確定後に認められます。

2　元本確定後にできる事項

(1)　債権譲渡（149）、代位弁済（251）による根抵当権の全部移転又は一部移転（民398の7）

(2)　根抵当権の譲渡と放棄、根抵当権の順位の譲渡と放棄（民398の11・376①）

　　もっとも、元本確定前であっても「譲渡」等を「受ける」ことはできます。

(3)　更改による新債務担保（民398の7・518）

(4)　極度額の減額請求（民398の21）

(5)　根抵当権の消滅請求（民398の22）

3　なお、極度額の変更（増額、減額）と順位変更は、元本の確定の前後を問わず、することができます。

61　元本確定事由と登記の要否

POINT

元本確定の登記は、登記記録から根抵当権取引を継続しないと判断される場合は不要とされる。

1　元本確定によって、根抵当権はその性質が変化するので（ 60 ）、原則として、元本が確定すれば、その登記を要します。

　　ただし、登記記録上、元本が確定していると解される場合、つまり確定と同視できる場合は、この登記は不要です（昭46・12・27民三960）。これは、根抵当権取引を継続するか否か、登記によって判断できるか否かの相異です。

2　元本確定の登記をしなくても、確定と同視できる事由

　(1)　確定期日の到来（民398の6①）

　(2)　根抵当権者に相続が開始し、根抵当権の相続による移転の登記後、6か月以内に指定根抵当権者の合意の登記がない場合（民398の8①④）

　(3)　根抵当権の債務者に相続が開始し、相続による根抵当権の債務者の変更の登記後6か月以内に指定債務者の合意の登記がない場合（民398の8②④）

　(4)　根抵当権者が、抵当不動産の競売、収益執行を申し立てた場合

（民398の20①一）

(5)　根抵当権者が滞納処分による差押えをした場合（民398の20①二）

(6)　根抵当権設定者（個人）に破産手続開始決定があった場合（民398の20①四、破産258）

(7)　債権の範囲の変更によって、特定債権のみを担保することとなった場合

　以上は、登記記録から、当事者は根抵当権取引を継続しないと判断できる場合です。

3　元本確定の登記を要する事由

(1)　根抵当権者の確定請求があった場合（民398の19②）

(2)　根抵当権設定者の確定請求があった場合（民398の19①）

(3)　根抵当権者又はその債務者に会社合併、会社分割があり設定者が確定請求をした場合（民398の9③・398の10③）

(4)　根抵当権者が物上代位（415）により、差押えの申立てをした場合（民398の20①一・304）

(5)　根抵当権者が抵当不動産について競売手続開始又は差押えがあったことを知った時から2週間が経過した場合（民398の20①三）

(6)　債務者に破産手続開始決定があった場合（民398の20①四）

(7)　根抵当権設定者（法人）に破産手続開始決定があった場合（民398の20①四、破産257）

(8)　取引の終了の合意があった場合

　以上は、確定の登記をしないと、登記記録からは当事者が根抵当権取引を継続しないと判断できない場合です。

| 62 | 元本確定による根抵当権の性質の変化 |
| 63 | 元本確定前にできる事項 |

62 元本確定による根抵当権の性質の変化

POINT

元本の確定により、根抵当権の担保する被担保債権は特定の債権となり、根抵当権は付従性、随伴性を有することとなる。

1 　根抵当権は、「一定の範囲」に属する「不特定」の債権を担保する抵当権です（民398の2①）。

　　このような根抵当権に一定の事由（61）が生じた場合、担保すべき債権の元本が具体的に特定します。つまり、根抵当権の被担保債権が「不特定」の債権から「特定」の債権に確定します。これが「元本確定」の意義です。

2 　元本確定後に発生する債権は、もはや当該根抵当権で担保されません。また、「債権の範囲」の変更等の確定前でなければできない根抵当権の変更や根抵当権の処分（367）はできなくなります。

　　一方、元本確定後は付従性、随伴性を取り戻し、被担保債権の譲渡により根抵当権は移転し、弁済により消滅することとなります。

63 元本確定前にできる事項

POINT

今般の民法改正（債権法）により、元本確定前に免責的債務引受があっても、当該根抵当権は移らないとされた。

1 　根抵当権は、元本が確定するまでは、いわゆる流動性を失いません。この性質から、次の事項が元本確定の前に認められます。

| 64 | 機械器具目録　　　　　　　　　　79

2　元本確定前にのみできる事項
　(1)　債権の範囲、債務者の変更（民398の4）
　(2)　確定期日の定め又はその変更（民398の6）
　(3)　根抵当権の全部譲渡、分割譲渡（民398の12）
　(4)　根抵当権の一部譲渡（民398の13）
　(5)　根抵当権者、債務者に相続又は合併が開始した場合の相続又
　　は合併後の債権担保（民398の8・398の9）
　(6)　元本確定請求（民398の19）
　(7)　根抵当権が共有の場合の優先弁済の定め　371　（民398の14）
　(8)　追加的根抵当権の設定　285　（平元・9・5民三3486）
3　なお、元本確定前に免責的債務引受があっても、当該根抵当権を引
　受人が負う債務に移すことはできないこととされました（改正民（債
　権）398の7③・472の4①）。

| 64 | 機械器具目録

POINT

機械器具目録の記載は登記とみなされ、対抗要件となる。

1　機械器具目録（工場抵当法3条目録）が提出され、工場抵当権　296
　が設定されたときは、当該目録は、登記簿　332　の一部であり、そ
　の記載は登記とみなされます（工場抵当3②）。
2　工場に属する土地、建物に抵当権が設定されると、それに備え付け
　られた機械器具や工業の用に供する物にも抵当権の効力が及びま
　す。しかし、それを第三者に対抗するためには、機械器具目録に記
　載されている必要があります。つまり、機械器具目録の記載は対抗
　要件です（最判平6・7・14民集48・5・1126）　253　。

65 期間の計算方法

POINT

期間の計算方法により、登記原因日付が決定され、登記では、初日不算入が原則である。

1　期間とは、ある時点からある時点までの時間の継続です。期間満了を登記原因として登記を抹消する例があります。

2　時間以下の単位で期間を定めたとき（例えば10分間、1時間）は、期間の起算点は即時であり、例えば午前10時から4時間のときは、午後2時が満了となります（民139）。

　　日・月・年を単位とするときは、翌日から起算（初日不算入）し、日を最小の単位として暦に従って計算し、最後の日又は年の起算日に応当する日の前日の午後12時が満了点となります（民140・141・143）。

　　例えば、平成28年5月1日から5年間とする買戻し（ 40 ）については、平成28年5月2日から起算し、平成33年5月1日の午後12時に期間が満了し、5月2日に効力が発生するので「平成33年5月2日買戻期間満了」として買戻権の登記（ 41 ）を抹消することとなります（記録例516）。

　　もっとも、期間の末日が、休日等の場合は、その翌日が満了日となります（民142）。

3　ただし、年齢は、出生日が起算日であり（年齢計算①）、行政機関に対する申請等の期間の末日が、行政機関の休日に当たるときは、その翌日が期限となります（行政休日2）。

| | 66 企業担保権の目的と登記の効力 |
| | 67 期限付法律行為の登記方法 |

66 企業担保権の目的と登記の効力

POINT

企業担保権の得喪、変更は、登記が効力要件である。

1 　企業担保権とは、株式会社が発行する社債の担保のため、その会社の総財産を一体として目的とする担保物権です（企業担保1）。

　　財団抵当（155）は、主として、生産設備を目的とするに対し、企業担保権は、その他に、製品材料、売掛債権等の流動する企業の財産を総体的、一体的に目的とするものです。

2 　企業担保権の設定、変更は公正証書（132）によってしなければならず（企業担保3）、かつ、登記をしなければ効力を生じないのが原則です。この登記は、本店所在地の株式会社の登記簿になされます（企業担保4）。

67 期限付法律行為の登記方法

POINT

始期付法律行為の履行は仮登記により保全され、終期付の場合は、権利の消滅の定めとして登記できる。

1 　期限とは、法律行為（437）の効力の発生、消滅、履行期の到来を生じることが確実な事実に係らせる法律行為の付款（400）です。不確実な事実に係る条件（200）と対比されます。

　　このような期限の中で、法律行為の効力を発生させたり、債務の履行ができるようになる期限を始期（民135①）といい、効力が消滅

する期限を終期（民135②）といいます。

2　登記実務上は、「始期付」の仮登記（ 56 ）の例が散見されます。これは、例えば始期付売買契約により、買主が始期付所有権移転請求権を保全するための仮登記です（不登105二、記録例569）。反対に、登記の原因となる法律行為の終期は、「権利の消滅の定め」として登記事項となります（不登59五）。

68　期限の利益の機能

POINT

期限の利益は、原則として、債務者の利益のために存在する。

1　債務者は、期限の到来までは、その履行を請求されることはない等の利益を有し、これを期限の利益といいます。

　　期限の利益は、債務者のために存在するものと推定されます（民136①）。

2　期限の利益は放棄することができますが、これによって、相手の利益を害することはできません（民136②）。例えば、利息付金銭消費貸借の債務者は、利息を付さなければ、期限前に弁済することはできません。

　　期限の利益の放棄は、これによって、相殺適状（ 225 ）となることがあり、被担保債権は弁済されたこととなって（民505①）消滅し担保物権が抹消される場合があります。

3　債務者に一定の信用喪失事由があると、法律上、当然に期限の利益が喪失します（民137）。

　　その他、債権者、債務者の約定の事由による期限の利益の喪失の場合があり、これは期限の利益喪失約款といわれます。

|69| 議事録作成の必要性
|70| 既判力の実体的確定力　　　　　　　　　　83

|69| 議事録作成の必要性

> ### POINT
>
> 　登記原因について、第三者の許可、同意を証する情報として添付される。

1　議事録とは、会議体の議事要領、経過とその結果の記録で、登記実務上は、株主総会議事録と取締役会議事録が、登記原因についての第三者の許可等を証する情報（不登令7①五ロハ）|255| として添付される例が見られます。
2　株式会社の株主総会については、議事録を作成しなければなりません（会社318①）。議事録は、書面、電磁的記録で作成し議事の経過、その結果や出席取締役等の氏名、議事録の作成に係る職務を行った取締役の氏名等の記載が必要です。この議事録は、10年間、本店に備えられます（会社318②）。
3　取締役会の議事についても、議事録が作成され、出席取締役及び監査役は署名若しくは記名押印等をしなければならず、決議に参加した取締役であって議事録に異議をとどめない者は、その決議に賛成したものと推定されます（会社369③～⑤）。議事録は10年間、本店に備えられます（会社371①）。

|70| 既判力の実体的確定力

> ### POINT
>
> 　既判力は、確定判決に付与された効力の一つで、それに反する判断はできない。

1　既に確定判決 |44| が存する場合、同じ事項について、後訴で実

質的な判断ができない、又は前訴の判決どおりに判断しなければならない、とする確定判決に付与された効力を既判力といいます。形式的確定力に対して実体的確定力ともいわれます。

2 その根拠は、判決が確定しても、再度それに反する主張、訴訟が許されれば、紛争を解決できないし、また訴訟経済に反し、法的安定性の要請に反する点に求められます。

3 既判力は、主文（193）に包含する判断についてのみ生じるのが原則で（民訴114）、当事者間にのみ効力が及び第三者には及びません（民訴115）。

　この点、確定判決が登記原因証明情報として取り扱われる場合、何について判断されているのか注意が必要となります。

71 記名押印による書面の真正の担保

POINT

文書の作成の真正担保のため、記名押印が求められる。

1 記名押印とは、作成者の責任を明確にする等のため、作成した書面に氏名を記載し、印を押すことです。不動産登記令16条等にその例が見られます。

　一般に、署名（211）に代えて記名押印が認められます。

　氏名は自署することを要せず、印刷、印判さらには、他人に書かせてもよいとされています。

2 書面による登記申請の場合、申請書の作成の真正を担保するため、申請書に申請人等の記名、押印が求められています（不登令16）。

　また、民事訴訟法上文書の成立につき「署名又は押印があるときは、真正に成立したものと推定する。」とされ（民訴228④）、これが、

登記原因証明情報に登記義務者の記名押印が求められる理由の一つと考えられます。

72 却下事由の存在と登記申請

POINT

却下事由があると、登記官は補正の機会を与え、補正期間中は、登記申請を却下できない。

1　登記の申請があると、登記官は申請に関する事項を調査し、却下事由（不登25）等、不備がないか確認します（不登規57）。

　これは、申請情報（213）、添付情報（306）と登記記録（313）を照合して行います。法令は当然として、公知の事実（134）と職務上、知り得た事実が考慮されます（表示に関する登記についての不動産登記規則93条は、権利に関する登記についても考慮されるべきとされます。）。

2　却下事由が存する場合、補正ができるものであるときは、登記官は、相当期間を定めて補正の機会を与えます。その期間内は、却下することはできません（不登規60①）。

　補正することができないときは、取下げの機会を与えた上で却下することとなります。

　なお、登記が完了するまでは、申請を取り下げることができますが、登記の完了後はできません。

3　却下事由が存在するのに、誤って却下せずに登記がなされた場合の登記の効力については、不動産登記法25条1号から3号と13号（不動産登記令20条各号）該当のときは、無効となり、抹消される登記（不登71）

となります。

　反対に、不動産登記法25条4号から12号該当のときは、当然には無効とはなりません。

73　給付の訴え

POINT

　登記法上、給付の訴えによる給付判決は、登記手続を命ずる判決を意味する。

1　給付の訴えとは、給付請求権を主張する訴えで、確認の訴え（46）、形成の訴え（100）と共に訴訟類型の一つです。

　この訴えについて、原告の請求を容認する判決が給付判決です。

2　給付の訴えは、その請求権の存否を判断することから確認の訴えの一種とも考えられますが、給付判決は執行力（180）を有し、債務名義（159）となる点が確認の訴えと異なるところです。

　給付請求権は、実体法上何らかの形でその存在が認められることが必要であり、給付請求権の目的は「請求の趣旨」（民訴133②二）（222）によって明示されます。

3　もっとも、登記の単独申請（不登63①）の場合の「確定判決」とは実体法上の給付を命ずる判決（例えば、売買を命ずる判決）ではなく、あくまで登記手続を命ずる給付判決と解されます（明33・9・24民刑1390）。

74 休眠担保権の登記の抹消

POINT

いわゆる休眠担保権の登記の抹消の規定は、弁済供託を要件とするので債権額が確定できない担保権には適用されない。

---

1 担保権の登記の抹消は、登記権利者と登記義務者の共同申請（79）によるところ、登記義務者の所在が知れない場合は、登記権利者の単独申請（269）による登記の抹消の方法が、一定の条件の下で認められます。

2 まず、非訟事件手続法により、除権決定（207）を得る方法です（不登70①②）。

　　しかし、この方法は、あまり用いられていないのが実情です。

3 そこで、弁済期後、20年以上、権利の行使がない先取特権、質権、抵当権（これらをいわゆる休眠担保権といいます。）について、被担保債権、利息、損害金に相当する額について、弁済供託（78）の手続を経て、登記権利者の単独での抹消申請が認められます（不登70③）。

　　根質権、根抵当権も単独申請の対象となりますが、弁済供託をするので、確定後でなければなりません。

　　また、実質的には担保の趣旨であっても、譲渡担保権、仮登記担保権の登記、買戻権の登記は、単独で抹消の申請をすることはできません。被担保債権が登記されていないので被担保債権全額に相当する額が供託されているか判断できないからです。

75 共益費の内容

POINT

総債権者の利益のために支出された共益費は、一般の先取特権により担保される。

1 同一の債務者に対する、全ての債権者の共通の利益のために支出された費用を共益費といいます。公平の観点から、この費用の支出者のために一般の先取特権（ 15 ）が成立します（民306一・307①）。
2 共益費は、保存（ 444 ）、清算（ 223 ）、配当に関する費用です。
  (1) 「保存」とは、債務者の財産を維持することです。事実上の保存行為の他、時効の中断をする行為も含まれます。
  (2) 「清算」とは、債務者の財産の換価、取立て、弁済によって債務者の財産を整理することです。
  (3) 「配当」とは、債務者の財産を債権者間で分配することです。配当表の作成、その強制執行の費用が含まれます。

76 強制管理の方法

POINT

不動産を対象とする強制執行の一種で、裁判所が選任した管理人による収益により執行債権を弁済する方法である。

1 強制管理とは、金銭債権の満足を目的とした強制執行の一種で、不動産を執行の対象とするものです（民執43①）。
2 強制競売（ 77 ）は、債務者の不動産の所有権を換価する方法であるのに対し、強制管理は、裁判所が管理人を任命し、対象不動産を

|77| 強制競売の方法
|78| 供託の効果　　　　　　　　　　　　　　　　89

管理させて、その収益によって、執行債権を弁済させる執行方法です（民執93以下）。

　この方法による場合、「差押」の登記がなされ（記録例648）、その登記原因中に強制管理決定の旨が記録されます。

|77| 強制競売の方法

POINT

　目的不動産を差し押え、換価、売却して債権を弁済する強制執行の方法である。

1　金銭債権の満足を目的とする強制執行を金銭執行というところ、強制競売とは不動産に対しての金銭執行の一種です。
2　金銭債権を内容とする債務名義（|159|）（民執22）により、執行の目的としての不動産を差押え（|161|）した上で換価し、その売却金で債権の弁済をする方法です（民執45以下）。

　不動産上には、裁判所の嘱託により、「差押」の登記がなされ（記録例641）、その登記原因中に強制競売開始決定の旨が記録されます。

|78| 供託の効果

POINT

　受領拒否を原因とする供託には、弁済の提供が必要とされた。

1　債権者が弁済（|430|）の受領を拒否している場合又は受領不能の場

合、債務者は第三者である供託所に目的物を寄託して債務を免れることができます。これを、弁済代用の供託といいます。供託に関する民法494条の規定は、今般の民法改正（債権法）で全部改正され、債権者の受領拒否の場合の供託には「弁済の提供」の文言が法文に加えられ、「弁済の提供」が要件となりました（改正民（債権）494①一）。

また、「弁済者に過失があった」との立証は、債権者にあると解されます（改正民（債権）494②ただし書）。その他、法が債権者に供託請求権を与えている場合もあります（民578）。

2　債務者が法務局等の供託所に、供託の目的物を供託すると、債務者は債務を免れること、つまり債務が消滅するという効果を生じます（改正民（債権）494①）。休眠担保権の抹消の場合の供託（不登70③後段）（74）も同じ性質を有します。

79　共同申請

POINT

登記義務者が申請することにより、登記の真正を担保することを目的とする。その真正が担保される場合は、単独申請となる。

1　権利に関する登記（115）の申請は、登記権利者及び登記義務者（316）が共同してしなければならないとする原則（不登60）を共同申請の原則といいます。

2　これは、登記申請の真正を担保するものです。その登記をすると、登記上、直接に不利益を受ける登記義務者（不登2十三）が登記申請しているので、その登記の真正が担保されるとするものです。ここで、登記申請には、原則として仮登記の申請も含みます。

| 80 | 共同相続 | 91 |

3　もっとも、「法令に別段の定めがある場合」は、共同申請の原則は適用されません。

　　まず、登記の申請の性質上、単独申請（[269]）となる場合があります。合併等による権利の移転（不登63②）（[35]）や登記名義人の氏名等の変更、更正の申請（不登64）（[334]）、所有権保存の登記（不登74①一）（[445]）等があります。

　　次に、登記申請の形式上は登記義務者が存するものの、単独申請ができるとされている場合（「第60条の規定にかかわらず」と規定されている場合）があります。確定判決による登記（不登63①）（[45]）、根抵当権の元本の確定の登記（不登93本文）（[61]）等の他、仮登記義務者の承諾があるときの仮登記権利者の単独申請（不登107①）（[269]）の例が実務上、見られます。

80　共同相続

POINT

複数人が相続人となる相続形態で、各相続人の持分が登記記録に記録される。

1　共同相続とは、複数人の相続人が共同して相続をする形態です。旧民法は、単独相続である家督相続（[48]）を原則としていましたが、現行民法は家督相続を認めず、共同相続の制度が原則です。

2　共同相続の制度にあっては、被相続人の有していた相続財産（遺産）（[229]）は各々の相続人に承継されますが（民906以下）、遺産分割がなされるまでの相続財産の法定性質につき、反対の見解があるものの、一般的には各相続人の相続分（[234]）に応じた共有と解され、相

続による所有権の移転の登記も各相続人の「持分」（不登59四）（464）を公示すべきものとしています。この持分は、分数表示によって「何分の何」として、相続人の住所の次に記録されます（記録例189）。

81 共同抵当と後順位抵当権者の代位

POINT

　異時配当の場合、次順位の抵当権者は、同時配当のとき受けられるであろう額を限度として抵当権を代位行使できる。

1　同一の債権の担保として数個の不動産上に設定された抵当権を共同抵当権といいます（民392）。登記記録上では、共同担保目録によって共同抵当関係が公示されます（不登83②、不登規166以下）。
2　共同抵当権の目的とされる数個の各不動産は、各々債権額（145）の全額を担保しているので、債権者に有利です。

　また、代価の配当が同時配当によるか、異時配当によるかにより後順位担保権者の立場が異なります。例えば、時価3,000万円のX地と2,000万円のY地にAが共同抵当として被担保債権3,000万円の1番抵当権を有し、BがX地に被担保債権1,000万円の2番抵当権を有しているとすると、X地とY地が同時に競売される同時配当の場合には、AはX地から1,800万円、Y地から1,200万円、BはX地の残額1,200万円から1,000万円の配当を受けることとなります（民392①）。

　一方、AがX地のみから配当を受ける異時配当の場合、AはX地から全額の配当を受けるものの、Bは、X地からは配当を受けることができません。そこで、Bは、Y地について同時配当であれば受

けられた1,200万円を限度として抵当権を代位行使できることとなります（民392②・393、不登91）。結局、Y地の代金2,000万円のうち、Bが自己の債権額1,000万円を優先的に弁済を受けることとなります。この次順位者Bの代位は、代位される抵当権者Aの抵当権の登記に付記により記録されます（記録例395）。

82 共同根抵当権の成立要件

POINT

共同根抵当権の登記事項は、原則として全て同一であることを要し、これが異なる場合は、根抵当権の変更の登記を必要とする。

1　共同根抵当権は、「設定と同時」に「同一の債権」の担保として数個の不動産につき根抵当権が設定された旨の登記をした場合に成立します（民398の16）。これにより、民法392条が適用されることとなります。

2　「設定と同時」とは、当初から数個の不動産に根抵当権を設定する場合のほか、後から1個又は数個の不動産を、既に根抵当権の設定されている不動産に追加して設定 285 する場合も含みます（昭46・10・4民甲3230）。

　その登記申請は、共同根抵当権関係の成立を明示するため「共同根抵当権設定（追加）」とし、前登記を特定する事項が必要となります（不登令別表56申請情報欄ハ・ニ）。

3　「同一の債権」とは、債権の範囲、極度額、債務者及び根抵当権者という要素が、全ての根抵当権について同一であることを意味します。これらの事項が異なると、法律関係が複雑になるからです。全

94   83 共有の性格と共有持分権

ての根抵当権を同一にするには、根抵当権を変更し、その登記をす
る必要があります（民398の17）。

4 ただし、確定期日（ 61 ）、優先の定め（ 371 ）は、その性質上、異
なっていてもよいとされています。

　　確定期日（民398の6、不登88②三）が異なっていても、その中で最初
の確定期日が到来すれば根抵当権は全部確定するからです（民398の
17②）。

　　優先の定め（民398の14、不登88②四）は、共有している根抵当権者の
内部的な分配率であって、第三者に影響を与えないからです。

5 なお、根抵当権設定者が異なっていても共同根抵当権は成立しま
す。根抵当権設定者は、「同一の債権」の要素ではないからです。

83 共有の性格と共有持分権

POINT

　共有持分権は、所有権と同一であり、共有状態を公示する所有権保
存登記は保存行為として、共有者の一人が単独で申請できる。

1 共有の法的性格については複数者が同一の目的物について各々所
有権を有しているが、ただ、その所有権は目的物が同一であるので、
分量的な制限を各々が受けている権利状態をいうとする見解が有力
で、この制限された各々の所有権を持分権（ 462 ）といいます。

2 この持分権を第三者に対抗するためには登記（ 464 ）が必要です（不
登59四）。しかし、各共有者は、持分に応じて目的物の全部を使用（収
益）することができ（民249）、持分権の処分は、他の共有者に拘束さ
れません。もっとも、共有物を変更するには、他の共有者の同意を

必要とします（民251）。

　持分権の本質を所有権とすると、持分権の行使は、物権的請求権（412）と同一に考えられ、各共有者は単独で持分確認や妨害の排除を主張することができます。利用、改良行為は、持分の価格により過半数で決しますが、保存行為は単独ですることができます（民252）。この点で、共有状態を公示する登記（例えば共有名義とする所有権の保存登記）は各共有者が保存行為としてすることができます。

3　共有者は、いつでも共有物の分割請求（85）をして、共有関係を解消することができますが、5年を超えない期間について不分割の特約（84）をすることができます（民256①、不登59六）。

　分割について協議が調わないときは、分割を裁判所に請求することとなりますが、現物分割（111）を原則とし、それができないときは換価分割（58）によります（民258）。

84　共有物不分割特約の登記

POINT

共有状態が生じた形態により、この特約の登記方法が異なる。

1　共有者間で、5年を超えない期間内は、共有物を分割しない特約（不分割特約）をすることができ（民256①）、その旨の登記をすることができます。なお、5年を超える不分割特約は無効です（昭30・6・10民甲1161）。

2　この不分割特約の定めの登記は次のとおりです。

（1）　所有権の全部が移転し、共有者となった者の間に不分割特約

があるときは、「所有権移転」の申請情報、登記事項中に「特約」として「○年間不分割」と登記することとなります（不登59六、不登令3十一ニ）。

(2)　所有権の一部が移転し、前主と後主の間に不分割特約があるときは、「所有権一部移転」とする他、上記(1)と同様の登記をすることとなります（記録例204参照）。

(3)　共有とする登記が完了した後に、共有者間でこの不分割特約をしたときは、共有者の全員による申請（合同申請）（不登65）により、「所有権変更」としてこの不分割特約を「○年間不分割」と付記登記により公示することとなります（昭50・1・10民三16）。

(4)　ただし、共同相続人（　80　）間で、不分割特約をした場合は、相続登記の申請とは別途に、所有権の変更として、この特約を付記するとするのが先例（昭49・12・27民三6686）です。

85　共有物分割の方法

POINT

共有物分割の方法には、現物分割と代金分割があり、現物分割が原則である。

1　各共有者は、原則としていつでも共有物の分割を請求できます（民256①本文）。

個人主義に立つ民法は、共有から単独所有の状態を目的としているとされますが、共有物の分割によって、共有の状態が続く場合も、単有となる過程として肯定されます。

2　共有物の分割には、現物分割と代金分割の方法があります。

現物分割とは、例えば土地を分筆して各共有者が各々の分割後の筆を取得する場合で、共有物分割の原則形態です。

共有物を売却して、その代金を持分に応じて取得するのが代金分割といわれ、遺産分割の場合に多く用いられます（民906以下）。

3 共有者間で分割について協議が調わないときは、判決で分割方法を定めることとなります（民258）。これを共有物分割の訴えといい、形式的形成訴訟の一種です。

86 極度額の機能

POINT

極度額は、優先弁済の限度額の他換価の限度額を示し、その変更には利害関係人の承諾を要するが、元本確定後でも変更できる。

1 根抵当権は、確定した元本、利息等を「極度額」を限度として担保します（民398の3①）。この根抵当権の担保する限度額を極度額といい、優先弁済（470）の限度の他、換価機能の限度を示したものです（最判昭48・10・4判時723・42）。つまり、後順位担保権者が存しなくても、根抵当権者は極度額を超過する配当は受けられません。

反対に、極度額以内であれば利息（483）、損害金（246）は何年分でも配当を受けることができます（民375参照）。

2 この限度額としての極度額の変更は、後順位の担保権者を典型とする利害関係人の承諾を効力要件とし（民398の5）、根抵当権者と根抵当権設定者（目的不動産の所有者）の申請によることとなります。

3 根抵当権の極度額は、元本の確定後でも変更することができます（60）。つまり「確定前」との制限（例えば民法398条の4）がありません。

根抵当権の元本が確定すると、当該根抵当権の被担保債権は、確定時に存する債権に特定され確定後に発生した債権は担保されません。しかし、前記のように、利息、損害金は制限なく担保されるので、根抵当権者にとって、実益があることとなります。

87 極度貸付を担保する担保物権

POINT

極度貸付による債権は、増減変動するので根抵当権により担保される。

1 極度貸付とは、契約期間中であれば、契約によって定めた極度額に達するまで、何回でも弁済、貸付けを繰り返せる契約で、当座貸越契約 (335) がこの例です。残高が不足すると、当然に極度額まで貸し付けられます。
2 この契約による貸付債権は、増減変動する債権として、根抵当権 (363) の担保する債権となります。

88 居所と遺言の準拠法

POINT

居所は、遺言の方式の有効性の基準となる。

1 住所 (188) が不明のとき又は住所がないときは居所が住所とみなされます (民23)。

居所とは、継続して住んではいるものの、住所ほど密接な関係はない場所です。

日本に住所を有しない者については、日本における居所が住所となります。日本人、外国人を問いません。

なお、今般の民法改正（債権法）により、法文は改正はないものの民法23条は第3節から第4節に移されました。

2　居所は、民事訴訟の管轄権の基準となる他、登記実務では、相続の場合の遺言の方式の準拠法の基準として考慮されます（遺言準拠2四）。

89　寄与分の確定と相続登記

┌ POINT ┐

寄与分に関する事項は、必ずしも遺産分割協議書に記載されていなくてもよい。

1　具体的相続分（92）の算定の際の「特別の寄与」をした者とは、「共同相続人中の、被相続人の財産の維持又は増加について特別の寄与をした者」とされます（民904の2）。相続人でない者は含まれず、また夫婦の看護については、夫婦の協力扶助義務（民752）であって、「特別の寄与」に該当しないとされています。なお、今般の民法改正（相続法）により、特別寄与者の制度が新設されました（改正民（相続）1050）。これは、相続人でない親族が無償で療養看護や労務の提供をした場合に相続人に対して金銭の支払を請求することができるとする制度です。

2　この者の寄与分は、共同相続人の協議又は家庭裁判所の審判によっ
て定められますが、相続開始時の財産価格から、寄与分を控除した
ものを相続財産（229）として、民法900条から902条までの規定によ
って算出された相続分に寄与分を加えた額が寄与者の相続分となり
ます。

3　このようにして、寄与分を確定することは相続分の確定の手続と
考えられるので、寄与分は相続登記と一体としてなされることとな
ります。そこでは、遺産分割協議書（10）等には、必ずしも寄与分
に関する事項が記載されていなくてもよく、寄与分が定められたこ
とにより共同相続人の相続分が登記された相続分と異なることとな
った場合には、相続の更正登記ができる等、詳細な内容の先例（昭
55・12・20民三7145）が発出されています。

90　金銭債権の性質とその担保

POINT

　金銭債権からは、原則として、利息、損害金が発生し、今般の民法
改正（債権法）で法定利率の規定が年3％と改正された。

1　金銭債権とは、金銭の給付を目的とする債権（150）を金銭債権と
いうところ、一般には、一定額の金銭の給付を目的とする金額債権
を指します。

2　特約がなければ強制通用力のある貨幣で弁済をすることができま
す（民402①）。

　履行遅滞が不可抗力であっても債務者は免責されず、損害賠償額

（246）は法定利率（約定利率が法定利率より高いときは約定利率）によりますが（民419①）、利息制限法（482）の適用があります。

3　金銭債権は多く抵当権等の担保物権の被担保債権とされ、債権額、利息は、抵当権の登記事項です（不登83①一・88①一）。なお、法定利率は、今般の民法改正（債権法）により従前の年5％から年3％とされ、商法514条は削除されたので商事法定利率は民法によることとなります（改正民（債権）404②）。

91　均分相続の形態

POINT

現在、嫡出子と嫡出でない子との相続分に差はない。

1　均分相続は、共同相続（80）の場合、配偶者（380）の相続分を除いて、他の共同相続人間の相続分を均等とする相続形態です（民900）。特に相続人である子について諸子均分相続ともいわれます。

2　現在、嫡出子と嫡出でない子（278）とで、その相続分に差はありません。平成25年法律94号（平成25年12月11日施行）により、従来、嫡出でない子の相続分は嫡出子の相続分の2分の1とする民法900条4号の規定は改正され、これに関し、通達（平25・12・11民二781）が発出されています。

　　ただし、兄弟相続の場合の半血兄弟の相続分は全血兄弟の相続分の2分の1とする規定は改正されていません。

92　具体的相続分の算出

POINT

相続分が、相続財産に対する「割合」であるのに対し、具体的相続
分は、持戻し、寄与分の算出入後の「額」である。

1　相続分とは、各相続人が取得する相続財産（229）の総額に対する
割合で、指定相続分（民902）と法定相続分（民900・901）があります。
2　一方、相続人中の贈与（241）等を受けた特別受益者（342）につい
ては、その贈与等の価額が持ち戻されて実際の相続分が計算され（民
903）、また、相続人中の特別の寄与をした者については、寄与分（89）
を相続分に加えて、実際の相続分が計算されます（民904の2）。この
持戻し、寄与分を考慮した実際上の相続分が具体的相続分です。

93　国又は地方公共団体の嘱託登記

POINT

官公署の嘱託によっても登記手続は開始され、多くの不動産登記法
の規定が準用されるが、登記識別情報の提供は不要である。

1　権利に関する登記（115）は官公署の登記の嘱託によっても開始さ
れ（不登16①）、申請の方法（不登18）等多くの不動産登記法の規定が
準用されています（不登16②）。
　　国又は地方公共団体が登記権利者の場合には、国等に登記義務者
の承諾を得て嘱託義務があり、登記義務者の場合には、登記権利者
の請求があるときは嘱託義務があります（不登116）。

このように官庁、公署による嘱託により登記（206）がなされますが、「官庁」は裁判所等の広く国の機関を指し、行政機関に限定されません。「公署」も地方公共団体の公の機関を広く指します。

2　国等が登記権利者となる場合には、官公署の表示を要します（昭23・2・25民甲81）。

嘱託情報には、登記原因証明情報（不登61・16②）（315）、登記義務者の承諾を証する情報（不登令別表�73）の添付が必要ですが、官公署が登記権利者である場合には、登記識別情報の提供（不登22・21）（317）は必要ありません。虚偽の登記がなされるおそれはないので、登記義務者の承諾があれば登記識別情報の提供は不要となります。

3　国等が登記義務者となる場合にも、登記原因証明情報は添付情報となりますが、登記識別情報の提供は不要です。

また、登記原因についての第三者の許可、同意等（不登令7①五ハ）を証する情報（255）も不要です。不動産登記令別表に規定がないからです。

94　区分地上権の設定

POINT

区分地上権は、他の用益権、区分地上権、普通地上権と重複して設定することができる。

1　地下又は空間は、工作物を所有するため地上権（275）の目的とすることができます。地下又は空間の範囲を定めて設定されるので、区分地上権といわれます（民269の2①、不登78）。

通常の地上権、賃借権等でも工作物を所有する目的を達成できますが、これらの権利は当事者にとって不要な地表面をも権利の目的

とするので不経済な場合があり、このときに区分地上権が利用されます。地下鉄、地下駐車場、モノレール等のために設定されるのがその例です。

2 「第三者がその土地の使用又は収益をする権利を有する場合」でも、その全ての権利者等の承諾があるときは、区分地上権を設定することができます（民269の2②）。この第三者の権利とは、地上権、永小作権、地役権、賃借権等とされているので、区分地上権は用益権との重複設定が可能となります。ここで地上権とは、区分地上権を含むので、二つの区分地上権の目的とされる地下又は空間の範囲が重複しないとき、又は重複しても既に設定されている区分地上権者の承諾があれば設定することができます（範囲につき記録例255参照）。

　　また、通常の地上権は重複して設定できないところ（昭37・5・4民甲1262）、区分地上権と通常の地上権の重複設定は可能です。

95　契印の意味

POINT

契印は、一内容又は一連の内容の書類にその関係性を示すためになされる。

1　契印とは、一内容又は一連の内容の書類が数葉の紙から成立する場合、その成立関係を示すため各々のつづり目、継ぎ目に押される印の意で、各々別個の書類の関係性を示すための「割印」に対する用法です。

2　不動産登記の申請書が2枚以上のときは契印が必要となります（不登規46）。

　　その他民法施行法6条2項、公証人法39条以下に契印の定めがあります（なお、公証人法59条は用語の使用方法が若干異なります。）。

96 形式的確定力の種類

> **POINT**
>
> 裁判の形式的確定力とは、裁判の確定と同義であり、登記の形式的確定力とは、登記手続は、なされた登記を前提としなければならないとする効力である。

1 形式的確定力は、裁判の効力についてと登記の効力についてに区分されます。

2 通常の不服申立ての方法（再審を含みません。）によっては、取り消される可能性がなくなった裁判を形式的確定力が生じたといいます。裁判の確定（ 45 ）と同義です。既判力（ 70 ）は、形式的確定力が生じた裁判に生じ、実体的確定力といいます。

3 登記にも、対抗力 253 等の他、形式的確定力が認められます。登記が有効であれ、無効であれ、存在する以上、次の登記は、その登記を前提としなければならず、仮に無効な登記でも、これを抹消するには不動産登記法等の規定によらなければならないとする効力です。

97 形式的審査主義による登記申請の審査

> **POINT**
>
> 登記申請に基づく実体的権利関係の審査は、申請情報、登記記録等に基づく形式的な審査による。

1 権利に関する登記（ 115 ）の申請に際しては、登記原因証明情報

（315）の提供が必要です（不登61）。これにより、登記官は、物権変動が有効に成立したか否かを審査することとなり、この点では、実体的権利関係を審査することとなります。

2　しかし、この実体的権利関係を審査する方法は、登記の申請の際に提供された情報と登記記録（313）によるのが原則です。この場合、登記官は、申請に関する全ての事項を調査しなければならず（不登規57）、却下事由（72）（不登25）が見られなければ、登記を実行することとなります。つまり、実体的な権利関係を審査する方法が申請情報（213）、登記記録等によるとする形式的な方法であって、これを形式的審査主義といいます（最判昭35・4・21民集14・6・963）。

98　継親子の法律関係

POINT

継親子とは、旧民法上の親子の概念で実親子と同一の関係を生じるとされ、相続人となる資格があった。

1　旧民法（旧民728）は、継親子という親子関係を認め、実親子と同一の法定親子関係が生じるとしていました。

　　この結果、継子は、家督相続人（48）、遺産相続人（8）となる資格がありました。現行民法は、継親子関係を否定し、姻族、1親等の関係を有するにすぎません。もちろん、親権（212）も生じません。

2　「継親」とは、子の親（実親、養親、継親）の配偶者で、子にとって親でない者が家を同じくする場合で、「継子」とは親からみると配偶者の嫡出子、庶子、養子、継子です。典型的なのは、先妻との間の子と後妻との間の関係、又は夫と妻のいわゆる連れ子の関係です。

|99| 形成権行使の効果
|100| 形成の訴え　　　　　　　　　　　　　　　　　　　107

|99| 形成権行使の効果

┌ P O I N T ┐

　形成権の行使により一方的に法律関係が変動しその行使の日が登記
原因日付の基準となる。

1　権利の性質上、権利を有する者の一方的な意思表示によって、法律
　関係が生じるものを形成権といいます。例えば、詐欺、強迫によっ
　て意思表示をした者は取消権を有し、取消権が行使されると法律行
　為は遡及的に無効となるので（民96①）、取消権は形成権の一種とさ
　れます。解除権（民540以下）（|37|）も同様です。

2　形成権の性質は請求権（|221|）とは異なるものの、法文は請求権と
　するものがあります（地代の減額につき借地借家11、建物買取につき借地借
　家13）。その他、根抵当権者の単独による元本確定請求（民398の19）
　等も形成権とされています（平15・12・25民二3817）。

　　この点を登記原因証明情報の作成上留意しなければならず、場合
　によっては登記原因日付の判断が異なることとなります。

|100| 形成の訴え

┌ P O I N T ┐

　形成の訴えが確定すると、以後は形成された法律関係を前提としな
ければならない。

1　形成の訴えとは、実体法上の法律関係の変動を宣言することを求
　める訴えのことで、給付の訴え（|73|）、確認の訴え（|46|）に対する

訴えです。この形成の訴えを認容する判決が形成判決です。

2 形成判決が確定すると、法律関係が変動する形成力により、登記の目的である物権変動が生じます。また、形成判決は形成の原因たる形成要件又は形成権を確認し、この確認の判断に既判力（ 70 ）が生じます（通説）。

　形成力は、既判力、執行力（ 180 181 ）とは異なり、当事者以外の者にも及びその変動を争えなくなる効果（対世的効力）を生じ、以後は、形成された法律関係を前提とすることとなります。

101 継続的取引契約

POINT

根抵当権の被担保債権として、「一定の種類」として登記できなくても、特定の継続的取引契約として登記できる場合がある。

1 継続的取引契約とは、毎月一定数の物品を供給する等の契約で、特定の物を売買する等の一時的な契約に対する債権関係です。

　この継続的取引契約からは債権、債務が生じますが、これらは、根抵当権で担保されることとなります。

2 根抵当権の担保すべき不特定の債権の範囲は、債務者との「特定の継続的取引契約」から生じる債権です（民398の2②）。

　「特定の継続的取引契約」とは、債権者、債務者間の具体的な継続的取引契約を意味し、その特定のため、この契約の成立年月日、名称を表示します。名称は当事者が任意に付したものでよいとされ、各種の継続的取引契約の例が示されています（昭46・10・4民甲3230）。

3 種々の取引の形態があって、「一定の種類の取引」として根抵当権の債権の範囲とすることができない取引、例えば、「年月日リース取引契約」（平元・4・26民三1654）、「年月日ファクタリング取引契約による債権」（昭55・9・17民三5421）、「年月日フランチャイズ契約」（昭62・1・23民三280）は、「特定の継続的取引契約」として登記できます。

4 この特定の継続的取引契約から生じた債権が根抵当権の被担保債権（366）となり、この契約が成立した日以前に発生した債権は担保されません。これを避けるためには、「一定の種類による債権」を「債権の範囲」とする方法が利用されます。

102 競売の種類と所有権の移転の登記

POINT

競売の種類によって、所有権の移転の登記原因の記録が異なる。

1 競売とは、国家（裁判所）の管理下の公の競売で、目的物につき最高価格を申し出た者と売買契約が結ばれることです。

これには、強制競売の方法と、担保権の実行としての競売、自助売却の方法があります。

2 強制競売（77）とは、不動産に対して債務名義に基づき行われる強制執行の一種です（民執22以下）。強制競売によって、所有権が移転する場合は、「原因　平成〇年〇月〇日強制競売による売却」と記録（記録例650）されるほか、抹消の対象となる権利の登記が抹消されます。

3 担保権の実行をする場合の競売が、担保権の実行としての競売で（民執180）強制競売に関する規定が多く準用されます（民執194）。

登記実務上、この競売による所有権の移転の例がよく見られ「原

因　平成○年○月○日担保不動産競売による売却」と記録（記録例683）されます。

4　換価のための競売（ 58 ）を自助売却といい、担保権の実行としての例によるとされます（民執195）。登記原因が「平成○年○月○日競売による売却」として、所有権の移転の登記等が嘱託される点が異なります。

103　契約の種類と分類

> ### POINT
>
> 登記原因となる契約の種類により登記原因証明情報の記載内容に差が生じる。

1　相対立する意思表示が、合致することにより成立する法律行為を契約といいます。例えば、売りたい、買いたいとの意思の合致により売買（ 381 ）が成立します。遺言（ 5 ）のような一つの意思表示によって成立する単独行為に対します。

2　この契約は、当事者間の自由な意思に基づいて決定され（契約自由の原則）、締約の自由、相手方選択の自由、契約の内容の自由、契約の方式の自由をその内容としますが、一般に契約とは、債権契約（ 150 ）を指し、その他、物権を設定等する物権契約（ 410 ）、身分関係を発生させる身分契約も存します。例えば、抵当権の設定においては、債権契約としての金銭消費貸借の成立と、それに基づく物権契約としての抵当権設定契約が存し、身分行為としての離婚により、財産分与請求権が発生します。

3　民法は13種類の契約（有名契約又は典型契約（ 303 ）ともいいます。）

を定めていますが、これらに規定されていない無名契約（459）も契約自由の原則から認められます。これらの契約は、その性質によって、有償契約（469）、無償契約、双務契約（239）、片務契約、諾成契約（266）、要物契約（475）に分類され、登記原因証明情報の作成の場合に、この点が明らかにされる必要があります。

104 契約の成立と契約自由の原則

POINT

今般の民法改正（債権法）により、従来から認められていた契約の自由の原則が明文化された。

1 今般の民法改正（債権法）により、契約の締結、内容の自由と契約の成立と方式について明文の規定が定められました。

2 改正民法（債権法）521条1項は、契約の締結の自由と相手方を選択する自由を定めています。

改正民法（債権法）521条2項は、契約の内容の自由を定めています。

以上は、従来から、契約自由の原則として認められていましたが、明文化されたものです。

3 改正民法（債権法）522条1項は、申込みと承諾の合致によって契約が成立すると明文化しました。従来は、この点につき規定がありませんでした。

改正民法（債権法）522条2項は、原則として契約の成立には書面の作成等の方式による必要がないと明確に規定しました。

105 原状回復による権利の変質

POINT

原状回復により返還すべき給付には、実体的権利のほか、登記名義を含む。

1 原状回復とは、ある事実が生じなかったなら本来的に存在したであろうと考えられる法律上、事実上の状態に復帰させることです。

2 契約が解除 (37) されると、原状回復として、契約成立以前の法律状態に戻ります（民545①本文）。当事者は、契約に基づいた給付を返還することを要します（なお、今般の民法改正（債権法）により民法545条は一部改正され、金銭以外の物を返還するときは、金銭を返還する場合と同様、果実も返還すべきと明文化されました（改正民（債権）545③）。）。給付には、実体的な権利と形式的な登記名義を含み、権利の移転の形態と権利の抹消の形態があります。

3 また、損害賠償は金銭賠償 (90) が原則であるところ、原状回復義務が認められる場合もあり（民417・722①）、抵当権等の被担保債権となるときもあります。

106 限定承認の効果

POINT

限定承認は、共同相続人全員によることを要し、債務超過の場合は、「責任なき債務」を負うこととなる。

1 相続人は、相続によって得た財産を限度として、被相続人の債務、

遺贈を弁済 (430) すべきことを留保して相続を承認することができます (民922)。これを限定承認といいます。例えば、被相続人の積極財産が5,000万円、消極財産が8,000万円である場合、相続人が限定承認をすると相続人は、積極、消極の双方の財産を承継するものの、5,000万円の限度で8,000万円を弁済することを留保することとなります。

2　この限定承認は、相続財産 (229) が債務超過となる「おそれ」がある場合に利用されますがその例は少ないとされています。

債務超過の場合に限定承認があると、相続人は、「責任なき債務」を負うこととなります。すなわち、通説、判例は、相続人は被相続人の債務の全てを一度相続するものの、その返済は、相続した積極財産を限度とする有限責任と解しています。よって、債権者は、債務の全額を請求でき、限定承認者がこれを弁済しても非債弁済 (民705) ではないとしています。

3　限定承認は、熟慮期間中 (民915) に共同相続人全員によってなされます (民923)。

一度した限定承認は、原則として撤回できません (民919)。

107　限度貸付を担保する担保物権

POINT

限度貸付契約による債権は特定債権であり、普通抵当権により担保される。

1　限度貸付とは、金銭を貸し付けるに際して、あらかじめ一定の貸付限度額を約定し、借主の要求に応じて貸付金の累計額が限度額に達するまで、数回に分けて貸付けをする契約です。数回に分けての貸

付けである点で分割貸付（424）と類似しますが、限度貸付では、貸主には貸付義務がなく、必ずしも限度額まで貸付けがあるとは限りません。

2 また、限度貸付によって貸し付けられる債権は、既になされた限度貸付契約に基づく特定債権であって、債務者が一部弁済をしても、それに相当する金額が更に貸し付けられるものではありません。例えば、5,000万円を限度とする貸付契約を締結し、3,000万円を弁済しても、更に貸し付けられるのは2,000万円となります。

3 このようにして、限度貸付契約による債権は、現在又は将来発生するであろう特定債権とされます。

したがって、限度貸付契約から生じる債権を被担保債権とする抵当権は普通抵当権（296）であって根抵当権（363）ではありません。

この場合の登記原因は、「平成○年○月○日限度貸付平成○年○月○日設定」となります（昭42・11・28民三1067、記録例374）。

108 検認手続の目的と効果

POINT

検認のない自筆証書遺言による登記申請は、却下される。

1 自筆証書遺言（185）の保管者等は、相続の開始後家庭裁判所に検認を請求しなければなりません（民1004①②）。もっとも、平成30年7月13日公布された「法務局における遺言書の保管等に関する法律」によれば、法務局で保管される自筆証書遺言書については、検認の手続が除外されることとなりました（遺言保管11）。

検認は、遺言書の現状を保全する手続で、検認日現在の遺言の外部状態を調査し、遺言書の偽造等を防止することを目的とします。

それは、遺言の記載内容の適否、真否や遺言者の真意、効力を判断するものではありません。

また、家庭裁判所外で遺言書が開封されても過料に処せられるのはともかく（民1005）、検認の請求をすることができます。

2　このように、検認は遺言者の意思等を確定するものではなく、この手続を経ても遺言の信ぴょう性や有効性が確定されるものではありません。

しかし、家庭裁判所における手続として、不実の遺言を執行するのを防止する効果があり、検認を経ていない遺言より検認を経た遺言の方が、遺言の内容の真正を担保する効果が高いと考えられます。

そこで、相続を原因とする所有権の移転の登記申請の際に添付される自筆証書遺言には、家庭裁判所の検認を経ることを要し（検認手続が終了すると遺言書の原本に検認済証明書が契印され申立人に返還されます（家事47）。）、検認を経ていない登記申請は却下（ 72 ）されます（不登25九、平7・12・4民三4343）。

109　現物出資による所有権の移転

POINT

現物出資は、所有権の移転の登記原因となり、その原因日付は、会社設立以前の日となる。

1　現物出資とは、財産出資の一種で会社の設立等の場合に「金銭以外の財産」を出資することです（会社28参照）。

例えば、特定の不動産が必要な場合、この不動産を目的とし、その価格に相当する株式を与えることです。

2　現物出資は、会社法上、種々の規定があるものの、不動産登記法上
は所有権の移転の登記原因とされ（記録例235）、その登記原因日付つ
まり、不動産の所有権移転時期は株式会社の場合はこの不動産を全
部給付した日となります（会社34①参照）。この結果、所有権移転の原
因日付が会社設立の日（会社49）以前となるとする見解が有力です。

110　元物としての元本

POINT

法定果実である利息を生じる元物を元本という。

1　元物とは、広い意味では、使用の対価としての収益を生じる財産を
いいます（民13①一参照）。
2　金銭その他の代替物の使用の対価を法定果実というところ（民88
②）、このような法定果実のうち利息を生じる元物を元本といいま
す。
　抵当権設定の登記原因において、被担保債権が公示されますが、
利息が発生する元本か否かが検討される必要があります。

111　現物分割の方法

POINT

　現物分割は、共有者の持分価格に応じてなされるのが原則であるが、
調整することも許される。

1　現物分割とは、共有物（遺産）分割の方法の中で、原則的に行われ

る方法で、現物をそのまま分配することです。例えば、共有の一筆地を二筆に分筆（425）し、各々の単有とすることや、単に家屋は長男が現金は長女が取得するとする分割方法です。この方法は、共同相続の場合の遺産分割協議に多く見られます。

2　現物分割は、共有者の持分の価格に応じてするのが原則です。しかし、分割の結果、各共有者間で過不足が生じた場合には、持分の価格以上の現物を取得する共有者に超過分の対価を支払わせ、調整をすることも現物分割の態様として許されます（最判昭62・4・22民集41・3・408）。

112　原本還付できる書面とその手続

POINT

全ての添付書面が、原本還付できる書面ではなく、いわゆる印鑑証明書は還付されない。

相続登記の場合、戸除籍のみ還付される。

1　書面申請の申請人は、添付書面の原本を提出しなければならないところ、申請人に、この添付書面の原本を他の目的に使用する場合等、必要性があるとき、原本の返還を求めることができるのが、原本還付の制度です（不登規55①）。

2　原本還付の請求の目的となる書面は、契約書等、生の登記原因証明情報（315）、判決正本、遺産分割協議書、遺言書、住民票等があります。

ただし、印鑑に関する証明書、当該申請のためにのみ作成された委任状等については、原本還付請求は認められません（不登規55①）。

また、相続関係説明図（226）の提出があっても、相続を証する書面としての戸除籍の謄抄本のみが還付されます（平17・2・25民二457第17）。

3 申請人は、原本と相違ない旨を記載し、謄本を提出します。登記官は、内容が同一であれば謄本に原本還付の旨を記載し、登記官印を押印しなければなりません（不登規55②③）。

113 原本・謄本（抄本）・正本

> POINT
>
> 正本は、謄本の一種であり、外部的には原本と同一の効力があるものとされる。

1 原本とは、ある一定の事項を確定的なものとして表示するために作成した文書です。これに基づき謄本が作成されます。判決原本（民訴252）、公正証書原本（公証人42）がその例です。通常は一通です。

2 謄本とは、原本の内容を全部写したもので、原本の内容を証明する文書です。

　抄本とは、原本の内容の一部で、原本のうちの必要とされる部分を証明する文書です。戸籍謄抄本（戸籍10①）がその例です。

3 正本とは、謄本の一種で、外部的に原本と同一の効力を有するとして扱われる文書です。判決書の正本（民訴255②、民執26②）がその例です。登記申請の場合でも、単独申請のとき（不登63①）、確定判決の正本が必要です（不登令7①五ロ）。

114 権利質と登記記録

POINT

ほとんどの権利は、財産権として質権の目的となるが、抵当権自体を質権の目的とすることはできない。

1 質権（179）は、有体物（民85）のみならず、財産権を目的とすることができます（民362①）。この財産権を目的とする質権を権利質といいます。

権利質の目的となる財産権は、交換価値と譲渡性を有することが必要です（民362②・343）。特別法（例えば国民健康保険法67条等）によって除外された権利以外のほとんどの債権、株式等は、権利質の目的となります。

2 抵当権は被担保債権と付従性（406）・随伴性（218）があるので被担保債権に質権が設定されると、抵当権も質権の目的となります（記録例442）。もっとも、抵当権自体を被担保債権と分離して処分することはできないので、抵当権自体に質権を設定することはできません（昭30・3・8民甲434）。

3 賃借権も、権利質の目的とすることができます。多くは、賃借権に譲渡、転貸（282）ができる旨の特約がありますが、この特約がなくても賃貸人の承諾があれば譲渡性を有するので（民612）、権利質の目的とすることができます。

4 買戻権（40）を目的とした権利質も認められます。買戻権は物権取得権として、換価性、譲渡性（民執167参照）を有するからです。登記記録は「○番付記○号買戻権質入」とし、「所有権以外の権利を目的とする権利に関する登記」（不登規3四）として、買戻権の付記登記（不登規3九）に付記（401）することとなります。

|115| 権利に関する登記
120 |116| 権利能力なき社団（財団）の登記能力と強制執行

|115| 権利に関する登記

POINT

不動産登記法にいう権利の登記は10種類となった。

1　民法177条の規定する登記が、「権利に関する登記」で（不登2四）、不
　動産登記法3条に規定する権利の保存、設定、移転、変更、処分の制
　限についての登記です。「権利部」（不登2八）（|118|）に記録されます。
2　不動産登記法3条の権利とは、所有権等、民法上の物権が7種でした
　が、今般の民法改正（相続法）により、配偶者居住権が創設され
　（|379|）、登記することができる権利となりましたので（改正不登3九）、
　8種、債権として貸借権、特別法上の物権（採石権）の計10種類の権
　利です。

|116| 権利能力なき社団（財団）の登記能力と強制執
　　　行

POINT

　権利能力なき社団名義の登記はできないものの、その社団に帰属す
る不動産に対する強制執行について通達が発出され、その社団に属す
る不動産に対する執行をすることができる。

1　先例によれば、権利能力なき社団（財団も同様）に属する不動産は、
　権利能力なき社団の名義で登記することはできません（昭23・6・21民
　甲1897）。この不動産は構成員の総有であることを理由としていま
　す。
2　この不動産の登記の方法としては、①社団構成員全員の共有名義
　とする、②代表者の個人名義とする、③規約等により定められた個

人名義（その者が構成員である場合と構成員でない場合がありま
す。）とする方法（最判平6・5・31判時1498・75）があります。②、③の
場合には肩書を付すことはできません（昭36・7・21民三625）。

3　上記のように登記名義人（|333|）となれないとしても、実際の取引
においては、社団が権利、義務の主体となることが多く、特別法で
は、権利能力が認められています（例えば、民事訴訟法29条、民事
執行法20条、地方自治法260条の2等、ほかに供託規則13条、14条）。

4　そこで、権利能力なき社団の構成員全員の総有に属する第三者名
義の不動産に対する強制執行における登記嘱託（|206|）について、通
達が発せられています（平22・10・12民二2558）。上記③の場合に妥当
します。そこでは、登記嘱託書の登記権利者、登記義務者目録には、
登記記録上の所有者の住所、氏名の下に強制競売事件の債務者とし
て権利能力なき社団の名称、住所を付記し、強制競売開始決定の当
事者目録には所有者であることが確定判決等により確認された権利
能力なき社団を債務者として記載する、とされ、その取扱いは、仮
差押え（|49|）の場合にも適用されます。

|117|　権利の消滅の定め

POINT

登記事項としての権利の消滅の定めは、付記により登記される。

1　契約自由の原則から、契約の効力の発生、消滅を制限することも自
由です。この制限は「法律行為の付款（|400|）」であり、条件（|200|）
と期限（|67|）があります（民127以下）。この条件、期限の中で解除条
件、終期が「権利の消滅の定め」（不登59五、不登令三十一ニ、記録例207）
であり、「権利消滅事項」といわれ、登記原因となる法律行為の付款

として、所有権の移転の登記や所有権以外の権利の設定の登記に付記登記（不登規3六）によってなされます。

　登記原因証明情報（315）にこの権利消滅事項があるのに申請情報（213）にないときは、申請は却下（不登25八）されます。

2　権利の消滅の定めは、登記原因たる法律行為の付款としての解除条件、終期なので、意思表示である登記原因とは別の権利消滅の「特約」とは異なります（解除権留保の特約につき昭37・8・3民甲2225）。

3　所有権についての権利の消滅の定めは、所有権が絶対的、永久的権利であるとして、これを否定する見解もありますが、登記実務はこれを認めています（受贈者の終身を期限とする終期付贈与につき昭32・9・21民甲1849、解除条件付贈与及び解除条件付賃貸借契約につき昭39・12・15民甲3957）。

4　所有権以外の権利（用益権、担保物権）についても権利の消滅の定めは可能です。

　もっとも、民法、借地借家法等の強行規定（例えば存続期限の定め）に反する場合は、権利の消滅の定めの登記をするまでもなく無効です。

5　この権利の消滅の定めの登記の後、その権利が消滅し、その登記の抹消や移転の登記をするときは、この権利の消滅の定めの登記は、登記官が職権により抹消します（不登規149）。

118　権利部の記録事項

> POINT

所有権とそれ以外の権利に関する事項が権利部に記録される。

1　登記記録（313）は、表題部と権利部に区分されます（不登12）。そ

して、権利部とは、権利に関する登記（[115]）が記録される部分です（不登2八）。

2　権利部は、法（不登15）により委任された法務省令により、甲区と乙区に区別されて、甲区には、所有権に関する登記事項が記録され、乙区は、所有権以外の権利に関する登記事項が記録されます（不登規4④）。

　なお、共同人名票はありません。

119　権利変換による所有権の変更

POINT

　区画整理等により、土地等の所有権が強制的に変更され従前地の権利に相当する権利が取得される。

1　権利変換とは、土地の区画整理（[345]）等の結果として、地区内の土地について、土地の権利者の意思にかかわらず強制的に権利を消滅させ、整理後等の土地（換地（[59]））を従前の土地とみなして、従前地の権利に相当する権利を取得させることです。

2　土地の所有権等の権利に強制的に交換、分割、合併その他の変更（交換分合）を加える公用換地ともいわれます。

3　土地区画整理法86条以下のほか、土地改良法52条（[344]）以下、マンションの建替え等の円滑化に関する法律70条以下、都市再開発法70条以下等に権利変更の規定が見られますが、その目的は、土地の利用の増進にあります。

120 合意解除・合意解約の異同

POINT

契約の消滅に遡及効を認めるのが合意解除であり、将来効を認めるのが合意解約である。

1 合意解除とは、既になされた契約に対して、契約当事者が遡及的になかったこととする新たな契約です。解除契約ともいわれます。合意による契約の解除なので、解除権者の単独行為（268）による解除とは異なります。

　ただし、合意解除によっても第三者の権利を侵害することはできません。この点は、法定解除（民545①ただし書）（37）と同様です。

2 合意解約とは、契約当事者の合意により継続的債権債務関係を将来に向かって解消することで（42）、借家契約を解消するのがその例です。契約当事者の合意によるので、その内容は自由ではあるものの、一定の制限がある場合があります（例えば、農地18）。

3 登記実務では、登記の抹消原因と関係しますが、両者の区別は意識して用いられていないのが実情です。

121 合意の登記

POINT

合意の登記により、指定根抵当権者又は指定債務者が根抵当権取引を継続する者として公示される。

1 根抵当権の元本確定（62）前に債務者に相続が開始した場合、根抵当権者と根抵当権設定者との合意によって、相続人の中から、根

抵当権取引を継続すべき者を定めたときは、相続開始時に存する債務とその相続人（指定債務者につき記録例492）[183]が相続開始後に負担する債務を当該根抵当権が担保することとなります（民398の8②）。同様に、根抵当権者に相続が開始した場合（民398の8①、指定根抵当権者につき記録例491）もありますが、その例は少ないと思われます。

2　相続の開始後6か月以内に根抵当権取引を継続する者を定めるこの合意の登記をしないと、根抵当権は、相続開始の時に確定したものとみなされます（民398の8④）。相続の開始後、6か月以内にこの合意の登記をするまでの根抵当権は確定したとも、確定していないとも考えられるので、合意の登記をすれば、確定していない状態が明確となります。

3　合意の登記は、その前提として、債務者の相続の場合は相続人全員を債務者とする根抵当権の変更の登記が、根抵当権者の相続の場合には相続人全員を根抵当権者とする根抵当権の移転の登記が必要です（不登92）。

　この結果、指定根抵当権者、指定債務者とならない相続人も債権、債務を承継する者として公示されることとなります。

　なお、この合意の登記は、相続人が1人であっても必要です。

122　更改と新債務の担保

┌─ POINT ─────────────────────────

　今般の民法改正（債権法）により、更改の場合の「要素」が明文化されるとともに担保権の新債務への移転は、あらかじめ又は同時に相手方への意思表示によるとされた。

1　更改とは、既存の債務を消滅させ、同時に新債務を成立させる契約

です。既存の債務の消滅と新債務の成立とは因果関係があり、従前は、既存の債務が消滅しないと新債務は成立せず、新債務が成立しないときは既存の債務は消滅しないとされていました。しかし、個々の事例によって判断されるのが適切として今般の民法改正（債権法）により、改正前の民法517条は削除されました。

2　「債務の要素」を変更する契約が更改契約とされますが、上記改正により「債務の要素」の意味が明確にされました。それによれば、債務の要素とは、給付の内容についての重要な変更、債務者の交替、債権者の交替とされました（改正民（債権）513、なお、改正前の民法513条2項は削除されました。）。

3　更改によって、既存の債務が消滅すると、既存の債務のための担保権も付従性により消滅すると考えるのが論理的ですが、上記改正は、更改後の債務へ担保権を移すことができ（改正民（債権）518①）、担保権の新債務への移転の意思表示は、あらかじめ又は同時に更改の相手方に対してしなければならないとされました（改正民（債権）518②）。更改による担保権の変更については、記録例412、413、414が示されています。

123　交換の効果

POINT

交換には、売買の規定が準用されるが、登記原因証明情報上、交換による財産権を具体的に記載することを要する。

1　「金銭以外の財産権」を互いに移転させる契約を交換といいます（民586①）。

例えば、当事者の一方が土地所有権を移転し、他方が建物所有権を移転する場合です。

交換を原因とする所有権移転登記（記録例227）の申請の際の登記原因証明情報では、「金銭以外の財産権」を具体的に記載する必要があります。

2　交換は、有償（469）、双務（239）、諾成（266）、不要式（472）の契約とされ、売買の規定が準用されます（民559本文）。したがって、当事者は、売主と同一の権利義務を負うこととなります。

3　なお、当事者の一方が「金銭以外の財産権」とともに金銭の所有権を移転する場合もあり、この金銭は補足金とされ、補足金付交換については、売買代金に関する規定が準用されます（民586②）。

124　後見人の種類と権限

> POINT

後見人は、被後見人の財産を管理し、被後見人を代表するが、被後見人の居住用不動産の処分には、家庭裁判所の許可を要する。

1　管理権を有する親権者（212）がいない場合の未成年者や成年被後見人、任意後見契約による委任者の保護を目的として付される者を後見人といいます。同趣旨の制度として、保佐人、補助人があります。

2　未成年後見人は、親権者であった者の遺言による指定（民839）と一定の者の請求による家庭裁判所による選任（民840①）があります。

成年後見人は、家庭裁判所の後見開始の審判のときに職権で選任

されます（民843①）。現行法上、成年被後見人の配偶者は当然には、後見人にはなりません。

　後見人は、未成年者、成年被後見人のため財産を管理し、法律行為について、被後見人を代表します（民859）。ただし、成年後見人が、成年被後見人の居住用不動産を処分するには、家庭裁判所の許可が必要で（民859の3）、この許可は登記原因についての「第三者の許可」として添付情報となります（不登令7①五ハ）。

3　任意後見契約は、公正証書（125）によることを要し（任意後見3）、家庭裁判所により、任意後見監督人が選任された時から、その効力を生じ、後見人の職務が開始されます（任意後見2一）。後見人、後見監督人の氏名、住所等は登記されます（後見登記4）。

125　公示催告の効力

POINT

公示催告は、権利の届出を催告するもので、届出がないと、除権決定がなされ、当該権利は失権する。

1　公示催告は、権利の届出をさせるために行われ、この届出がないと失権の効力が生じます（非訟99・106①）。

　この申立ては、簡易裁判所に対して行い、公示催告期間の終期等が裁判所の掲示板、官報に掲載され、この公示催告の期間は原則として、少なくとも2か月とされています（非訟100～103）。

2　公示催告期間内に権利の届出又は権利を争う旨の申出がないとき、公示催告した権利につき失効の効力が生じる旨の裁判がなされま

す。これが「除権決定」（ 207 ）です（非訟106①・107）。

3 権利の抹消の申請（多くは担保権の抹消）は共同申請（ 79 ）が原則であるところ（不登60）、登記義務者の所在が知れない場合には、除権決定を得た上で登記権利者が単独で抹消の申請をすることができます（不登70①②）（ 269 ）。

126 公示による意思表示

POINT

相手方又はその所在を知ることができないときの意思表示の方法である。

1 相手方のある意思表示をしようとする場合、相手方が誰か、又はその所在を知ることができないとき、有効な意思表示をすることができません。

このような場合に、意思表示を有効とする手段が公示による意思表示の方法です（民98）。

2 公示送達に関する規定に従って、裁判所の掲示場に掲示し、掲示した旨を官報又は新聞紙に掲示して行います。

この方法による意思表示は、最後に掲示をした日から2週間を経過すると相手方に到達（ 339 ）したものとみなされ、意思表示の効力が生じます。

127 公示の原則と登記

POINT

不動産の物権変動を公示する登記には、対抗要件としての登記と成立要件としての登記がある。

1 物権の変動（排他的な権利の変動）は、何人に対しても主張できるものとして、外部から認識できるようにして、取引の安全を図る必要があります。公示の原則とは、この認識できる表象として、不動産の物権変動については、登記（310）を伴うことを要するとする原則です。

2 登記による公示を不動産物権変動の第三者に対する対抗要件とするか、成立要件（効力要件）とするか立法例により異なりますが、現行民法は、原則として登記を不動産物権変動の対抗要件とし（民177）、例外として成立要件としています（民374②等）。

128 工場財団の設定と登記

POINT

工場財団は不動産とみなされ、所有権と抵当権のみの目的となる。

1 工場に属している個々の土地（347）、建物（267）、機械器具、工業所有権等を担保の目的とするよりも、これらで財団を組成した方が工場所有者に有利であるとして、工場財団が設定され、工場財団は不動産（420）とみなされます（工場抵当14①）。

2 工場財団は、工場財団登記簿に所有権保存の登記をすることによっ

て成立します（工場抵当9）。工場財団は所有権、抵当権以外の権利の目的とすることはできず（工場抵当14②）、所有権保存登記後、6か月以内に抵当権設定の登記をしなければ、工場財団としての効力がなくなります（工場抵当10）。

3 工場財団は、「工場」について設定され（工場抵当8①）、工場は「場所」「空間」を伴うので組成物件として土地、建物の所有権、地上権、賃借権を含む必要があります。機械器具等のみでは工場財団とはなりません（昭24・9・15民甲2052、昭33・11・4民甲2289）。

129 公証人による文書の真正担保

POINT

公証人が作成、認証した文書は、真正が担保されている。

1 公証人とは、当事者等の嘱託により、法律行為その他私権に関する事実につき、公正証書を作成し私署証書（私文書）と会社法等による定款を認証する権限を有する者をいいます（公証人1）。法務大臣が任命、監督し、法務局又は地方法務局に所属しています（公証人10・11・74）。公証人役場で執務が行なわれます（公証人18）。登記実務では、公正証書遺言（131）の例が多く見られます。

2 登記の書面申請において、公証人の認証した申請書には、印に関する証明書の添付を要しないと規定されています（不登令16②、不登規48①二。なお、承諾書につき不登令19①、不登規50①）。公証人により、真正が担保されているからです。

130 公信の原則と登記

POINT

現行法は公信の原則を採用していないが、これを認めたのと同様の結果となる場合がある。

1　公信の原則とは、権利が存在しないのに、権利が存在すると思われるような公示（外形）がある場合、それを信じた者を保護し、権利が存在するものとする原則です。公示に公信力を認めて、善意の第三者を保護することとなります。ただし、第三者の過失の有無については見解の対立があり、無過失を要するとする見解が有力です。

2　現行法は、不動産登記に公信力を認めていないので、第三者が登記を信じて不動産（420）取引に入っても保護されません。

　　そこで、民法94条2項等の適用により、結果として、第三者の保護を図ろうとするのが多数の判例です。

131 公正証書遺言の確実性

POINT

公正証書による遺言は、その内容が確実なので、これによる所有権の移転も確実となる。

1　公正証書（132）による遺言は、その要件が定められ（民969）、その内容が明確で、紛争予防の点からも確実な遺言の方式です。このことから、相続による登記申請の場合に、公正証書遺言が多く用いら

れています。

2　公正証書の遺言は、その作成に際し、本人、相続人、相続財産の確定のため、本人の印鑑証明書、相続人の戸籍謄本、住民票等が必要とされ、その原本は公証人役場に保管され、また、家庭裁判所の検認手続は不要です。

132　公正証書と登記申請

POINT

公正証書中の執行受託文言では、不動産登記法63条1項の単独申請はできない。

1　公証人が、公証人法等により、法律行為その他私権に関する事実について作成する証書を公正証書といいます（民施5①一、公証人1一）。

2　公正証書は、証明力（公証人2）のほか、金銭の一定額の支払又はその他の代替物等の給付を目的としたものについてのみ執行力を有します（民執22五）。

　　したがって、登記手続を命じる条項と執行受託文言（債務者が直ちに強制執行に服する旨の陳述）のある公正証書は不動産登記法63条1項の判決（181）とならず、これによって登記をするには、一般の申請手続によることとなります（明35・7・1民刑637）。

133 更正登記

POINT

更正登記は、実体と一部符合しない登記の一部抹消である。

1 登記完了後、当該登記事項に錯誤又は遺漏があった場合に、これを訂正する登記です（不登2十六）。登記官の過誤によるときは登記官の職権により（不登67）、申請人の過誤によるときは申請によりなされ、更正について登記上の利害関係人（322）があるときはその者の承諾を要します（不登66）。

2 判例（最判昭38・2・22判時334・37、最判昭44・5・29判時560・44等）によれば、更正登記は次のとおりとされています。①実体的権利と登記が「一部」符合していない場合になされる。②「一部」符合していないとは「一部」符合していることなので登記の「全部」の抹消はできない。③更正は「一部」抹消だから、更正の前後を通して登記に同一性がなければならない。同一性がなければ「全部」抹消（452）となる。

134 公知の事実と登記原因証明情報の要否

POINT

公知の事実は、証明を要しない事実である。

1 公知の事実とは、一般に、通常の知識や経験を有する者が少しも疑問を有しないで、その存在があるとして、知れ渡っている事実のことです。

公知の事実は、裁判所に顕著な事実として、裁判上の自白とともに、証拠による証明を要せず認定できる不要証事実です（民訴179）（473）。

2 登記原因が公知の事実に関わる場合、登記原因証明情報の提供の必須化（不登61）の例外として、その提供を不要とする見解も有力です。

135 公売処分による嘱託登記

（ POINT ）

所有権の移転とこの所有権を目的とする権利の抹消の登記が、公売処分による嘱託登記の内容となる。

1 滞納処分（262）による公売（税徴94）を「公売処分」（不登115）といいます。

滞納処分とは、租税等の強制的徴収手続をいい、国税の他、地方税も国税徴収法によるとされています（地税48）。

2 公売処分があると、次の登記の嘱託がなされます（記録例716）。

(1) 権利の移転の登記→この場合、滞納処分による差押えの登記が前提としてなされていることは、必ずしも必要ありません（昭40・5・11民甲1013）。差押えの登記がなくても公売処分の効力に変わりはないからです。

(2) 消滅した権利の登記の抹消→公売により所有権等が移転すると、所有権等を目的とする権利、他の処分制限は消滅、失効します（税徴124）。

(3) 滞納処分に関する差押えの登記の抹消→この差押えの登記は

目的達成により、不要となります。

3 滞納処分による差押えのある不動産についても強制執行することができるので（滞調法12・13）、強制競売による差押えの登記は、公売処分による権利の移転の登記をしたとき、登記官の職権により抹消されます（滞調法16）。

136 高齢者消除

POINT

消除された戸籍では、相続人を認定することはできない。

1 戸籍実務上、100歳以上の者で、所在が不明でその生死、住所の調査資料を得ることができない場合、職権で戸籍が消除されます（昭32・1・31民甲163）。

2 これは、戸籍整理が目的の行政処理であって、高齢者消除された戸籍は、相続を証する情報とはなりません（昭32・12・27民三1384）。

137 国際私法の意義と目的

POINT

渉外私法関係に適用すべき準拠法を決定するのが国際私法であり、特に相続に関する登記の添付情報の効力が問題となる。

1 複数の国に関係して私法関係（取引、婚姻等）が生じ、それを規律する統一法がない場合、この渉外的私法関係に最も密接な関係を有

する法を準拠法（どこの国の法律を適用するか根拠となる法律）

（195）として選び、これを適用して解決することを目的とする法

を国際私法といいます。

2 不動産登記の実務でも、渉外事件の処理の国際私法として、「法の

適用に関する通則法」、「遺言の方式の準拠法に関する法律」の適用

があります。

特に、相続登記における相続人の認定や添付情報として、外国官

憲が作成、認証した相続証明書、遺言書の効力が問題となる事例が

あります。

138 国税徴収法・国税通則法による国税等の徴収

POINT

国税徴収法は、公法上の金銭債権の強制徴収の基本法であり、国税
通則法は、各種の国税の基本的事項を定める。

1 国税徴収法は、国税徴収の基本法で、国税の滞納の場合の国税債権

と私債権の優劣に関する規定と滞納処分の手続に関する規定が主な

内容です。

滞納処分（262）の手続は、地方税の他、公法上の金銭債権の強制

徴収の手続（例えば、健康保険法183条）に準用されているので、国

税徴収法は強制徴収の基本法とされています。

2 国税通則法は、国税に関する基本的、共通的な事項を定めています

（税通1）。各種の税法に特別の規定がなければ国税通則法の規定が

各種の国税に適用されます。

139 戸主と家督相続制度

POINT

戸主は、「家」のための権利義務を有し、その死亡により家督相続が開始した。

1 旧民法上、戸籍に家として登録されている親族の団体を「家」といい、戸主と家族とで構成されていました。戸主は、「家」のため権利・義務を有する者、つまり戸主権を有する者であり、「家」の長として「家」には必ず戸主がいなければならないとされました（旧民732以下）。

2 戸主は、家族の身分行為に対する同意権等の他、「家」の財産は、原則として長男子のみが相続（家督相続）（48）し、「家」の制度が維持されました。第二次大戦後の現行民法によりこの制度は廃止されましたが、現在の登記実務でも「家督相続」を原因とする権利の承継の例が見られます（記録例191）。

140 戸籍の附票の機能

POINT

戸籍の附票により、戸籍に記載されている者と登記に記録されている者が関連付けられる。

1 戸籍（141）には住所は記載されません（戸籍13）。住民基本台帳法が、戸籍といわゆる住民票上の住所を関連付けています。

141 戸籍簿・除籍簿の編製と再製　139

2　戸籍の附票は、戸籍を単位として作成され、戸籍の表示の他、氏名、住所等が記載され、一定の者の請求により、その写しが交付されます（住基台帳16以下）。

3　登記実務では、住所を証する情報（例えば不登令別表㉘添付情報欄ニ）とされる他、相続登記の場合の被相続人の特定にも利用されます。

141　戸籍簿・除籍簿の編製と再製

POINT

戸籍は、夫婦と氏を同じくする子を単位として編製される。

1　戸籍は、夫婦とこれと氏を同じくする子ごとに編製され（戸籍6本文・9）、これをつづったのが戸籍簿です（戸籍7）。

　このように編製された戸籍内の全員が、死亡、転籍等により除かれた場合、その戸籍は戸籍簿から取り除かれ、別綴りとなります。これが除籍簿です（戸籍12）。なお、磁気ディスクによって戸籍、除籍を調製することができ、その蓄積を戸籍簿、除籍簿とする（戸籍119）とされています。

2　戸籍簿、除籍簿共に、原則としてその謄本等の請求をすることができ（戸籍10・12の2）、相続（231）を証する情報の一部となります。相続人の認定のためには、戸籍、除籍の連続性が必要とされるところ、戸籍簿、除籍簿の全部又は一部が滅失し、又はそのおそれのあるときは再製され（戸籍11・12②）、これにより連続性が保たれます。

|142| 婚姻の効果
|143| 混同による権利の消滅

|142| 婚姻の効果

POINT

婚姻により、氏が変動し戸籍も変動することがある。

1　婚姻とは、男女が結婚することで、民法上、婚姻は法律婚主義によるとされ、その成立には実質的要件と形式的要件があります。

　実質的要件として、婚姻適齢（民731）、重婚でないこと（民732）等があります。

　形式的要件として、戸籍法上の届出をすることで、これにより婚姻が成立します（民739、戸籍74）。

2　婚姻の効果の中で、夫婦は婚姻の際に定めるところに従い夫又は妻の氏（ 24 ）を称するとされるので（民750）、婚姻の成立日付を登記原因日付として登記名義人の氏名の変更の登記が申請されることとなります。内縁関係ではこの効果はありません。

3　婚姻が成立すると、その日から配偶者としての相続権が生じます（民900）。法律婚主義なので、いわゆる未届の内縁の配偶者には、民法上の相続権はありません。

|143| 混同による権利の消滅

POINT

混同を登記原因として権利の登記を抹消する場合、その例外としての第三者の存否について、登記を要するか否か、見解の対立がある。

1　混同とは、対立する二個の法律上の地位が同一人に帰属することです。二個の法律上の地位を「併存させる必要がない」ので一方の

法律上の地位は消滅することとなります。

　民法は、物権（413）の混同と債権（150）の混同を規定していま
す。物権の混同とは、例えば、抵当権者が抵当目的不動産の所有権
を取得した場合（民179①本文）であり、債権の混同とは、例えば、子
が父に対して金銭債務を負っていたところ、父が死亡し、子が相続
人（231）となった場合（民520本文）がその例です。

2　ただし、消滅すると考えられる物又は権利が第三者の権利の目的
であるときは、例外として消滅しません（民179①ただし書・520ただし
書）。また、第三者のために権利を「存続させる必要がある」ときも
混同の例外とされます（賃借権につき最判昭46・10・14民集25・7・933）。

3　混同は、抵当権の抹消原因（記録例447）として、実務上よく見られ
ます。この場合、第三者の権利が登記されていないとして、直ちに
混同が生じ、抵当権は抹消されるとする見解がありますが、混同の
成否は実体上の問題であって、第三者の権利の登記の有無にかかわ
らず、その成否を考えるべきだとする見解もあります。この見解に
よれば、抹消の登記原因証明情報上に、第三者の有無を記載する必
要があることとなります。

144　債権一部譲渡・債権一部代位弁済

> ### POINT
>
> 　債権の一部譲渡、一部代位弁済により、抵当権も準共有関係となり、
> その割合は譲渡額、代位弁済額により公示される。

1　債権が債権譲渡（149）、代位弁済（251）等によって第三者に移転
すると、抵当権等の担保権もその第三者に移転しますが、債権の一

部譲渡、一部代位弁済の場合も同様です。担保権の随伴性によるものです。

2　このとき、担保権（特に抵当権）も一部移転の結果、従前の債権者と一部譲受人との（準）共有となります。そこで、債権の一部譲渡額（記録例384）、一部代位弁済額（記録例390）を登記事項（320）とし（不登84）、（準）共有者間の権利の割合を公示することとなります。

145　債権額の変更と抵当権の変更

POINT

抵当権設定の基本となる債権契約の同一性を失うこととなる債権額の増加は、抵当権の変更ではなく、新たな抵当権の設定となる。

1　債権額は、担保権の登記事項（320）の一つです。一定の金額を目的とするのが通常ですが、一定の金額を目的としないときは、その価額が債権額となり（不登83①一、記録例375）、担保権者はその額の優先弁済権（470）を主張できます。

2　この債権額を増加する場合、例えば抵当権の変更の登記をすることとなりますが、抵当権の付従性（406）から債権額の変更が、基本となる債権契約の同一性を失うこととなる場合は、抵当権の変更とはなりません。被担保債権全額につき抵当権が設定されている場合には、その後に借増があっても借増部分については新たな抵当権の設定の登記によるべきであり抵当権の変更の登記をすることはできないとされています（明32・11・1民刑1904）。これに対し、債権の一部を被担保債権としている場合（記録例371）、その後、債権額の全額を被担保債権として増加する変更は、抵当権の変更となります（昭25・10・20民甲2810）。

| 146 | 債権質としての抵当権付債権質入 |
| 147 | 債権者代位権 |

146 債権質としての抵当権付債権質入

POINT

抵当権付債権質入は、被担保債権を質入れすることで、不動産に質権を設定することではない。

1 債権質は、権利質（民362①）の一種で、債権を目的とする質権（179）です。債権は、原則として譲渡が可能（民466①本文）なので質権を設定することができます。

　実際上は、例えば銀行が資金を貸す際に定期預金に質権を設定し、また、抵当権の目的物の火災保険請求権を質にとる例があります。

　登記実務では、「抵当権付債権質入」の例がありますが（記録例442）、これは抵当権の被担保債権を質入れする債権質であって、不動産質（民356）とは異なります。

2 なお、今般の民法改正（債権法）により、指図証券の質入れに関する規定が設けられ、質権設定の裏書は、対抗要件ではなく、効力要件とされました（改正民（債権）520の7・520の2）。

147 債権者代位権

POINT

債権者代位権は、債務者の責任財産の保全のための制度ではあるが、所有権移転登記請求権も代位行使できるとの規定が新設された。

1 債権者代位権とは、債権者が、債務者の責任財産の保全のため、債務者の財産に干渉して債務者が有する権利を債務者に代わり、自己

の名において行使できる権利です。例えば、A→B→Cと所有権が移転しているのに依然としてAが登記名義を有し、Bが登記に協力しない場合、CはBを代位してBへの移転登記を申請することができます。

2 判例は、債務者の無資力を要件としていましたが、特定債権を保全する場合は、無資力要件を不要としています。債権者代位権の転用とされ、上記のBに無資力は必要でないこととなります。

　登記実務でも、無資力は要件とされていません。実体上の権利変動に合致した登記をするだけであり、さらに、債務者の無資力の有無は形式的審査権（ 97 ）しか有しない登記官には判断できないからです。

3 代位登記の申請については、本人申請の場合の申請内容（不登令3）の他、代位者の住所、氏名、代位原因（不登令3四）（ 250 ）がその内容とされています。

　添付情報（ 306 ）として、「代位原因を証する情報」が必要とされますが（不登令7①三）、これは、当事者間に債権が存在すると登記官が確認できるものであれば足り、私文書でもよいとされています（昭23・9・21民甲3010）。

4 今般の民法改正（債権法）で、民法423条は一部改正され、債権者代位権の要件として、自己の債権を保全するため「必要があるとき」との文言が加えられ（改正民（債権）423①）、また期限到来前の債権は、裁判上の代位によっても行使できない（改正民（債権）423②）とされました。

　また、従前から、責任財産の保全のためでない場合にも、債権者代位権の転用が認められていましたが、登記の請求権を保全するための債権者代位権につき、規定が新設され、上記1のような事例においてCは、BのAに対する所有権移転登記請求権を代位行使できることが明確となりました（改正民（債権）423の7）。

148 債権者取消権（詐害行為取消権）

POINT

　債権者は、債務者が登記名義を移転しても、債権者取消訴訟に勝訴すると、登記名義を債務者に戻すことができる。

1　債権者取消権とは、自己の債権の弁済確保のため、債務者の財産減少行為（詐害行為）を債権者が取り消す権利です。

　　例えば、債務者Bが、自己の資産状態が悪化し、債権者Aに対する弁済の資力がなくなったにもかかわらずBが所有物をCに移転した場合、この権利の行使によりAは責任財産の確保のため、BC間の法律行為を取り消すことができます。また、今般の民法改正（債権法）により、民法424条は一部改正され、債権者取消権の対象は、「法律行為」から「行為」となりました（改正民（債権）424①）。よって、法律行為ではない「弁済」や「債務承認」、「履行」も対象となります。

2　この権利行使は裁判上で行使しなければならず、その効果は債権者との間にのみ生じ、詐害行為はなかったものと取り扱われ、取消債権者は優先的な地位を有するものではありません（判例、通説）。この点、今般の民法改正（債権法）により、受益者又は転得者を被告とする規定が新設されました（改正民（債権）424の7①）。

　　また、取消権の行使の効果について、従前は、債務者には及ばないと解されていたところ、取消権の効果は債務者にも及ぶと改正されました（改正民（債権）425）。

　　さらに、「金銭支払」や「動産引渡し」を求める債権者取消権により、債権者は自己に直接に引き渡すよう請求できるとするのが判例でしたが、これが明文化されました（改正民（債権）424の9）。しかし、

登記についてはＡが債権者取消訴訟を提起し勝訴判決を受けた場合、ＢＣ間の所有権移転登記の抹消を申請することとなります。Ｂが登記権利者、Ｃが登記義務者となります。Ａは登記権利者ではないので単独で申請（不登63①）することはできません。そこでＡは、当該勝訴判決を代位原因（250）、抹消登記原因を証する情報としてＢに代位して、ＢＣ間の所有権移転登記の抹消を請求することとなります（昭38・3・14民甲726）。

ＢはＡが抹消登記を申請しない場合でも、当該勝訴判決によって、ＢＣ間の移転登記を抹消することはできません。

3　債権者取消権は、「債務者が債権者を害することを知って行為をしたことを債権者が知った時」から「2年」を経過すると提訴できないとされ（改正民（債権）426前段）、また、債権者取消権の行使期間は「10年」と改正されました（改正民（債権）426後段）。

149　債権譲渡と対抗要件

POINT

従来は、当事者が譲渡禁止の特約があると債権譲渡はできないとし、その特約は善意の第三者に対抗できないとされていたが、改正により、譲渡禁止特約があっても債権譲渡ができるのが原則で、悪意又は重過失の第三者に対抗できると改正された。

1　債権者Ａが債務者Ｂに対する債権を同一性を保ちつつＣに譲渡し、ＣのＢに対する債権とすることが債権譲渡（民466①）です。ＡＣが債権譲渡の契約当事者でその実質は、債権の売買、贈与、担保、取立てです。今般の民法改正（債権法）により、債権の譲渡性の規定

が改正され、債権は譲渡性を有し（改正民（債権）466①）、原則として、譲渡禁止特約があっても債権を譲渡することができ（改正民（債権）466②）、この特約は悪意、重過失の第三者に対抗できる（改正民（債権）466③）とし、譲渡禁止特約があっても、原則として債権譲渡ができることとなりました。

　また、従来から、将来の債権の譲渡も認められていたところ、その有効性が明文化されました（改正民（債権）466の6）。

　抵当権は、被担保債権と付従性（406）を有するので、被担保債権の譲渡があると、これに随伴（218）して移転することとなります。

2　債務者Bに対する対抗要件は、Bに対するAの通知又はBの承諾が（民467①）、二重譲渡等の場合の取引保護のため対抗要件はこの通知、承諾が確定日付ある証書とされています（民467②）。また、この対抗要件についての規定は、将来の債権の譲渡にも適用があるとされました（改正民（債権）467①）。

　この通知（289）、承諾（202）は、債権譲渡の成立要件ではないものの、抵当権移転等の登記申請の際の登記原因証明情報には誰が債権の譲受人、したがって抵当権者となるか確定させるため、記載されることを要します。

150　債権の性質と登記

POINT

人に対して一定の行為を「請求」する権利を債権という。

1　特定の人（債権者）が他方の特定の人（債務者）に対して一定の行為（給付）を請求することができる権利を債権といいます。例えば

売却の場合、買主は目的物の引渡債権を有し、売主は代金債権を有します。

　債権に対応する義務を債務といい、債権債務の法律関係が債権関係とされます。

　一方、物権（413）は「現在」の財貨を直接支配する人と物の関係であるのに対し、債権は、債務者の行為によって「将来」財貨を取得する人と人との関係とされています。

2　債権の性質をこのように人に対する「行為を請求する権利」と解すると、同一物に二重の債権である賃借権を設定することができると考えることとなります。このことから先例は、不動産賃借権は債権であるから、既に用益権が登記されていても、二重に賃借権の設定は可能であり、その登記ができるとしています（昭30・5・21民甲972）。

151　財産分与による所有権の移転

POINT

財産分与は、離婚に伴う財産的効果であり、所有権の移転の登記原因となるが、財産分与予約による仮登記はできない。

1　財産分与とは、離婚した者の一方が、他方に財産の分与を求める権利で離婚に伴う財産的効果です（民768）。

　財産分与の内容は当事者の協議により、これが調わない場合は家庭裁判所が方法等を定めるとされています。

2　財産分与の本質に議論はあるものの登記実務では、財産分与を原因として不動産の所有権の移転の登記の申請がなされます（記録例230）。この所有権の移転の登記申請に添付される登記原因証明情報

上には、財産分与の前提として離婚の旨の記載が必要です。

　もっとも、離婚の前の財産分与の予約を原因とする所有権移転請求権仮登記（ 56 ）はできないとされています（昭57・1・16民三251）。離婚の予約を前提とした財産分与の予約は、何らの効力を生じないからです。

152　祭祀財産の承継の登記

> ### POINT
>
> 　祭祀財産の承継は、相続ではなく、登記原因も「民法897条による承継」とする。

1　祖先の祭祀に必要な財産として、系譜、祭具、墳墓の所有権は、一般の相続財産（229）とは別に、祖先の祭祀を主宰する者が承継します。原則として、慣習により、特別の法律による承継です（民897）。

2　祭祀財産の承継は、相続を原因とする所有権の移転ではないので単独申請（不登63②）ではなく、祭祀財産を承継する者を登記権利者、相続人全員（遺言執行者があるときはその者）を登記義務者とする共同申請（不登60）によることとなり、「平成○年○月○日民法第897条による承継」と記録されます（昭36・3・24民三282）。

3　登記記録上、地目が「墓地」とされている場合でも、登記原因証明情報上（315）、目的土地が祭祀財産でないときもあるので、この点を明確にして、所有権の移転の登記原因（314）を相続とするか、民法897条による承継とするか決定することとなります。

153 採石権の物権性

POINT

採石権は物権とされ、地上権の規定が準用される。

1　採石権とは、他人の土地において、岩石及び砂利（砂及び玉石を含みます。）を採取する権利として設定されます（採石4①）。

2　採石権は物権（413）とされ、地上権（275）の規定が準用されます（採石4③）。よって、用益物権の一種で、登記が対抗要件であり、登記能力が認められます（不登3九・82）（326）。

154 再代襲による相続

POINT

兄弟姉妹の子には、再代襲はない。

1　再代襲とは、代襲者（被相続人の子）（260）の子に代襲原因があると、その者の子が再度、代襲相続人となることです（民887③）。また、くり返しの代襲相続も可能です。

2　しかし、兄弟姉妹の子には代襲相続権が認められるものの、再代襲は認められません。民法889条2項は、民法887条3項を準用していません。

155 財団抵当の制度

POINT

各種の財団抵当法により、土地等の物的設備と工業所有権等は、総体として財団とされる。

1 財団抵当制度は、工業、鉱業、鉄道等の企業の経営を目的とする土地、建物、機械器具等の物的設備と工業所有権等を総体として1個の財団とし、これを目的として抵当権を設定する制度です。
2 工場抵当法（128）、鉱業抵当法、鉄道抵当法、漁業財団抵当法、道路交通事業財団等の各種の財団抵当法があり、企業金融の手段とされています。

156 再売買の予約

POINT

再売買の予約は、所有権移転請求権仮登記を対抗要件とする。

1 再売買の予約とは、売買（381）に際して、売主が、将来目的物を再び買い戻すことを予約することです。売主の一方的意思表示によって再売買が成立するとする売買の一方の予約（民556）（382）の形式によるのが一般的です。
2 買戻し（民579）と同様、貸金債権の担保機能を有しますが買戻し（40 41）は、その要件が厳格であることから、再売買の予約の方が多く用いられています。

　また、目的物が不動産の場合、「売買予約」を原因として所有権移

転請求権の仮登記 (不登105二) (56) をすれば、第三者にも対抗する
ことができます。

157 債務承認による抵当権の設定

POINT

各種の債務を一括して担保する場合は、「債務承認契約」を登記原因
として抵当権を設定できる。

1 債務者が債権者に対し各種の元本債務、利息、損害金を負っている
場合、債権者は、これらの債務を一括し、これを担保するため抵当
権 (296) を設定する必要があるときがあります。
2 この場合、先例は、「年月日債務承認契約」とする登記原因を認めて
います (昭58・7・6民三3810)。

一方、債務を確認し、その弁済方法を定めたにすぎない「債務弁済
契約」を登記原因とする抵当権の設定は認められません (昭40・4・14
民甲851)。被担保債権が明らかでないからです。

158 債務引受の効果

POINT

併存的債務引受の場合は、新旧債務者は連帯債務関係となり、免責
的債務引受のときは、債務者が交替する。

1 一般に、債権は譲渡 (149) が可能なので、民法に規定はないもの
のその反対概念である債務も移転が可能と考えられ、これは、債務

引受として認められていましたが、今回の民法改正（債権法）により明文化されました。

　これには、併存的債務引受と免責的債務引受があり、単に債務の履行を引き受ける履行の引受けとは区別されます。

2　併存的債務引受とは、債権者A、債務者B、債務引受人Cの場合に、B、Cが共にAに対して債務を負う債務引受です。これにより、BとCは、連帯債務（486）の関係になります（改正民（債権）470①）。Bは、債権債務関係から離脱しません。

　併存的債務引受では、従来から、債務者Bの同意なくして、債権者Aと引受人Cとの契約で成立するとされていましたが、今般の民法改正（債権法）により、この点が明文化されました（改正民（債権）470②）。また、Cが新債務者として加わるので、債権者Aにとって不利益ではないのでBC間の契約でこれをすることができることも明らかになりました。この場合は、債権者Aが引受人Cに対して承諾をしたときから効力が生じます（改正民（債権）470③）。

　もっとも、併存的債務引受は債権者Aのためにする契約として第三者のためにする契約に関する規定に従うとされました（改正民（債権）470④・537）。

3　免責的債務引受とは、債権者Aに対する旧債務者Bの債務を新債務者Cが引き受け、債務が同一性を失うことなくBからCに移転し、Bは債務を免れる債務引受です（改正民（債権）472①）。この結果、Bの債務に従たる担保権（確定前の根抵当権を除きます。）も担保権の付従性から原則としてCに移転します。物上保証された担保権も同様です（改正民（債権）472の4）。

　免責的債務引受は、債権者Aと引受人Cとの契約ですることができ、AがBに通知したときに効力を生じます（改正民（債権）472②）。

　また、BとCの契約とによっても免責的債務引受が成立しますが、Aの利益の保護のため、Aの承諾が必要とされます（改正民（債権）472③）。

159 債務名義による強制執行

POINT

強制執行により実現される請求権を公に証明する文書を債務名義という。

1 債務名義とは、強制執行により実現される請求権が存在することを公に証明する文書です。

　権利が債務名義に表示されていると、その存否を確認することなく執行が開始されます。

　債務名義に執行文が付与されると「執行力ある正本」となります（181）。

2 債務名義の種類は、原則的に民事執行法に規定されています（民執22）。

　登記実務では、確定判決、確定判決と同一の効力を有するもの（44）として、和解調書等（民訴267）の例が多く見られます。

160 錯誤の効果

POINT

錯誤の効果は、当然無効ではなく、取消事由となった。

1 実体法上、錯誤とは、表示上の効果意思に対応した内心の効果意思が存在せず、それを表意者が知らないこととされるのが一般でした。

　今般の民法改正（債権法）により、錯誤となる場合とは、表示内容の錯誤の場合と動機の錯誤の場合と規定されました（改正民（債権）

95①）。動機の錯誤は、その要件として、動機が相手方に明示されていることが必要です（改正民（債権）95②）。

　また、錯誤の効果は無効とされていましたが、取消事由とされました。従来の「取消的無効」を明確化したものです。

　しかし、表意者に重過失がある場合は、錯誤の主張はできず（改正民（債権）95③）、表意者の保護は図られていません。

　一方、善意無過失の相手方は保護されると明文化されました（改正民（債権）95④）。

　錯誤の態様（例えば誤記による）は錯誤を証する登記原因証明情報（315）の内で具体的事実として記載されます。錯誤だから取り消すとするのは錯誤を証したこととなりません。この具体的事実が錯誤となる場合に該当し、表意者が取消しの意思表示をしたので、結果として意思表示が無効となるとの記載が必要です。

2　登記手続上、既登記の内容が錯誤により実体と符合せず取り消され、結果として無効となる場合とは、本来なされるべき登記記録がなされず、誤った登記記録がなされている場合を意味することとなります。この場合、更正登記（不登２十六・68）（133）の方法により、登記と実体を一致させることとなります。

161　差押えの種類と方法

POINT

　差押えには、民事執行法による場合と滞納処分による場合があり、いずれも「差押」の登記により公示される。

1　差押えとは、国家権力により、有体物又は権利について私人が処分

156 162 更地と建物の抵当権の関係

することを制限することです。

　民事執行法による差押えと滞納処分による差押えがあります。

2　民事執行法による差押えは、執行機関が執行目的物の債務者の処
分を制限することで不動産執行の場合、競売開始決定 102 又は強
制管理 76 の方法によって行われ（民執43・45・93・180・195等）、
「差押」の登記により公示されます（記録例641・648）。

3　国税徴収法は、租税の滞納処分 262 の場合の差押えを規定し、
公法上の金銭債権を強制的に実現する場合は、多く滞納処分の例に
よるとされています。この場合も、「差押」の登記により公示されま
す（記録例711）。

162　更地と建物の抵当権の関係

POINT

　更地に抵当権が設定された後に更地上に建物が築造されたとき、法
定地上権は成立せず、土地と建物の一括競売となる。

1　建物 267 が建築されていない宅地を取引上、更地といいます。
　一般に建物のない宅地は、更地として高価取引の対象となります。

2　民法上、更地との関係では法定地上権 435 （民388）の成否が問題
となります。

　更地に抵当権が設定された後に、当該土地上に建物が築造されて
も法定地上権は成立しません（最判昭36・2・10民集15・2・219）。更地と
して土地を評価した抵当権者の期待を害することはできないとする
のが理由です。

　この場合は、抵当権者は、土地とともに建物を一括して競売でき

ますが、土地の代金についてのみ優先弁済権を行使できるとされています（民389①）。建物の建築前、その建築のため、融資を受けて、土地を先行して取得してから建物が築造される例が見られます。

163　参加差押えの効力

POINT

参加差押えは、差押えが解除されると遡及的に差押えの効力を生じる。

1　国税について滞納処分（262）による差押え（161）がなされている場合、税務署長の通常の「交付要求」（滞納者の財産に対して、他の原因により強制換価手続がある場合、税務署長からその強制換価手続の執行機関に滞納税の額の配当を要求する行為）（税徴82①）に代わる特殊な交付要求を参加差押えといいます（税徴86①）。
　　参加差押えは、「参加差押」の登記により公示されます（記録例715）。
2　滞納処分による差押えが継続中は交付要求の効力しかないものの、この差押えが解除されると、遡及的に差押えの効力が生じます（税徴87）。地方税についても同様です（地税68⑤）。

164　死因贈与の性質と仮登記

POINT

死因贈与は契約であるが、遺言の効力の規定が準用される。

1　死因贈与とは、「私が死んだら私の所有している土地を贈与する」

との形態の不確定期限付贈与契約（ 67 ）をいいます。一種の停止条件付贈与とする見解もあります。

2 遺贈（ 12 ）は単独行為（ 268 ）とされるのに対し、死因贈与は契約（ 103 ）です。

　　もっとも、遺贈、死因贈与とも「死亡」を効力要件としている点が共通なので遺贈に関する規定が準用されています（民554）が、遺言の効力に関する規定が準用され、遺言の方式に関する規定は準用されません（最判昭32・5・21民集11・5・732）。

　　また、遺言の執行（ 3 ）に関する規定は準用されるものの、遺言書の検認（ 4 ）等に関する規定（民1004以下）は準用されません。

3 登記実務では、所有権移転の仮登記（不登105二）の申請がなされます。

165 資格者代理人の本人確認情報

POINT

　資格者代理人の職責から、資格者代理人が作成した本人確認情報の内容が相当であれば、事前通知は省略される。

1 「登記の申請の代理を業とすることができる代理人」（不登23④一）を資格者代理人といいます。具体的には、権利に関する登記（ 115 ）では司法書士、弁護士が該当し、表示に関する登記では土地家屋調査士が該当します。

2 この資格者代理人の本人確認情報の提供と、登記官がその内容を相当と認めたときは事前通知（ 177 ）が省略されます。

　　一般に、上記の者は、登記の申請について、不実な登記の出現を

防止する職責があるので（司法書士1・2）、この職責により資格者代理人が行う本人確認に特別の効果を与えたものです。

　資格者代理人が本人確認情報を提供するときは、その資格を証する情報も提供する必要があります（不登規72③、不登準則49）。

166　敷金の定義

POINT

　敷金とは、賃貸借に基づいて生ずる賃借人の賃貸人に対する金銭の給付を目的とする債務を担保する目的で賃借人が賃貸人に交付する金銭をいう、と判例の趣旨が明文化された。

1　従前は敷金についての明文がなく、敷金とは、「賃借人（283 284）がその債務を担保する目的で金銭の所有権を移転し、賃貸借終了の際、賃借人に債務不履行がなければ賃貸人はその金額を返還し、もし不履行があればこの金額中から当然弁済に充当されることを約して授受される金銭」とされていました（大判大15・7・12民集5・616）。今般の民法改正（債権法）により、敷金が明文化されました。敷金が交付された場合、賃貸借が終了し、賃貸物の返還を受けたときは、つまり、明渡しがあったときは、敷金を返還しなければならないとされ（改正民（債権）622の2①、なお、改正民（債権）619②ただし書参照）、従来の判例の趣旨に基づいています。

　また、敷金を賃借人の債務に充当することができるのは賃貸人であって、賃借人からはできないとされました（改正民（債権）622の2②）。

2　敷金の他、権利金、保証金等の名目で賃借人から賃貸人に交付された金員については、これに関する権利義務が目的物の新所有者に承

継されるものを上記の敷金とする見解が有力でした（保証金について否定する例、最判昭51・3・4民集30・2・25）。この点も、今般の民法改正（債権法）により敷金の定義が「いかなる名目によるかを問わず」賃借人が賃貸人に交付する金銭とされました（改正民（債権）622の2①括弧書）。

3 敷金は、任意的登記事項（320）とされ（不登81四）、登記申請人の任意となりますが（平15・12・25民二3817）、敷金の登記をしないと第三者に対抗できないので、賃借人は目的不動産の第三取得者に対して敷金の返還を請求することはできません。

167 始期・終期の公示方法

POINT

始期、終期は、法律行為の付款であり、仮登記原因又は権利消滅の定めとして公示される。

1 始期とは、法律行為の効力の発生、その効果としての債務の履行に関する期限（67）です（民135①）。「〇月〇日から賃貸する」とは、法律行為の効力の発生に関する始期であり、「代金は〇月〇日に支払う」とは、法律行為は成立し、その効果としての履行が猶予されている場合です。

始期付の法律行為を原因とする所有権の仮登記（不登105二）（56）の申請が登記実務では見られます（記録例569）。

2 終期とは、法律行為の効力の消滅に関する期限です（民135②）。

「1年間利用できる」とした場合の1年の末日が終期です。

終期は登記原因としての法律行為の付款（400）であり、「権利消

滅の定め」として登記事項となります（不登59五、地上権の消滅につい
て記録例256）。

168 敷地権付き区分建物

POINT

敷地権付き区分建物は、区分建物と敷地利用権を一体として処分し
なければならない。

1　敷地権付き区分建物とは、区分建物の表示に関する登記事項とし
て敷地権の登記された区分建物のことで（不登55①）敷地権とは、敷
地利用権として登記された権利で（区分所有2⑥）、分離処分可能規約
（区分所有22①ただし書、不登44①九）（426）のないものです。

2　区分建物と敷地利用権は、原則として一体として処分しなければ
ならず、敷地権付き区分建物を目的とする所有権や抵当権等に関す
る登記は、敷地権である旨の登記（不登46）がなされた敷地利用権に
も効力が及びます（不登73①）。

169 事業に係る債務についての保証契約

POINT

個人保証人の保護のため、公正証書の作成が必要となった。

1　事業に係る債務についての保証契約に関する規定が、今般の民法
改正（債権法）により新設されました（改正民（債権）465の6以下）。

2　個人保証人の保護のため、主債務が事業に係る貸金等債務の場合及び根保証債務（[372]）のとき、公正証書（[132]）で保証債務を履行する意思が表示されていないと、保証契約は効力を生じません（改正民（債権）465の6①③）。

3　また、個人保証人の主たる債務者に対する求償権に係る保証契約についても、公正証書の作成が必要です（改正民（債権）465の8①）。ここでも、個人保証人の保護の趣旨から、保証人が法人の場合は除外されます（改正民（債権）465の8②）。

[170]　事業用定期借地権

[P O I N T]

事業用定期借地権としての地上権設定登記には、その旨の公正証書の謄本が必要となる。

1　事業用定期借地権とは、居住の用に供するものを除いて、専ら事業の用に供する建物の所有を目的とする借地権で次の2種類があります。

　(1)　存続期間を30年以上50年未満とする場合は契約の更新がないこと、建物の築造による存続期間の延長のないこと、建物等の買取り請求をしないこととする特約をすることができます（借地借家23①）。

　(2)　存続期間を10年以上30年未満とする場合は、存続期間等に関する規定、建物買取請求権に関する規定、建物の再築の許可に関する規定の適用はありません（借地借家23②）。

2　この事業用定期借地権は公正証書（[132]）によることを要します（借

地借家23③)。

　例えば、地上権（275）を設定する登記の申請には原則として、上記の公正証書の謄本の提供が必要です（不登令別表㉝添付情報欄ロ）。要式行為（472）なので設定行為が有効に成立したか否かを判断することとなります。

171　時効の効果

> **POINT**
>
> 時効の効果は、具体的な援用権者の採用によって生じ、その効果は起算日に遡及する。

1　時効とは、占有又は権利の不行使が法定期間継続した場合に、この事実状態に権利の得喪という法律効果を認める制度です。

　取得時効（民162以下）と消滅時効（民166以下）があり、各々権利取得の効果と権利消滅の効果があります。

2　時効には遡及効があり、起算日に遡って権利を取得したり、権利が消滅することとなります（民144）。所有権移転登記や抹消登記の登記原因日付はこの起算日となります。

3　このような時効の効果は、時効によって直接利益を受ける者（援用権者）によって、時効によって利益を受ける意思表示（時効の援用）によって生じます。

　今般の民法改正（債権法）により、援用権者が明文化され、消滅時効にあっては、保証人（442 487）、物上保証人（416）、第三取得者が具体的に明文化されました（改正民（債権）145）。

　したがって、時効を原因とする登記の申請の登記原因証明情報上

に、これらの者の「援用」の旨の記載が必要となります。なお、取得時効は実体上は原始取得とされますが、所有権の移転の登記の手続によることとなります（記録例220）。

172 自己契約の効果

POINT

自己契約は、原則として**無権代理**となると明文化された。

1 自己契約とは、同一人が当事者であるとともに、一方当事者の代理人として契約を成立させることです。

　不動産売却の代理人が自ら買主となって、売買契約を締結するのがその例です。

2 自己契約は、当事者双方の代理人となる双方代理と同じく原則として禁止されていましたが、これに反した場合の規定はありませんでした。

　今般の民法改正（債権法）により、この場合は無権代理 457 となると明文化されました（改正民（債権）108①本文）。

　ただし、債務の履行と本人があらかじめ許諾した行為は許されています（改正民（債権）108①ただし書）。債務の履行は、既に決定している債権債務の決済であって、新たな権利義務を生じさせるものではなく、本人の利益を害する危険がないからです。

3 自己契約の禁止に反した場合、上記のように無権代理となります。また、利益相反行為 477 も無権代理行為と規定されました（改正民（債権）108②）。もっとも、本人が追認 287 することもできます（民113①）。

| 173 | 自己借地権の要件 |
| 174 | 自己信託と権利の変更の登記 |

173　自己借地権の要件

POINT

　借地権設定者とそれ以外の者が借地権の共有者となる場合に、自己借地権が成立する。

1　他者と借地権を準共有（民264）するとき、自らを借地権者とする借地権を設定することができ、これを自己借地権といいます（借地借家15）。後発的に土地の所有者が借地権の持分を取得した場合（昭38・6・18民甲1733）でも自己借地権の成立が認められます。

2　登記上は次の点に留意する必要があります。

　(1)　借地権の目的は「建物所有」であること。借地借家法によって認められるからです。

　(2)　土地所有者が「他の者」と借地権を共有すること、つまり借地権設定者とそれ以外の者が借地権者となることが必要です（平4・7・7民三3930）。ＡＢ共有の土地にＡＢ共有となる借地権やＡＢ共有の土地にＡのみを借地権者とすることはできません。

　(3)　借地権が共有されるので、登記の申請には、その持分を記載（不登59四）（ 83 ）することが必要です。

174　自己信託と権利の変更の登記

POINT

　自己信託は、委託者と受託者が同一人である信託であり、信託財産となった旨の登記により、固有財産との区別が公示される。

1　信託（ 216 ）の方法の一つで、委託者が信託財産の管理、処分等を

自らが受託者として行うことを書面に記載するなどしてする方法を自己信託といいます（信託3三）。

2 自己信託では、委託者と受託者が同一人なので、自己信託の意思表示は、信託の目的等の法定の事項を公正証書（[132]）等によってする必要があるとされ、信託の効力発生時期についても規定があり、例えば、公正証書によってされる自己信託は、公正証書の作成によって効力を生ずるとされています（信託4③）。

3 委託者と受託者が同一人なので、自己信託がなされても、権利の移転はないものの、受託者の固有財産（信託2⑧）から信託財産となるので権利の変更（不登3）として、信託財産となった旨の登記をすることとなります（不登98①、記録例527）。

[175] 自作農創設特別措置法による所有権の移転

［ POINT ］

自作農創設特別措置法は、農地の所有権の移転の原因として登記されている。

1 第二次世界大戦後、農地制度の改革が行われました。小作問題の根本的な改革が目的とされ、第1次農地改革では農地調整法の改正（昭和20年12月法律64号）があったものの、不徹底とされ、第2次農地改革で自作農創設特別措置法（昭和21年10月法律43号）が制定され、本格的に農地改革が行なわれ、その後、昭和27年に、現行の農地法に整理統合されて、本法は廃止されました。

2 農地改革により、不在地主が所有する小作地や一定規模の在村地主が所有する小作地は国が買い上げた上、小作農に売り渡され、農

家のほとんどが自作農となりました。

　この時の、本法による所有権の移転の登記の記録は、所有権移転登記の登記原因中の記載や旧登記簿の表題部の欄外になされた、いわゆる「耳登記」として現在でも散見されます。

176　自主占有・他主占有と時効取得

> **POINT**
>
> 登記原因証明情報上、具体的事実の記載により、自主占有を証明する。

1　自主占有とは、所有の意思を持ってする占有のことで、所有の意思を持たない占有を他主占有といいます。占有者の内心の意思ではなく、占有を取得した原因である権限の客観的性質によって定まるので、所有権限に基づく占有が自主占有です。

　　もっとも、所有権限が実際に存在することは必要でないとされるので、無効な売買に基づく買主の占有は自主占有です。

　　反対に、賃借人の占有は他主占有です。

2　この占有の区別は、登記実務では、特に所有権の時効取得（民162以下）（171）に意味があります。また、占有者は自主占有者と推定されています（民186）。

　　時効を原因とする所有権の移転の登記の場合には、登記原因証明情報上、具体的事実の記載によって、自主占有を証明することとなります。

177 事前通知による本人確認

POINT

事前通知は、申請の「本人確認」の制度である。

1 登記名義人（申請人） 333 が登記識別情報（登記済） 317 を提供して登記申請をすべき場合、これを提供できないとき、登記官は「事前通知」の手続をとります（不登22・23）。

　当該申請が申請権限のある本人によってなされていることを確認するためです。

2 「登記識別情報の提供をすることができない」ことにつき、正当理由が必要です（不登22ただし書）。その理由（不登準則42①）は、登記申請情報 213 にも記載されます（不登令3十二）。

3 この通知は、登記名義人の登記簿上の現在の住所宛てに発送され、一定期間内に本人から申請に間違いない旨の申出を求め、この申出により本人確認をして登記をすることとなります（不登23①、不登規70⑧）。

　事前通知の制度は、旧法（旧不登44ノ2）と異なり、所有権に関する登記のみならず、所有権以外の登記にも適用があります。

　保証書の制度（旧不登44）は廃止されています。

4 事前通知をすべき場合であっても、資格者代理人（司法書士等）165 が本人であることを確認した情報の提供があり、その内容が適切であれば事前通知を省略することができます（不登23④一、不登規72）。

　申請書、代理権限証書等に公証人等の認証を受けた場合も同様です（不登23④二）。

| 178 | 「地代」の意味 |
| 179 | 質権の性質と登記事項 |

178 「地代」の意味

POINT

地代とは、土地の使用の対価を意味する。

1 民法上では、「地代」の用語は、地上権 (275) 者の土地の使用の対価の意味で用いられています (民266)。ただし、「地代」は、地上権の要素ではないので (民265)、地代支払の要否は当事者によって決定され、地代の定めがあるときは登記事項 (320) とされています (不登78二)。

2 その他、一般には賃料も「地代」と称されることがあります (民312、不登81一)。

   また、永小作料 (29) も「地代」と呼ばれます (民270、不登79一)。

179 質権の性質と登記事項

POINT

質権は、抵当権と同様、約定担保物権ではあるが、要物契約であり、不動産質権の設定にも「引渡し」が要件となる。

1 債権者が、自己の債権の担保のため、債務者又は第三者 (物上保証人) (416) から受け取った物を弁済のあるまで留置し、さらに、その物から優先弁済 (470) を受けることのできる権利を質権といいます (民342)。抵当権と同じ約定担保物権であり、不動産質については、抵当権の規定が準用され (民361)、付従性 (406)、随伴性 (218)、不可分性 (399)、物上代位性 (415) が認められます。

170　　　180 執行文の意義と種類

2　不動産質権に関する登記の例は多くないものの留意点は次のとおりです。

(1)　存続期間の定めがあるときは存続期間も登記事項（不登95①一）（320）とされますが（記録例341）、10年を超えることはできません（民360）。

(2)　質権の設定は要物契約（475）とされるので（民344）、登記原因証明情報上（315）、「引渡し」を明確にすることが必要です。

(3)　実務上散見される「抵当権付債権の質入れ」は、不動産質権の設定ではありません。それは、財産権を目的とした権利質（民362①）です。抵当権の被担保債権に質権が設定されると、この処分行為に随伴し質権の効力が抵当権に及ぶと構成され、付記登記（401）によって公示されます（記録例442・443）。

(4)　その他の登記事項は、抵当権の規定が準用されるので、抵当権の登記事項が多く準用されます（不登95②）。

180　執行文の意義と種類

POINT

執行文とは、強制執行する請求権の存在を公に証明する公書で、単純執行文、条件成就執行文、承継執行文がある。

1　強制執行の実施は、原則として執行文の付与された債務名義の正本に基づいて行います（民執25本文）。債務名義とは、強制執行により実現される請求権が存在することを公に証明する文書です（159）。この場合、債務名義が現に執行力を有し、その宛名を明らかにする必要があり、この証明として債務名義の正本の末尾に証明

文言を付すこととなります（民執26）。これを「執行文」といい、「執行力ある正本」（181）となります。

2　この執行文の付与は、その債務名義により強制執行ができる旨が債務名義の末尾に付記されることによって行われます（民執26②、民執規17）。実際上は執行文用紙が用いられ、債務名義の正本の末尾に合綴されます。

　　執行証書以外の債務名義は裁判所書記官が、執行証書については公証人が付与します（民執26①・22五）。

3　執行文は、その性質から次のように分類されます。

（1）　単純執行文→内容が単純に給付を命じるだけでなく、債権者が証明すべき条件、不確定期限がなく、当事者の変更がない場合の執行文で、基本型とされます。

（2）　条件成就執行文→上記と異なり、請求が反対給付の履行等、債権者の証明すべき事実の到来に係っている場合に、債権者がこれを証明したとき付与される執行文です（民執27①）。

（3）　承継執行文→債務名義に記載されている者以外の者で、例えば債務者の一般承継人等を債権者、債務者とする執行文です（民執27②）。

181　執行力ある確定判決の判決書の正本

POINT

　登記も、一種の執行であり、登記の単独申請は執行文が付与された判決書の「正本」による。

1　判決による登記の単独申請（不登63①）（269）の場合の登記原因証

明情報（315）は、「執行力ある確定判決の判決書の正本」です（不登令7①五ロ(1)）。

2　登記も一種の執行であり、「執行力」を有する判決でなければなりません。

　このため、執行文（180）が付与（民執174）され、債務名義（159）の正文の最後に綴りこまれます（民執規17）。執行文の付与のある判決書の正本が提供されれば、確定証明書の提供は不要です。

　なお、判決書の「謄本」（113）は登記原因証明情報とはなりません。

182　失踪宣告

［ POINT ］

　失踪宣告の効果は、死亡の擬制であり、普通失踪では、期間満了時に、特別失踪では、危難が去った時に効果を生じる。

1　失踪宣告は、人の生死が一定期間明らかでないとき、その者の死亡を擬制し、死亡したとみなす制度です。

　不在者（405）の生死が7年間明らかでないとき（民30①）、危難が去った後1年間明らかでないとき（民30②）、家庭裁判所が宣告します。前者を普通失踪、後者を特別失踪（危難失踪）といいます。

2　この失踪宣告の審判確定により、死亡が擬制され、相続が発生します。

　普通失踪では7年の期間満了時に、特別失踪では、危難が去った時に相続が発生するので（民31）、相続の登記原因日付が異なります。

3　なお、失踪宣告によって、法律上死亡が擬制されるので、失踪宣告の取消し（民32）がない限り死亡の効果が存します。

183 指定債務者の公示と根抵当権の状態

POINT

合意があっても、指定債務者以外の債務者（相続人）も債務を承継する者であり、当然には、債務を免れるものではない。

1 　根抵当権の債務者に相続が開始した場合、相続開始日から6か月以内に指定債務者の合意の登記（121）をすると、当該根抵当権は確定（62）せず、流動性を有したままとなります（民398の8④）。

　　この合意の登記は、根抵当権者と所有者（根抵当権設定者）の申請により「根抵当権変更」の登記（記録例492）によることとなります。

2 　当該根抵当権は、相続開始時に存する債務に加えて指定された債務者との取引から生じた債務も担保することとなります（民398の8②）。

　　例えば根抵当権の債務者Aが死亡し、その相続人がB、CでありBが指定債務者になるとAが負っていた債務のうちBが承継した債務と根抵当権者とBの取引によって生じる債務を担保することとなります。

3 　なお、Bが指定債務者となっても、CはAから承継した債務を当然には免れるものではありません。つまり、Cも当該根抵当権の債務者であることに変わりはありません。Cが根抵当権関係から脱落するには、別途、根抵当権の債務者をBとする変更の登記が必要です。

　　また、指定債務者の合意の登記がなされても、当該根抵当権は、確定していないので、この根抵当権に対して追加設定（285）することができます（昭62・3・10民三1082）。

174 184 自白・擬制自白・欠席裁判と証明の要否

4 ちなみに、根抵当権者について相続があると、指定根抵当権者（記録例491）として同様の構造となります（民398の8①④）。しかし、指定根抵当権者の例は、多くはありません。

184 自白・擬制自白・欠席裁判と証明の要否

POINT

自白、擬制自由、欠席裁判の場合、裁判所は証拠調べを要しない。

1 自白とは、口頭弁論、弁論準備手続において、自己に不利な事実を認めることです。裁判所は、証拠によらずに判決の基礎とします（民訴179）。

2 擬制自白とは、口頭弁論、弁論準備手続において、相手方の主張する事実を明らかに争わない場合や適式な呼出しを受けながら口頭弁論期日に欠席した場合、相手方の主張事実を自白したものとみなすことです（民訴159①③）。自白と同様、そのまま判決の基礎とされます。

3 なお、被告が答弁書等の準備書面を提出せず、最初の口頭弁論期日を欠席した場合、原告は訴状を陳述することができます（民訴158・161③）。この場合、被告が公示送達（126）以外の通常の送達による呼出しがあったときは、被告について、原告の訴状に記載し陳述した主張事実を自白したものとみなされます（民訴159③①）。裁判所は、証拠調べをせずに弁論を終結し、請求認容の判決（222）をすることができ、これは、実務上、欠席裁判といわれます。

185 自筆証書遺言の要件と検認の必要性

POINT

自筆証書遺言は、遺言の中で最も簡便な遺言とされるが、一定の方式に従い、かつ原則的に家庭裁判所の検認が必要である。

1 遺言者が、遺言の全文、日付、氏名を自書し、押印することによって成立する遺言を自筆証書遺言といいます（民968①）。

　最も簡便な遺言の方式ですが、変造等の危険があり、また家庭裁判所の検認手続（ 4 ）が必要となります。

2 自筆で全文を書く必要がありますが、文字については、外国語、略字、速記でも、理解できればよいとされています。

　日付は、遺言能力、遺言の前後を決定するため必要とされます。よって、日付のないもの、確定できないものは無効です（昭26・8・31民甲1754）。また、証書中の加除訂正についても一定の方式が必要です（改正前民（相続）968②）。氏名は、同一性が識別できればよく、印も拇印でもよいとされます。

3 自筆証書遺言の保管者は、相続開始を知った後、家庭裁判所に検認を請求しなければなりません（民1004①）。この点が公正証書遺言（ 131 ）と異なります。

　検認手続は、遺言書の現状を保全する検証手続で、遺言の内容やその効力等を判断するものではなく、検認手続の有無によって、遺言の効力に影響を及ぼすものではありません。この点、開封手続に反した場合も同様です（民1004③）。つまり、検認手続があっても遺言書の信ぴょう性、有効性が決定するものではありません。

4 自筆証書遺言は、相続を証する情報となりますが、検認手続を欠く

176　　　186　指名債権の譲渡制限

ときは、相続の登記の申請の却下事由（不登25九）（72）となります（平7・12・4民三4343）。検認手続は遺言の真正を担保するものではないとしても検認によって、不真実な遺言による登記を防止する必要があるからとされます。

5　今般の民法改正（相続法）により、自筆証書遺言の方式が緩和され、上記1にかかわらず自筆証書にこれと一体のものとして相続財産の全部又は一部の目録を添付する場合には、自書することを要しないとされました（改正民（相続）968②）。

　この結果、相続財産目録はパソコンで作成してもよく、また登記事項証明書や預金通帳のコピーの添付でもよくなると考えられます。

　検認の制度については、法務局保管の自筆証書遺言につき、検認手続は不要となりました（遺言保管11）（4）。

186　指名債権の譲渡制限

POINT

指名債権は、債権者が特定した債権であり、今般の民法改正（債権法）により、譲渡禁止特約があっても原則として譲渡できるとされた。

1　債権者が特定している債権を指名債権といい指図債権、無記名債権と異なり、一般的な債権です。指名債権は原則として譲渡することができますが、この債権譲渡（149）は実質的には債権の売買の場合が多いと思われます。

2　今般の民法改正（債権法）により、従来、譲渡禁止特約があると債

権譲渡はできず（改正前民（債権）466②本文）、その特約は、善意の第三者に対抗できない（改正前民（債権）466②ただし書）としていましたが、改正後は、譲渡禁止特約があっても、債権譲渡をすることができ（改正民（債権）466②）、その特約は、悪意、重過失の第三者に対抗できる（改正民（債権）466③）とされました。

187 受遺者の地位

POINT

受遺者のうち、包括受遺者は、相続人と同一の権利、義務を有する。

1 受遺者とは、遺贈（ 12 ）を受ける者で、遺言により指定された者、つまり遺言者により「名宛人」とされた者をいい、包括、特定の受遺者に区分されます。

2 受遺者は相続人でもよく、自然人、法人でもよいとされています。ただし、相続欠格者（ 227 ）は受遺者とはなれません。

3 包括受遺者は、相続人と同一の権利義務を有する（民990）とされるので、遺贈の放棄も相続の放棄の規定（民915・986）によることとなります。

　特定遺贈は、遺贈の目的物が特定、独立したものであれば遺贈の効力が生じると直ちに受贈者に権利を取得させるものですが、受遺者は、いつでも遺贈を放棄することができます（民986）。

188 住所の公示

POINT

住所は、登記事項の一つであり、その変更は「登記名義人住所変更」と登記される。

---

1 自然人の「生活の本拠」が住所です（民22）。この抽象的な住所は、一定の場合、証明が要求されます。

2 登記実務でも、住所は申請情報（213）の一つであり（不登令3）、住所を証する情報が添付情報（306）となります（不登令別表㉘添付情報欄ニ）。

　　この住所を証する情報として、住民票の写し、住民票記載事項証明書（住基台帳12）があります。

3 住所を変更すると、変更後の登記名義人の住所を付記登記によって登記することとなります（不登規3一）。この登記の目的は、従前は「登記名義人表示変更」とされていましたが現存は、「登記名義人住所変更」とされています（記録例618）。

189 従物・附属建物

POINT

従物、附属建物は、主物、主たる建物の処分に従う。

---

1 従物とは、主物とは別個の独立した物であって、主物の所有者が、その物の常用に供するため、自己の所有に属する主物に附属させた物です（民87①）。

2 主として、従物にも抵当権（[296]）の効力が及ぶかが問題とされています。

抵当権設定後の附属建物（不登2二十三）も、同一の登記記録に吸収されるので、抵当権の効力が及びます（昭25・12・14民甲3176）。

また、従物は主物の処分に従う（民87②）ので、抵当権設定時に既に存した従物にも抵当権の効力は及びます（最判平2・4・19判時1354・80）。

その他、造作等については、実務上、設定契約によりその効力の及ぶ範囲を定めています。

従たる権利、例えば、建物に設定された抵当権は、その敷地に対する賃借権にも及びます（最判昭40・5・4民集19・4・811）。

3 従物としての建物については、登記上は、主たる建物に附属する建物であって、表題登記がある建物と一体として一個の建物として登記されたものを附属建物とし（不登2二十三）、独立した建物とは取り扱われません。抵当権の設定の登記は、附属建物を前提としているので、附属建物の登記をそのままにして附属建物を除外することはできません。

[190] 重利の約定

POINT

重利には、法定重利と約定重利があるが、約定重利は、登記できない。

1 重利とは、利息の利息です。つまり、弁済期に支払われない利息を元本に組み入れて、その合計額に対して、更に利息が生じることで

す。複利ともいわれます。

　重利には、法定重利（民405）の他、当事者の合意による約定重利が
あります。

　重利の契約は、利息制限法上の制限（482）はあるものの有効です
（最判昭45・4・21民集24・4・298）。

2　現在の先例（昭34・11・26民甲2541）は、重利の約定の登記を認めてい
　ません。重利の特約を登記しても第三者は抵当権の優先弁済額を知
　ることができないし、利息を元本に組み入れた場合には、抵当権の
　債権額（145）の変更の登記をして第三者に対抗できるとするのが
　理由です。

191　主たる債務・従たる債務

POINT

　保証債務は、主たる債務を前提とし、主たる債務に従たる債務であ
る。

1　従たる債務とは、ある債務が他の債務（主たる債務）を前提とし、
　その発生や消滅が他の債務に従属している債務関係です。

2　例えば、利息債務（483）は主たる債務である元本債務の存在を前
　提とするものであり、保証債務（442）は従たる債務であって、保証
　され担保される債務が主たる債務です（民446①）。

　なお、保証債務は従たる債務としてその債務の目的、態様は、主
　たる債務の限度に減縮するとされているところ、従来から、保証契
　約締結の後に、主たる債務の目的態様が加重されたときでも、保証
　債務は加重されないと解されていましたが、今般の民法改正（債権
　法）により、これが明文化されました（改正民（債権）448②）。

|192| 主登記
|193| 主文の明示　　　　　　　　　　　　　　181

|192|　主登記

POINT

　独立して順位番号を付してなされるのが主登記であって、その前後
により権利の順位が決まる。

1　主登記とは、「付記登記（|401|）の対象となる既にされた権利に関す
　る登記」と定義されます（不登4②）。
2　主登記は、甲区又は乙区に順位番号を付して独立してなされるの
　で独立登記ともいいます。その登記の前後により、権利の順位が決
　まり（不登4①）、付記登記の順位は主登記の順位によるとされていま
　す（不登4②）。

|193|　主文の明示

POINT

　主文で、訴えの却下、請求容認、請求棄却が示される。

1　主文とは、判決の結論部分で、判決主文ともいいます。判決書の事
　項の一つです（民訴253①一）。
　　ここで、訴えの却下、請求容認、請求棄却（|220|）が明示されます。
　仮執行の宣言（|50|）もここで示されます（民訴259④）。
2　主文が、判決の既判力（|70|）の範囲の基準となります（民訴114①）。
　　もっとも、主文の内容の解釈のため、判決理由（民訴253①三）（|389|）
　を参照することができます。

194　順位変更

POINT

　順位変更の目的となる権利は、担保物権であり、用益物権は目的とならない。

1　担保権（主として抵当権）(271) の順位変更とは、複数の担保権者の合意によって、優先弁済 (470) を受ける順位を絶対的に変更することで、利害関係人の承諾を要します（民374①）。

2　順位変更の登記の申請については、権利者、義務者の観念のない共同申請とされています（不登89）。

　　この順位変更の登記（記録例422）は効力要件とされ（民374②）、その仮登記はできないとするのが一般です（反対の見解あり）。

3　順位変更の目的となる権利は、担保物権であり、用益物権は目的とすることができません。1号、2号の区別なく仮登記された担保権、転抵当権相互でも順位変更ができます。

　　また、順位が入れ替わるだけでなく、同順位を異順位に変更したり、反対に異順位を同順位に変更する形態も可能です。

195　準拠法の指定

POINT

　準拠法とは、渉外的私法関係に適用される法であり、連結点によって指定される。

1　準拠法とは、国際私法 (137) によって渉外的な私法関係に適用さ

れるものとして選択された法のことです。

2 適用される法は、当該私法関係に最も密接な関係のある法となりますが、それは、連結点（当事者の国籍、行為地、目的物の所在地）によって準拠法として指定されることとされています。

　例えば、不動産物権及び登記すべき権利は目的物の所在地法によるとされています（法適用13）。

196　準消費貸借の成立

POINT

消費貸借から生じた債務も準消費貸借の目的とすることができる。

1 金銭その他の物を給付する義務を負う者が、それを消費貸借の目的とする契約を準消費貸借といいます（民588）。今般の民法改正（債権法）により、改正前の条文から「消費貸借によらないで」の文言が削除されました（改正民（債権）588）。既存の消費貸借から生じている債務も準消費貸借の目的とすることができるとする判例の趣旨を明文化したものです。新たに目的物を交付することなく、消費貸借を成立させることができるので、要物性（民587）（475）が緩和されることとなります。例えば、売買代金を借金とすることです。

2 準消費貸借の効力は消費貸借と同一ではあるものの、準消費貸借によって成立した債務と既存の債務の同一性については、同一性があるとするのが判例とも考えられますが、種々議論があり、具体的な事項（例えば担保権）について個別に判断するとする見解も有力です。

|197| 準法律行為と法律行為の異同
|198| 承役地の定義と登記事項

|197| 準法律行為と法律行為の異同

POINT

弁済は準法律行為として、効果意思によって債権が消滅するのではなく、債権の内容の実現によって債権が消滅する。

1 準法律行為とは、なんらかの意思的要素があるものの、法律行為と異なり、効果意思を伴わずに法律効果を発生させる行為の意です。

2 例えば、債権者が債務者に対して弁済（|430|）の催告をしても、弁済という効果が発生する訳ではありません。債権者の催告は、債権者が発生したことを欲したか否かにかかわらず、催告という事実により法律によって、契約の解除権（改正民（債権）541本文）の発生等の法律効果が生じます。

3 また、弁済もその効果意思の結果、債権が消滅するのではなく、債権の内容が実現することにより債権が消滅するので準法律行為です。

|198| 承役地の定義と登記事項

POINT

承役地には、地役権者は登記されず、要役地の所有者によって地役権者が判断できる。

1 地役権（|273|）は、用益物権の一種であり、要役地（|471|）の便益のために利用される土地を承役地といいます（用水地役権につき民285）。

2 地役権により、要役地は利用価値が増す反面、承役地の利用は制限

されます。

　例えば、A地の所有者がB地を通行できる通行地役権を有する場合、B地は承役地として、A地の用益により、その利用の制限を受けることとなります。

3　地役権の設定の登記は、承役地の乙区に目的、範囲、要役地が記録されますが、地役権者の氏名、住所は記録されません（不登80①②）。

　この登記をしたとき、要役地に登記官が職権で「要役地地役権」の登記を乙区にすることとなります（不登80④、不登規159①）。この登記により、地役権者が誰か判明します。

199　承継執行文の付与の効力

POINT

事実審の口頭弁論終結後の登記権利者、登記義務者の承継人には、確定判決の執行力が及ぶ。

1　判決の既判力（ 70 ）は、事実審の口頭弁論終結後の承継人にも及び（民訴115①三）、強制執行も口頭弁論終結後の承継人に対してできます（民執23①三）。これを承継執行といい、承継執行文の付与が必要です（民執27②）。

　承継人とは、一般承継、特定承継を問わず訴訟物についての当事者適格を承継した者をいいます。

2　そうすると、登記手続を命ずる訴訟の事実審の口頭弁論終結後に登記権利者、登記義務者の地位が承継された場合、この訴訟の確定判決（ 45 ）の執行力は、この承継人にも及ぶこととなります。

200 条件と登記事項

POINT

被担保債権に条件が付されると、抵当権の登記事項となる。

1 法律行為の効力の発生、消滅を将来の不確定な事実に係らせる法律行為の付款（400）で、停止条件と解除条件があります（民127①②）。これらの条件が債権に付されている場合、登記事項（320）となります（抵当権につき不登88①三）。

2 債権に付された条件のうち、通説は、停止条件も抵当権の登記事項としています。解除条件については、その登記の根拠として「権利の消滅に関する定め」（不登59五）（117）とするか、不動産登記法88条1項3号を根拠とする見解がありますが、いずれにしても解除条件が成就するとその理論構成はともかく、抵当権の被担保債権への付従性から債権が消滅するので、抵当権は消滅することとなります（記録例366）。

201 証書貸付の根抵当権による担保

POINT

証書貸付は、根抵当権の担保する債権の範囲として登記される。

1 証書貸付とは、銀行が貸付けを行うとき、借主に借用証書を差入れさせる貸付けの一種です。

2 現在、銀行実務では手形貸付（298）の方法が多く採られるとされ、

証書貸付は不動産抵当の場合に多く用いられ、根抵当権の債権の範囲（366）の取引としても見られます。

202 承諾の意義

POINT

民法上の承諾は、契約の成立要件又は対抗要件とされ、登記上の承諾は、登記の申請の際の添付情報とされる。

1 民法上は、申込みの意思表示と合致して契約を成立させる意思表示を承諾といいます。

特に贈与（241）は契約であって、承諾を必要とする（民549）ことに留意する必要があります。

また一定の事実を認める承認の意味の場合もあります。抵当権の処分の場合の債務者の承諾（民377①）、債権譲渡（民467①）の場合の債務者の承諾、賃借権の譲渡、転貸（民612①）の場合の賃貸人の承諾がこれに該当します。

2 登記法上も、その登記をすると不利益となる者の承諾を申請の要件としている場合があります。権利の変更、更正の登記（不登66）、権利の登記の抹消（不登68）、仮登記の単独申請（不登107①）、仮登記に基づく本登記（不登109①）、仮登記の抹消の単独申請（不登110後段）がその例です。これらの承諾は、各々の登記の申請の添付情報となります。

203 譲渡担保による所有権の移転

POINT

譲渡担保権が設定される場合は、「所有権移転」の登記がなされるが、解除されたときは「所有権移転」の登記と「所有権抹消」の登記の2つの登記方法がある。

1 譲渡担保とは、目的物の財産権（主に所有権）を債権者に移転させ、債務者が債務を弁済すると所有権が返還されるとする担保権です。その構成には種々議論がありますが、当事者間に債権債務関係があり、この債権債務の担保のため所有権が移転すると解するのが一般です。

2 譲渡担保権が設定されると所有権が債権者に移転するので、設定者は第三者に対して自己の所有権を主張することができず、目的物は譲渡担保権者の所有として差押え等をすることができるとされています。譲渡担保の設定による所有権の移転の登記は「譲渡担保」を原因として記録されます（記録例233）。

3 譲渡担保は、債権担保のための制度なので、被担保債権が弁済等により消滅すると、譲渡担保権も消滅し、譲渡担保権設定者は所有権を回復することとなります。

　この場合、譲渡担保権設定者が自己に登記名義を回復する方法は、所有権移転の登記によるか、所有権の抹消登記（452）によるかは当事者の随意と解されています（大判大7・4・4民録24・465）。

　被担保債権が弁済された場合、所有権の移転の登記、所有権の抹消登記のいずれも「債務弁済」を登記原因とするとの見解が有力ですが、譲渡担保権が解除されて、目的物を返還する場合は、「譲渡担保契約解除」を登記原因とする所有権の移転の登記がなされます（記

録例234)。

　もっとも、登録免許税等の関係からか、所有権抹消登記の方法が多く用いられています。

204　消費貸借の成立要件

POINT

要物契約としての消費貸借の他、諾成的消費貸借も認められる。

1　消費貸借とは、要物契約として借主が貸主から金銭等の代替物を受け取り、これと同種、同等、同量の物を返還することを約する契約です。受け取った物そのものを返還するのではなく、それを消費した後、借主のみが同価値の物の返還をする義務を負う点で片務契約（239）です。

2　従来、「受取」を消費貸借の成立要件とし、要物契約（475）とされていましたが、実際の取引（金銭消費貸借）では、当事者が契約内容を協議し、証書を作成し、担保権を設定してから金銭を交付するので、特に担保権の有効性が議論されました。そこで、今般の民法改正（債権法）により消費貸借も当事者の合意のみで成立する諾成的消費貸借が明文により認められました（改正民（債権）587の2①）。ただし、この合意は書面又は電磁的記録することが必要です（改正民（債権）587の2④）。この結果、借主には「借りる」債務が発生することとなりますが、借主には、契約の解除が認められています（改正民（債権）587の2②前段）。

3　なお、消費貸借は無利息が原則であるところ（改正民（債権）589①）金銭消費貸借には、利息が付されるのが普通であり（改正民（債権）589②）、この場合は利息制限法の対象となります。

205 所管換えの登記

POINT

所管換えは、登記名義人氏名変更の登記による。

1 所管とは、ある事務が公の機関の管轄に属していることです。

ある行政事務を司っている官庁を所轄庁といいます。国有財産法4条2項、11条にその例が見られます。

2 国有財産の所管換えがあった場合は、所有権移転の登記ではなく、登記名義人名称変更の登記（334）が嘱託（206）されます。登記原因は、「平成〇年〇月〇日所管換」とされます（記録例632）。

206 嘱託登記

POINT

嘱託登記は適法なものとして、印に関する有効期限がなく、登記識別情報や第三者の許可を証する情報の提供は不要である。

1 登記は当事者の申請による他、官公署の嘱託によってなされます（不登16①）。行政機関、裁判所、地方公共団体が嘱託します。

2 嘱託登記は、官公署が登記権利者又は登記義務者となって権利に関する登記をするとき（不登116）、官公署が公権力の行使をするとき（例えば、公売処分の場合につき不登115、強制執行、担保権の実行の場合につき民執48①・54①・188等、滞納処分の場合につき税徴68）になされます。

3 嘱託登記は官公署から登記所に対する行政行為として適法性が推定されます。

そこで、嘱託の場合の登記義務者の印鑑証明には有効期限がなく（不登令16③・18③、昭31・11・2民甲2530）、登記義務者の権利に関する登記識別情報、登記済証（325）の提供は不要であり（昭33・5・1民甲893）、第三者の許可書（255）の提供も不要（昭35・11・21民甲2751）とされています。

207　除権決定による登記の抹消

> POINT

登記義務者の所在が知れない場合、除権決定を得て登記の抹消ができる。

1　公示催告（125）は、権利の届出をさせるためになされ、公示催告期間に権利の届出がないと裁判所は、その権利の失権の効力が生じる決定をすることとなります（非訟106①）。公示催告は、簡易裁判所に申し立て、公示催告期間や失権する抵当権の表示が、裁判所の掲示板と官報に掲載されます（非訟99以下）。

　これが除権決定といわれるものです。

2　除権決定により抵当権の抹消が単独で申請される場合があります。

　抵当権の登記の抹消の登記義務者の所在が知れない場合には、公示催告の手続により除権決定を得て登記権利者が単独で抹消の登記を申請することができます（不登70①②）。

|208| 庶子の旧民法上の意義
|209| 処分証書による法律行為

|208| 庶子の旧民法上の意義

POINT

　父が戸主の場合又は父の家の戸主の同意がある場合、父の家の氏を称し、その戸籍に入籍した。

1　庶子とは、旧民法上の嫡出でない子（|278|）の中で、父との関係では父が認知した子であり、母との関係では嫡出でない子のことです（旧民827①②）。

2　父が戸主（|139|）であるときは、父の家の氏を称し、父の戸籍に入りました（旧民733①）。また、父が家族であっても父の家の戸主の同意があれば父の家の氏を称し、その戸籍に入籍しました（旧民733①・735①）。

　　父が家族であり、父の家の戸主が入籍に不同意であれば母の家の氏を称し、その戸籍に入籍しました（旧民735②前段）。

　　父母の双方が各々の家の家族であり、双方の家の戸主が入籍に同意しないときは、新しい氏を称し、一家を創立し、新しい戸籍が編製されました（旧民735②後段）。

|209| 処分証書による法律行為

POINT

　法律行為が行われる場合の文書が処分証書である。

1　ある文書、例えば遺言書（|5|）、手形によって法律行為が行われる場合の文書を処分証書といいます。

書面によらなくてもできる法律行為（例えば売買）でも、その文書（例えば売買契約書）によって行われたときは、処分証書となります。

2　処分証書の成立の真正が確認されると、その法律行為の存在が認められ、報告的な証書に比較して証明力が直接的であるとされます。

210　処分制限の登記

POINT

民事執行法等に基づく差押登記等、権利の行使を制限する旨の登記を処分制限の登記という。

1　処分制限の登記とは、民事執行法、民事保全法、国税徴収法その他の法律により、特定不動産の権利の行使を制限した場合、当該不動産にその旨を登記し、処分の制限をすることによって利益を受ける者を保護するとともに取引関係に入る第三者をも保護するための登記です。

2　登記実務上は、差押え（161）、仮差押え（49）、処分禁止の仮処分（民執48、民保47・53）（51）と滞納処分による差押え（税徴68）（262）の嘱託が多く見られます。

その他、破産手続前の保全処分（破産259）、会社の特別清算に関する保全処分（会社540）、会社更生法上の保全処分（会更260）、民事再生法上の保全処分（民再12）、家事事件に関する保全処分（家事105）があります。

3　所有権の処分制限の登記は、所有権保存登記（445）を前提とし、これがないときは、職権で保存登記がなされます（不登76②）。

211 署名の意義

POINT

署名は、作成者の自署によることが必要である。

1 署名とは、文書の作成責任を明らかにするため、作成者が自己の氏名を記載する行為です。

記名と異なり自署によることが必要です。

2 記名押印（ 71 ）（記名は自署でなくても、他人によるもの、印刷によるものでもよいとされます。）に代えて、署名が認められる場合があります。例えば、登記申請情報には申請人が記名押印しなければならない（不登令16①）ところ、署名があれば記名押印を要しない（不登規47一）とされています（他に、不登令18①、不登規49①一等）。

212 親権の行使の方法

POINT

父母が共同して親権を行使するのが原則であり、父母の一方と子の利益が相反する場合は、選任された特別代理人と他の親権者が共同して子を代理する。

1 父母が未成年（ 453 ）の子を監護し、子の財産を管理する権利、義務の総称が親権とされます。不動産登記では、子の財産を管理する権限とその行為に基づく登記の申請代理人の問題となります。

2 未成年の子について親権を行う者が親権者であり、法定代理人（ 434 ）です。

213　申請情報　　　195

　父母の婚姻中は、父母が共同親権を行うこととされますが（民818
①③本文）、父母が離婚すると、その一方が親権者となります（民819①
②）。

　また、親権を共同して行使できない場合は父母の一方のみで親権
を行使できるとされ（民818③ただし書）、まれに、登記の申請委任状に
その例が見られます。他に親権の代行（民833）の例もあります。

　嫡出でない子（278）の親権は母が行使するのが原則ですが、父母
の協議で父とすることもできます（民819④）。

3　子の財産を管理する権限として、子の法律行為に対する同意権（民
5）と自ら法律行為を代理（代表）する権限（民824）がありますが、
親権者は子の利益と反することとなる行為（利益相反行為）は無権
代理となるのでできず、特別代理人が選任されることとなります（民
826）。

　例えば、共同親権の場合に父母の一方に利益相反行為（477）とし
て特別代理人が選任されたときは、他の親権者と特別代理人が共同
して、未成年者を代理するとされています（昭23・9・18民甲3006、昭
33・10・16民甲2128）。

213　申請情報

POINT

　登記の申請に必要な情報を申請情報といい、その提供により登記が
なされる。

1　申請情報とは、申請の対象となる不動産を識別するために必要な
事項、申請人の氏名又は名称、登記の目的等、登記の申請に必要な

情報です。登記申請は、この情報を登記所に提供してなされます。提供の方法として、書面による方法とオンライン申請があります（不登18）。

2　申請情報には、全ての登記の申請に共通する事項（不登令3一～十二）と登記の種別により必要とされる事項（不登令3十三・別表）があります。

3　個別の登記の申請情報が、方式に適合しないときは、申請は却下（72）されます（不登25五）。

214　申請代理人

POINT

双方代理による登記申請は、債務の履行と同一の性質と考えられ、無権代理とはならない。

1　登記申請は、申請人が登記所に対して登記をすることを求める公法上の行為ではあるものの、通常、不動産取引に伴ってなされるものなので、当事者による申請に限定されるものではなく代理人によることもできます。

2　代理人とは、任意代理人（民104）（357）と法律の規定、裁判所の選任等による法定代理人（434）があり、法人の代表者も同一に扱われます。

　代理人は、登記の申請についての能力があればよく、行為能力者である必要はありません。

3　一般に、登記申請の代理人は、登記権利者、登記義務者の双方の代理人となる例が多く、これは双方代理の禁止に反するものではない

と解されていました。

　今般の民法改正（債権法）により双方代理は、無権代理となると明文化されました（改正民（債権）108①本文）。

　しかし、登記申請は、既に決定している実体的権利関係を記録することを求める行為であり、新たな利害関係が生じないので、債務の履行と同一の性質と考えて、無権代理とはならないと解されます（改正民（債権）108①ただし書）。

215　真正な登記名義の回復

POINT

　「真正な登記名義の回復」を原因とする所有権の移転の登記は、登記名義を実体と符合させる登記であり、登記権利者、登記義務者間には法律行為はない。

1　「真正な登記名義の回復」を登記原因とする所有権の移転の登記は、実体上の権利と登記名義を符合させる方法です。所有権の移転の登記の登記権利者と登記義務者の間には、法律行為はありません。「登記名義」が移転します。法文上の根拠はなく、判例（最判昭30・7・5民集9・9・1002）、先例（昭39・4・9民甲1505）等で認められたものです。

2　具体的には、例えばA→Bと所有権の移転の登記がなされている場合に、その登記原因が無効（不存在）（458）であるとき、A名義に登記を回復させるためには、B名義の登記を抹消するのが原則であるところ、抹消に代わってB→Aと所有権の移転の登記による方法です。

3　本来、通謀虚偽表示、詐欺による取消しの場合の善意の第三者（民94②・96③）が出現した場合のように登記の抹消（452）ができないときにこの方法が用いられるべきとの批判があるものの、上記2の事例のように抹消できる事例にも、先例、判例が認めているのでこの方法が用いられているのが現状です。

216　信託の構造

POINT

受託者が、委託者の財産を受益者のために信託の目的に従って管理、処分することを信託という。

1　信託とは、財産権を有する者（委託者）が、その有する財産権の名義、管理権を特定の者（受託者）に引き渡し、引き渡した財産（信託財産）を、一定の目的（信託目的）に従い、自己又は第三者（受益者）のため、管理又は処分をしてもらう構造を有します（信託2・3・4）。

2　信託財産の管理・処分権限は受託者に属します。委任関係と異なり専属的、排他的です（信託26）。反面、これは、受託者の義務でもあります（信託2⑤）。つまり、受託者とは、信託行為の定めに従い信託財産の管理、処分等、信託目的の達成に必要な行為をすべき者のことです。

3　この信託行為を表示するのが信託目録で、信託の登記の登記事項として、信託の目的、信託財産の管理方法、信託終了の事由、その他の信託の条項を内容とします（不登97）。

|217| 推定相続人の意義
|218| 随伴性の効果　　　　　　　　　　　　　　　199

|217|　推定相続人の意義

POINT

　現に相続が開始した場合の法定相続人のうち、最も先順位にある相続人を推定相続人という。

1　仮に、現に相続が開始したとすると、直ちに相続人になるであろう者を推定相続人といいます。現状において、法定相続人 (|433|) のうち、最先順位にある相続人のことです。

2　配偶者は、常に他の相続人とともに相続人となる (民890) ので、推定相続人となります。

　　もっとも、自己より先順位の相続人が出現した場合や、相続欠格 (民891) (|227|)、相続人の廃除 (民892) (|232|) によって、そもそも相続する資格がなくなると推定相続人ではなくなります。

|218|　随伴性の効果

POINT

　随伴性とは、付従性から派生する性質で、担保物権や保証債務について認められ、主たる権利の処分に伴って、従たる権利も処分されるとする性質である。

1　随伴性とは、主たる権利が移転するのに伴い、従たる権利も移転する性質です。例えば、債権が譲渡 (|149|) され移転すると、その担保の手段である抵当権も移転することとなります。

2　付従性 (|406|) から派生する性質で、抵当権等の担保物権の他、保

証債務（442）についても随伴性が認められます。また、地役権（273）にも認められます（民281）。

3　主たる権利に対する差押えの効力が従たる権利に及ぶのも随伴性によることとなります。ただし、元本の確定前の根抵当権は随伴性がありません（民398の7）。

219　数次相続と中間省略登記

POINT

中間者が単独相続の場合、数次相続の中間の相続登記を省略することができる。

1　不動産登記法の原則によれば、数次にわたり相続が開始すれば、各々相続の開始ごとに相続の登記をすることが求められます。

　しかし、先例は、数次の相続が開始し、中間の相続登記が未了で、かつ中間の相続が単独相続の場合には、中間の相続を省略（279）して一括して、一件の申請により相続登記ができるとしています（明33・3・7民刑260）。

　登記原因は「年月日何某（家督）相続、年月日（家督）相続」と記録されます（記録例191、昭29・5・22民甲1037）。

2　中間の相続が単独相続となる原因は、遺産分割（10）、相続放棄（237）の他、相続人に相続分がない場合も含まれます（昭30・12・16民甲2670）。

　中間が単独相続であれば、中間の相続を省略しても登記原因中に中間の相続を公示することができ、また、これを認めても、中間の相続人の利益は害されないからです。

220 請求棄却の判断

POINT

請求棄却とは、実体上の審理の上、原告の請求を退けることである。

1 請求棄却とは、原告の訴訟法上の請求（221）が理由がなく失当と判示することです。実体の審理をした上の判断であり、実体の審理をしないで訴えを退ける「却下」と異なります。

2 この裁判は、確認判決（46）と同一の性質を有します。

221 請求権と債権

POINT

請求権は物権からも生じ、ある行為を請求する権利として債権と異なるとされるが、実務上、同じ意味で用いられる例が多い。

1 一般的に、請求権とは他者に対して、ある行為を請求する権利であり、物権からも生じるとされ、債権（150）は給付を受領、保持する権利であるとして両者の差異が説明されます。

2 しかし、請求権と債権は実際上、同じ意味として用いられ、登記実務では、例えば、双方とも担保物権が担保する権利の表記として使用されています。

222 請求の趣旨と判決主文の関係

POINT

原告が裁判所にどのような判決を求めるかが「請求の趣旨」であり、これに対応した裁判所の判断が「判決主文」でなされる。

1 請求の趣旨とは、訴状の必要的記載事項の一つで（民訴133②二、民訴規53①）、原告が裁判所に対して、どのような判決を求めるかを表すものです。例えば、「被告は原告に対し金○万円を支払えとの判決を求める」と記載されます。

2 原告が全部勝訴すると、請求の趣旨に対応した文言が、判決主文（193）となります。

例えば、登記の抹消を請求する訴訟の判決では、「被告は、原告に対し、別紙物件目録記載の土地につき、錯誤を原因として、○○法務局平成○年○月○日受付第○号所有権移転登記の抹消登記手続をせよ。」との判決主文が考えられ、所有権移転の登記を求める訴訟では、判決主文で「被告は、原告に対し、別紙物件目録記載の不動産につき、平成○年○月○日売買を原因とする所有権移転登記手続をせよ。」と判示されます。

また、請求の趣旨は、請求原因とともに、訴訟上の請求を特定する機能があります。

|223| 清算結了の登記と権利の登記の申請
|224| 善意占有による時効取得   203

|223| 清算結了の登記と権利の登記の申請

POINT

　清算の結了前になされた売買等による所有権移転登記は、清算結了の登記を抹消しないで清算人が申請できる。

1　会社は、会社の現務等の処理が終了し、会社としてのなすべきことがなくなると、清算結了の登記をして、会社ではなくなります（会社481・929）。

2　清算結了の登記がなされても、清算の結了以前になされた行為につき処理すべき事項（例えば、清算の結了以前の売買による所有権移転登記義務）は、清算結了の登記を抹消することなく、清算人が登記申請をすることができます（昭38・9・13民甲2598）。

3　反対に、清算の結了後に、処分されていなかった不動産が判明し、この所有権を移転する場合のように、清算結了後になされた行為については、清算結了の登記を抹消し、清算中の状態に回復させることとなります。

|224| 善意占有による時効取得

POINT

　時効取得の要件である善意は、法律上推定されているが、善意を証する具体的事実を登記原因証明情報上、記載する方が妥当である。

1　所有権、地上権等の客体を占有できる本権（占有を法律上正当化する権利で、例えば所有権、地上権、賃借権等の権利です。）がないの

に、本権があると誤信して占有する場合を善意占有といいます。

2　善意占有は、不動産については、時効取得（171）で問題となります（民162）が、占有者は善意で占有するものと推定されます（民186①）。例えば、目的土地を相続したとして自己の所有に属すると信じて占有を始めた場合がこれに当たります。善意は法律上推定されているので、登記原因証明情報上、占有の事実が記載されていれば、善意を証明する具体的事実の記載は不要と、一応は考えられます。

　　しかし、善意占有による所有権の時効取得を明確にするため、善意を証する具体的な事実を記載する方が妥当です。

225　相殺による債務の消滅

POINT

相殺は、債務の消滅事由であり、「弁済」を原因として、担保権の抹消ができる。

1　相互に同種の債務を有している場合、一方から他方に対する意思表示により、その債務を対等額で消滅させることを相殺といいます（民505①本文）。

　　なお、今般の民法改正（債権法）により、当事者の反対の意思表示による相殺禁止特約は、第三者が悪意、重過失のとき、第三者に対抗できると明確にされました（改正民（債権）505②）。

2　相殺は、相殺適状にあるときにすることができます。相殺適状とは、第一に債権者、債務者間に同種の債権が存在し、第二に双方の債権が弁済期（429）にあるときです。ここで相殺しようとする者は、相殺される債権（受働債権）について期限の利益（68）を放棄

すれば弁済期にあることとなるので、相殺する債権（自働債権）が弁済期にあれば相殺することができます。

3　相殺は単独行為（268）であり、この意思表示があると相殺適状の時に遡及して債務は対等額で消滅することとなります。

　実務上、相殺によって代金を決済し、相殺時に物権が変動する例が見られます。例えば、相殺によって債務が消滅するので、担保物権が消滅しその登記を「弁済」を原因として抹消することとなります。

226　相続関係説明図

POINT

　相続関係説明図の提供があると、戸籍・除籍謄本又は抄本に限って還付される。

1　相続による権利の移転等の登記の申請の場合に、相続関係説明図が提出されているときは、登記原因証明情報（315）中、戸籍謄本又は抄本及び除籍謄本に限って、相続関係説明図をこれらの書面の謄本として取り扱って差し支えないとされています（平17・2・25民二457）。

2　相続関係説明図の提供による、このような簡便な原本還付手続は、平成16年改正前の不動産登記法下でも認められていました（昭39・11・21民甲3749）。

　しかし、改正後では、特別受益（342）の証明書や遺産分割協議書（9　10）等の相続の証明書、住所証明書については認められていません。

3 相続関係説明図のサンプルは、次のとおりです。

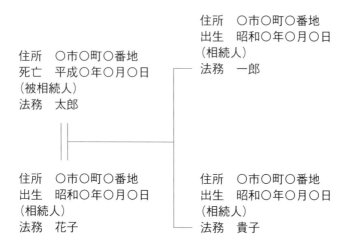

227 相続欠格の効果

> **POINT**
>
> 法律が定める事由（相続欠格事由）に該当すると当然に相続資格を失う。

1 被相続人等に対する殺人によって、刑に処せられた者等、民法891条各号に該当する者は、相続人（231）となることができません。これを相続欠格といいます。

　つまり、相続欠格は、相続人の意思を問わず、欠格事由に該当すると、法律上当然に相続資格がなくなります。廃除（232）が被相続人の意思によって、相続資格を奪う点で、相続欠格と異なります。

2 欠格事由に該当し、相続人でなくなった者を許し、相続資格を回復させること（宥恕）はできません。

3 法律上、当然に相続権を失うので、受遺者（[187]）にもなれません（民965）。

　しかし、相続欠格者の相続分は、代襲相続（[260]）の対象となります（民887②）。

[228]　相続財産管理人の権限

POINT

　相続財産管理人の権限は、管理行為としての保存行為、利用改良行為であり、これを超える行為は、権限外行為として家庭裁判所の許可を要する。

1　相続の開始によって、相続財産は相続人に承継されますが（民896）、相続人のあることが明らかでないときは、相続財産は法人とされ（民951）（[230]）、家庭裁判所によって選任された者が相続財産管理人として相続財産法人を代表するとされています（民952）。

2　この相続財産管理人は、相続財産法人の法定代理人（[434]）であり、民法28条が準用されているので、その権限は、管理行為としての保存行為（[444]）と利用改良行為であり、これを超える行為は、別途家庭裁判所の許可が必要となります（民953・103）。

　もっとも、被相続人が生前に売り渡した不動産につき、相続財産管理人が所有権の移転の登記を申請する行為は、管理行為に属するとして別に家庭裁判所の許可を要しません（昭32・8・26民甲1610）。

229 相続財産の意義

POINT

相続財産は、共同相続人の共有となる。ただし、祭祀財産は、相続
財産ではない。

1 相続財産とは、相続によって相続人に承継される財産の総称で、遺
産とも称されます。法文上は「一切の権利義務」(民896) とされるの
で、被相続人の有した積極財産、消極財産や財産上の地位も相続財
産に含まれます。遺産分割前の相続財産は、異論があるものの「共
有」(83) として共同相続人 (80) に帰属します (民898)。
　　ただし、一身専属権や祭祀財産 (民897) (152) は除かれます。

2 相続が開始すると、一般的には相続財産は相続人の固有の財産と
混和してしまうところ、「限定承認」(106)、「財産分離」や相続財産
の破産等の場合には、相続人の固有財産とは分離され、特別な財産
として清算されます。

3 登記上、相続される財産として次の例があります。

(1) 債権も物権と同様財産権なので、賃借権も相続されます。

(2) 占有権も相続され (最判昭44・10・30判時576・52)、時効取得 (171)
による所有権の移転の登記の申請がなされます。

(3) 契約上の地位 (38) も相続されます。例えば、売買契約にお
ける売主の地位は相続人に承継され、目的物の引渡義務、所有権
の移転の登記義務を承継することとなります。

230 相続財産法人の登記方法
231 相続人の系統 209

230 相続財産法人の登記方法

POINT

　相続人のあることが明らかでないときは、登記名義人の氏名変更の登記により、相続財産法人の公示がなされる。

1　相続人のあることが明らかでないときは相続財産は法人となります（民951）。

　　相続人のあることが明らかでないときは、相続人不存在（233）とされ、戸籍上相続人が存しないときや、相続人の全員が相続を放棄（237）したとき等がこれに当たります。

2　相続財産法人を成立させる趣旨は、相続人の存在が明らかでない場合、権利主体のない財産の出現を防ぐため、法が擬制したものです。清算法人（223）に類似する一種の財団法人とされています。

　　登記上は、相続財産管理人から相続財産法人名義の申請がなされ（334）、これにより、法人としての外形が明示されます。

　　それは、「平成〇年〇月〇日相続人不存在」「登記名義人　亡〇相続財産」として付記により登記名義人氏名変更の登記として記録されます（記録例195）。

231 相続人の系統

POINT

　被相続人の子、直系尊属、兄弟姉妹の系統と配偶者が相続人となる。

1　死者の財産を包括的に承継する者を相続人といい、これには、二つ

の系統があります。

2 一方の系統として、子、直系尊属、兄弟姉妹は血族相続人として、この順位で先順位の者が相続人となります（民887・889）。同順位の相続人があるときは、均等割合（[91]）となります。

　子、兄弟姉妹には、代襲相続（[260]）の制度があります。

　他方、配偶者は、他の相続人と共に常に相続人となります（民890）。

　このようにして、例えばA・B夫婦（子がなく共に両親が死亡）が同時に死亡すると、A・Bは配偶者として相互に相続人となることはなく（[337]）A・Bについては、各々の兄弟姉妹とその代襲相続人が相続人となることとなります。

3 遺言がない場合、民法の規定により定まっている者が相続人となりますが、これらの者を法定相続人（[433]）といいます。

[232]　相続人廃除の対象と効果

POINT

遺留分を有しない兄弟姉妹は、相続人廃除の対象とはならない。

1 相続人廃除とは、遺留分（[20]）を有する推定相続人（[217]）が、被相続人に対して虐待等をした場合、被相続人の請求又は遺言による家庭裁判所の審判によって、推定相続人の相続資格を剥奪する制度です（民892・893）。被相続人の請求等を要する点で、法律上、当然に相続資格を失う相続欠格（[227]）と異なります。

　廃除制度の対象は、遺留分を有する推定相続人とされるので、兄弟姉妹を除く相続人となります（民1028）。

2 廃除の審判等により相続資格の剥奪の効果が生じるので、報告的

な届出としての戸籍の届出（戸籍97）がなくても廃除の効力を生じます。

この効果は、一身専属的なもので、代襲相続の対象（民887②）（260）となり、受遺者（187）となることもできます（民965）。

また、廃除された者は、当該被相続人との関係で相続権を失うにすぎず、他の相続関係には影響がありません。

233 相続人不存在の意味

POINT

単に相続人の行方不明、生死不明の場合は、相続人不存在とはならない。

1 「相続人のあることが明らかでない」ことを相続人の不存在といいます（民951）。

相続人がいることは明らかであっても、行方不明、生死不明の場合は、不在者（405）の財産管理や失踪宣告（182）の問題となり、相続人の不存在の問題ではありません。

2 戸籍上、相続人となるべき者がない場合や相続人の全員の相続放棄（237）、相続欠格（227）、廃除（232）の結果、相続資格を喪失したときは相続人が不存在となりますが、包括受遺者（187）が存在する場合は、相続人の不存在ではありません（最判平9・9・12民集51・8・3887）。

3 相続人が不存在となると、相続財産は、相続財産法人（230）となり（民951）、相続財産管理人（228）が置かれ、相続財産の管理、清算等が行われます。

234 相続分の決定とその割合

POINT

相続分は、各相続人の相続財産に対する割合であり、相続分の指定のないとき、法定相続分による。

1 相続分とは、各共同相続人の相続財産に対する割合です。つまり、各相続人が取得できる総財産に対する「取り分、分けまえ」の限度です。

2 相続分は、次の順序で決定されます。

(1) 指定相続分（民902）とは、被相続人が遺言（ 5 ）によって指定した各相続人の相続分です。一般的には、A○分の○、B○分の○と分数で定められます。さらに、Aは土地、Bは建物とするように、相続財産の種類で指定することもでき、この場合は、分割方法の指定の意味もあります（民908）。被相続人は、この指定を第三者に委託することもできます。

(2) 遺言によって、相続分の指定がない場合は、法定相続分（民900・901）（433）によることとなります。共同相続人中の一部にのみ相続分が指定されているときは、指定されていない相続人については法定相続分によることとなります。

3 法定相続分は次のとおりですが、民法の改正に伴い、相続の開始する時期によって相続分が異なります。

(1) 昭和22年5月3日〜昭和22年12月31日（応急措置8）

第1順位　配偶者　3分の1　直系卑属　3分の2
第2順位　配偶者　2分の1　直系尊属　2分の1
第3順位　配偶者　3分の2　兄弟姉妹　3分の1

(2) 昭和23年1月1日〜昭和37年6月30日（昭和37年法律40号による改正

前民890・900)

第1順位　配偶者　3分の1　直系卑属　3分の2

第2順位　配偶者　2分の1　直系尊属　2分の1

第3順位　配偶者　3分の2　兄弟姉妹　3分の1

(3)　昭和37年7月1日〜昭和55年12月31日（昭和55年法律51号による改正前民890・900)

第1順位　配偶者　3分の1　　子　　3分の2

第2順位　配偶者　2分の1　直系尊属　2分の1

第3順位　配偶者　3分の2　兄弟姉妹　3分の1

(4)　昭和56年1月1日〜現在（民890・900)

第1順位　配偶者　2分の1　　子　　2分の1

第2順位　配偶者　3分の2　直系尊属　3分の1

第3順位　配偶者　4分の3　兄弟姉妹　4分の1

4　配偶者の相続分に影響があると考えられる相続分野の民法の規定が改正され、配偶者に居住の権利（配偶者居住権）が認められました。この権利は、被相続人の配偶者が相続開始の時に居住していた建物について終身又は一定期間、建物の全部について無償で使用、収益することができる権利です（改正民（相続）1028・1029）（379）。

235　相続分の譲渡

POINT

相続分の譲渡により、相続財産に対する権利義務が包括的に移転するので、譲受人が相続人以外の者であっても遺産分割協議に参加できる。

1　共同相続人の一人が、相続の開始から遺産分割（10）までの間に、

自己の相続分（234）を第三者に譲渡することを相続分の譲渡といいます（民905）。

相続分は、遺産全体に対する共同相続人の包括的割合であって、遺産を構成する個々の財産の共有持分を意味するものではありません。

2　相続分の譲渡を受ける第三者は、他の共同相続人のほか、相続人以外の第三者を含みます。

相続分の譲渡があると、譲渡した共同相続人が有していた遺産に対する権利義務が、包括的に譲受人に移転します。よって、譲受人が相続人以外の第三者であっても遺産分割協議に加わることができます。

236　相続放棄申述書の受理の効果

> POINT
>
> 相続放棄は、家庭裁判所による相続放棄申述書の受理によって成立する。

1　相続の放棄をした者は、相続人（231）とならなかったものとみなされます（民938・939）が、家庭裁判所が、放棄の旨の申述を受理して放棄が成立します（家事201⑦）。

2　一定の内容の申述書（家事規105）を「相続が開始した地」の家庭裁判所に提出します（家事201①）。

当事者は、この証明書の交付を請求することができ（家事47⑥）、相続登記の際の、相続放棄を証する情報として「申述受理証明書」が提供されます。もっとも、相続放棄申述受理「通知書」で足りるとする見解もあります。

237 相続放棄の意義と効果

POINT

単独行為としての相続放棄により、当該相続人は初めから相続人とならなかったと擬制されるが、相続資格併有の場合、放棄する相続資格が確認できるときは、その擬制は、他方の相続資格には及ばない。

1 相続放棄とは、相続開始後、相続人が相続の効果が自己に及ぶのを拒否する意思表示で、単独行為（268）です。

　元来、相続財産（229）が債務超過の場合、相続人が過大な債務の負担を免れるための制度ですが、実際は、共同相続人が共同相続財産を一人に集中させ、家業等を継続させるために利用されています。

　相続放棄は、自己のために相続が開始したことを「知った」時から3か月以内に家庭裁判所にその旨を申述（236）することを要します（民915・938）。

2 相続放棄が単独行為であることから親権者と未成年の子との利益相反行為（477）に該当するか見解が分かれていますが、相続放棄は家庭裁判所が関与しているので、その該当性は家庭裁判所の判断として、家庭裁判所によって選任された特別代理人の相続放棄は有効とされています（昭35・10・27民甲2659）。

3 相続放棄があると、その効果として、放棄した相続人は、初めから相続しなかったものとみなされます（民939）。

　共同相続の場合、他の共同相続人の相続分は増加しますが、放棄者についての代襲相続（260）は認められません。

4 なお、先例は、次順位の相続人でもある兄弟姉妹と養子としての資格を併せて有する場合に、相続放棄があると、全ての相続権を放棄したものとしていますが（昭32・1・10民甲61）、妻と妹としての相続資

格を併有する相続人が妻としての相続を放棄したことが確認できる相続放棄申述書と妹としては相続を放棄していない旨の上申書の提供があるときは、妻としての放棄の効果は、妹としての相続の資格に及ばない、とするのが先例です（平27・9・2民二362）。どの相続資格による相続を放棄したか、明確になった場合の例で、今後は、これによる例が多くなると思われます。

238 双方代理の効果

POINT

双方代理は、無権代理となるが、登記申請の双方代理は許される。

1　双方代理とは、同一の者が、契約の双方当事者の代理人となって契約を成立させることです。例えば、Bが売主Aの代理人となる一方、買主Cの代理人ともなって、AC間で売買契約を成立させることです。A又はCの利益を害する危険が大きいとして原則として禁止されていました。今般の民法改正（債権法）により「当事者双方の代理人となることはできない。」との文言が法文から削除され、無権代理となると規定されました（改正民（債権）108①本文）。

2　ただし、債務の履行は例外として許されます（改正民（債権）108①ただし書）。新たな利害関係を生じさせるものではないからです。所有権移転の登記申請も債務の履行に準じて許され（最判昭43・3・8民集22・3・540）、登記実務上、双方代理は常態的です。

3　また、代理人の利益が、本人にとって不利益となるような利益相反行為についても、無権代理となると明文化されました（改正民（債権）108②）。

|239| 双務契約の意義
|240| 総有の公示

|239|　双務契約の意義

POINT

双務契約は、互いの債務が対価関係にある有償契約である。

1　契約当事者の双方が、互いに対価関係にある債務を負う契約を双
務契約といいます。売買、賃貸借がその例です。

　　他方、当事者の一方が対価的債務を負担しない契約を片務契約と
いい、贈与（負担付贈与を含みます。）がその例です。

　　双務契約は必ず有償契約（|469|）ですが、一般的に行われている利
息付消費貸借は、有償契約ではあるものの片務契約です。

2　双務契約を原因とする登記申請の際の登記原因証明情報では、上
記の有償、対価の旨が明確にされている必要があります。

|240|　総有の公示

POINT

総有関係にある構成員は、目的物につき共有持分権がない。

1　総有とは、共同所有の形態の一つで、入会権（民263・294）がその例
です。

　　共同所有者は、一つの団体を構成し、各共同所有者は使用、収益
することができますが持分権（|462|）を持たず、分割請求や持分権の
譲渡は否定され処分権能は団体に帰属します。

2　登記では、総有の登記は否定されているので、総有関係にある不動
産の公示方法が問題とされ、権利能力なき社団（|116|）所有の不動産
は、代表者の個人名義で登記するのが実務です。

218
241 贈与の性質と種類
242 属人法主義の意義

241 贈与の性質と種類

POINT

贈与は、単独行為ではない。契約である。

1 贈与とは、贈与する者が、ある財産を無償で相手方に与える意思表示をし、相手方がそれを受諾して成立する契約で、諾成、片務、無償、不要式の契約（103）です。今般の民法改正（債権法）により、自己の財産のほか、他人の財産も贈与の目的となると明確になりました（改正民（債権）549）。

　　また、書面によらない贈与は、「解除」できると文言が改められました（改正民（債権）550）。

2 契約と同時に債務が履行される現実贈与、定期的に債務が履行される定期贈与、贈与する者の死亡によって効力が生じる死因贈与（164）があります。

242 属人法主義の意義

POINT

国際私法上、人が本来的に所属する法を適用する主義で、本国法主義と住所地法主義がある。

1 属人法主義とは、国際私法上、適用すべき法を決定するのに、人が本来的に所属する法を適用する主義で、人が本来所属する法域外に存しても、その人に従って領土的適用を認めます。

|243| 属地法主義の意義
|244| 組織変更と会社の同一性　　　　　219

2　何を属人法とするかについて、本国法（|447|）を属人法とする本国
　法主義と住所地法主義があります。
　　人の行為能力や相続については、本国法主義をとっています（法
　適用4①・36）。

|243|　属地法主義の意義

⌈ POINT ⌋

　その法が制定された領域内のみに、その法の適用を認める主義で、
登記については、この主義による。

1　属地法主義とは、国際私法上、適用すべき法の範囲、効力を、その
　法が制定された領域内のみに認める主義です。
2　この主義による準拠法決定（|195|）の例として、物権及び登記すべ
　き権利（法適用13①）があります。

|244|　組織変更と会社の同一性

⌈ POINT ⌋

　会社に、組織変更があっても、人格は同一である。

1　組織変更とは、会社が、現在の法律上の組織を変更して、他の種類
　の会社となることで、人格は同一です。
　　会社法上、株式会社を持分会社（合名会社、合資会社、合同会社）
　とし、持分会社を株式会社とする組織変更が認められています（会

社743・746・2二十六)。

　もっとも、持分会社間で会社の種類を変更する場合は、定款変更による種類の変更をすることとなります（会社637・638）。

2　組織変更、持分会社の種類変更の場合には、各々、解散の登記と設立の登記をしなければなりません（会社920・919）。

245　租税債権と他の債権の優劣

POINT

租税債権は、公課その他の債権に優先する。

1　国又は地方公共団体が、租税に関する法規によって納税者に対して有する債権を租税債権といいます。

2　租税債権とその他の債権の関係については、租税の一般的優先権が認められます。つまり、国税、地方税は、納税者の総財産について、原則として全ての公課、その他の債権に優先します（税徴8、地税14）。

3　もっとも、租税の法定納付期限以前に設定された質権（179）、抵当権（296）によって担保されている私債権は換価代金につき租税に優先し（税徴15・16）、質権、抵当権の設定されている財産を納税者が譲り受けた場合にも質権、抵当権の被担保債権は租税に優先します（税徴17）。

| 246 | 損害金の定め |
| 247 | 損害賠償額の予定 | 221 |

246 損害金の定め

POINT

　金銭債務の場合の損害賠償額は、原則として、履行遅滞責任を負った最初の時点の法定利率による。

1　損害の賠償額の定めは、「損害金」として抵当権の登記の相対的登記事項です（不登88①二）（320）。登記原因証明情報（315）にこれに関する定めがあるのに、申請情報（213）にない場合は、登記の申請は却下（72）されます（不登25八）。「損害金」は、定期金的性質を有し（昭35・3・31民甲712）、この性質を有しない「違約金」は登記できません（昭34・10・20民三999）。

2　金銭債務の債務不履行の場合の損害賠償額は法定利率によるところ、今般の民法改正（債権法）において、「債務者が遅滞の責任を負った最初の時点」の法定利率によるとされました（改正民（債権）419①本文）。債務不履行となるその時点とは、確定期限の場合は期限の到来、確定期限のない場合は、履行の請求があった時となり、この時点の法定利率によることとなります。

　　ただし、約定利率が法定利率を超えるときは約定利息によるとするのは、従来と同様です。

247 損害賠償額の予定

POINT

　損害賠償額の予定は、抵当権により担保される。

1　一般に、債務不履行によって損害が生じその請求をするには、損害

の発生及びその額を証明しなければなりません。この証明を回避するため、あらかじめ当事者が定めた損害賠償額の予定が認められます。この場合、今般の民法改正（債権法）により、裁判所は、損害賠償額の増減をすることができないとの文言は削除されました（改正民（債権）420）。

2　この損害賠償額の予定による、将来発生する損害賠償債権を被担保債権とする抵当権の設定（296）が認められています（昭60・8・26民三5262）。それは、本登記により、登記原因が「平成○年○月○日損害賠償額の予定契約平成○年○月○日設定」と記録されます。

248　損害賠償による代位

POINT

損害賠償により、債務者は債権者の物、権利に当然代位するが、履行不能の場合、債権者は代償請求権を取得する。

1　債権者が、債権の目的物、権利の価格の全部の損害賠償（247）を受けたときは、賠償した債務者に物、権利（例えば保険金）が当然に移転します（民422）。

　　民法は、債務不履行の場合の損害賠償による代位を規定していますが、不法行為による損害賠償の場合にも類推適用されます。

2　なお、今般の民法改正（債権法）により、債務が履行不能となった場合に、債務者が同一の原因で代償である物、権利を取得したときは、債権者はその償還を請求できるとされました（改正民（債権）422の2）。これを代償請求権といい、判例の趣旨を明文化したものです。例えば、Aが賃貸人、Bが賃借人の建物が焼失すると、Bの賃借物

返還債務は不能となります。この場合、Bが火災保険金を取得すると、Aは、この保険金を代償としてBに請求することができます。

249 尊属・卑属の意義

POINT

姻族には、尊属、卑属の区別はない。

1 例えば、父母、祖父母のように自分よりも先の世代にある者を尊属といい、子、孫のように自分より後の世代にある者を卑属といいます。
2 尊属、卑属の区別は、血族に認められ、姻族（民725三）にはありません。相続（231）やその順位に影響します（民887②・889①一）。

250 代位原因と代位申請

POINT

一般債権者は、債権の保全の必要性がある場合に、代位による登記を申請することができる。

1 代位による登記の申請の場合には、代位原因も登記事項です（不登59七、不登令3四）。ここで、代位原因とは、例えば債権者代位権（147）の行使による登記申請の場合、債権者が債務者に対して有している債権が発生した原因となる事実をいいます。
2 登記の申請は、登記権利者、登記義務者等の申請資格を有する者とその代理人によってなされるほか、申請人に対して金銭債権を有す

るにすぎない一般債権者も債権者代位権（民423①）によって、代位
申請ができます。ただし、自己の債権の保全の必要性がある場合に
限り代位申請ができます（昭62・3・10民三1024）。

　代位申請は、債務者の有する登記請求権を債権者が代位行使する
ことです。

　この代位申請の場合に、代位原因として、例えば「平成○年○月
○日売買の所有権移転登記請求権」（昭39・4・1民甲839、記録例637）と
記録されます。

251 代位弁済の効果

POINT

　一部代位弁済のときは、債権者の同意が要件であり、債権者の権利
が代位者の権利に優先する。また、債権者は、単独で権利行使ができ
る。

1　代位弁済とは、第三者、保証人等が弁済すると、弁済によって消滅
　するはずの債権や担保物件が弁済者に移転することで、従来は法定
　代位と任意代位がありました。

2　法定代位とは、例えば、抵当不動産の第三取得者（258）や物上保
　証人（416）のように、弁済をするのに正当な利益を有する者、実質
　的に他人の債務を弁済することとなる保証人（442）、連帯債務者
　（486）が、弁済によって当然債権者に代位することです。

　任意代位とは、上記以外の第三者が弁済することです。

　今般の民法改正（債権法）により、法定代位（改正前民（債権）500）
と任意代位（改正前民（債権）499）の規定は、あわせて改正され、弁済

による代位の要件として「債務者のために弁済した者は、債権者に代位する。」と一般的に規定することとされました（改正民（債権）499）。

　もっとも、任意代位については、対抗要件としての債権譲渡の規定が準用されています（改正民（債権）500）。

3　代位の効果の規定も改正され、債権者に代位した者は、債権者が有していた債権や担保物権などの「一切の権利」を、求償権の総額の限度で行使することができることとなりました（改正民（債権）501①②）。

　したがって、弁済者は、抵当権者に対して「代位弁済」（記録例389）を登記原因とした抵当権の移転の登記を請求することができます。

　なお、根抵当権については、元本確定の登記をした後でなければ移転の登記の請求はできません（昭46・12・27民三960）。

4　一部弁済に関する規定では、代位者は、弁済額に応じて債権者とともにその権利を行使できますが「債権者の同意」が要件となりました（改正民（債権）502①）。これにより、一部代位者よりも、債権者の権利が優先されるとともに、債権者は、単独で権利行使をすることができると明確になりました（改正民（債権）502②③）。同様に、担保権の目的となっている財産の売却代金についても、債権者が一部代位者に優先します（改正民（債権）502③）。

252　代価弁済による抵当権の消滅

POINT

　抵当権者の請求に応じて第三取得者が買受代金を支払ったときは、抵当権は消滅し、被担保債権が残存すると無担保債権となる。

1　抵当権の設定されている不動産について所有権、地上権を「買い受

けた」第三取得者（258）は、抵当権の負担のあるままで所有権者、地上権者となるので、抵当権が実行されると、これらの権利を失うこととなります。そこで、代価弁済による抵当権の消滅の制度は、抵当権者の請求により上記の第三取得者が、買受代金を支払うと、第三者のために抵当権が消滅するとする、第三取得者と抵当権者の利害を調整する制度です（民378）。しかし、抵当権者の請求を要件とするので、利用されることは少ないとされています。

2　第三取得者が抵当権者の請求に応じて、代価の全額を弁済すると、その額が抵当権の被担保債権の額に満たなくても、抵当権は第三取得者のために消滅します。

　代価弁済をした第三取得者は、弁済として支払った範囲で、売主に対する代金債務を免れるとともに抵当権の被担保債権もその範囲で消滅し残りは無担保債権となります。

253　対抗要件の具備と権利の変動の主張

POINT

　対抗要件とは、法律関係等の効力を第三者に主張できるための法律要件であり、これを欠いても第三者から法律関係等の効力を認めることができる。

1　対抗要件とは、効力の発生している法律関係、権利の得喪を第三者に対抗、つまり主張するための法律要件です。

　「対抗」の意味については種々の見解があるところ、少なくとも、対抗力とは、第三者との関係で権利の得喪（権利変動）を主張できる効力であって、第三者からその効力を認めることができるとする点では、異論がありません。

|254| 第三債務者の意義　　　　　　　　　　227

※　なお、第三者とは、法律関係に直接的に関与する当事者以外の者を
いいます。

当事者の相続人等の包括承継人は、当事者とされ、第三者ではあり
ません。

2　不動産の物権変動は、当事者の意思表示によって効力が生じ（民
176）、登記を対抗要件（民177）とします。登記は、当事者の共同申請
（|79|）を原則とし（不登60）、一方が登記に協力しないときは、他方
当事者は登記請求権を行使し、単独で登記を申請（|269|）することが
できます（不登63①）。これにより、対抗要件が具備されます。

また、債権譲渡（|149|）についても意思表示により効力が生じ、第
三債務者に対する通知、又はその者の承諾が対抗要件です。今般の
民法改正（債権法）により、将来の債権の譲渡もできることとされ
たので、その譲渡の対抗要件も債務者への通知、債務者の同意によ
ることとなります（改正民（債権）467①、動産及び債権の譲渡の対抗要件に
関する民法の特例等に関する法律4）。

|254|　第三債務者の意義

> POINT

債務者の債務者を債権者との関係で第三債務者という。

1　例えば、Aを債権者、Bを債務者とする場合に、Bに対して更にC
が債務を負うとき、Aとの関係で、Cを第三債務者といいます。

2　登記実務上では、主としてAがBのCに対する債権を代位行使す
る債権者代位権（改正民（債権）423・423の3）（|147|）や、BがCに対し
て有している債権をAが質権（|179|）の目的とする（改正民（債権）364）
例があります。

255 第三者の許可・同意・承諾

POINT

第三者の許可・同意・承諾は、登記原因とされる法律行為の効力要件、成立要件であり、登記の添付情報とされる。

1 登記原因（314）について第三者の許可・同意・承諾（以下「許可等」といいます。）を要するときは、添付情報（306）として、当該第三者が許可等をしたことを証する情報の提供を要します（不登令7①五ハ）。

　例えば、農地の売買における農地法の許可（農地3・5）、未成年者の売買における法定代理人の同意（民5）がこれに該当します。

2 これらは、登記原因である法律行為の効力要件又は成立要件として、申請情報のほか、登記原因証明情報（315）の内容として記載される必要があります。これらの要件が記載されていることにより登記原因が証明されたこととなります。添付情報としての許可書等は、第三者の許可等の存在を証明するもので、その添付をもって、その記載を省略することは相当ではありません。

256 第三者のためにする契約

POINT

第三者のためにする契約の締結時に存在していない者のためにも有効な契約が成立する。

1 第三者のためにする契約とは、契約当事者が、自己の名において締結した契約によって、当事者以外の第三者に直接権利を移転させる

契約をいいます（民537①）。ここで、第三者に移転する権利は、金銭債権等の債権のほか、所有権等の物権でもよいとされます。

例えば、売主Aと買主Bとの不動産売買契約により、第三者Cに所有権を移転させる場合がこれに該当します。

第三者Cを受益者、Cに直接履行することを約定する当事者のAを諾約者、履行を依頼した当事者Bを要約者といいます。

2　第三者C（受益者）の権利は、CがAに対して受益の意思表示をした時に発生します（改正前民（債権）537②）。しかし、Cは契約の当事者ではないので、Cの権利の内容やCの権利の取得時期については、ABの契約の内容によることとなります。

3　第三者Cは、ABの契約成立時に存在しなくてもよく、第三者の受益の意思表示によって所有権はAからCに直接移転するので、中間省略登記（279）ではありません（平19・1・12民二52）。今般の民法改正（債権法）により、CはABの契約成立時に存在しない胎児や設立中の会社でもよいと明確になりました（改正民（債権）537②）。

4　従来から、第三者の権利が確定すると、当事者は、これを変更、消滅することはできないとされていましたが、契約を解除するには、第三者Cの承諾を必要とするとされました（改正民（債権）538②）。

257　第三者の弁済

POINT

従来「利害関係を有しない者」は第三者の弁済ができないとされていたところ、第三者とは、「正当な利益を有する者」と明文化された。

1　第三者の弁済とは、債務者以外の第三者が弁済することです。原

則として第三者の弁済は認められます。しかし、利害関係を有しない第三者は、債務者の意思に反して弁済することはできません。今般の民法改正（債権法）により、債務の弁済は、第三者もすることができ（改正民（債権）474①）、利害関係を有しない者は、弁済するにつき、「正当な利益を有する者でない第三者」と規定され、正当な利益を有しない者は、債務者の意思に反して弁済することはできない（改正民（債権）474②）とされました。正当な利益を有する第三者として、抵当不動産の第三取得者（258）、物上保証人（416）があります。

2　このように、正当な利益のない第三者の弁済を、債権者は拒否することができますが、その弁済が債務者の委託によるものであり、債権者がこれを知っているときは、債権者の意思に反する弁済を拒否することはできません（改正民（債権）474③）。また、債務の性質が許さないときと、当事者が反対の意思表示をしたときは、第三者の弁済はできません（改正民（債権）474④）。

　　弁済した第三者は、債権者に代位します（改正民（債権）499）（251）。

258　第三取得者による抵当権消滅請求

POINT

第三取得者の抵当権消滅請求の場合の第三者は所有権等を「買い受けた者」に限らず、また第三取得者が抵当権者に対して抵当権の消滅請求をすることにより抵当権が消滅する。

1　第三取得者とは、担保物権（271）が設定されている不動産について所有権、用益物権を「取得した者」をいいます（民333・378等）。

2 抵当権が実行されると、原則として、第三取得者の権利は、覆滅することとなります。そこで、第三取得者は、抵当権者に対して、抵当権の消滅請求をすることができます（民379・383）。代価弁済（民378）の場合の第三取得者は所有権等を「買い受けた」者であり、「抵当権者の請求に応じたとき」に抵当権が消滅するのに対し、本キーワードの第三取得者は、所有権等を「買い受けた場合」だけでなく、広くこれを取得した者とされ、第三取得者が「抵当権者に対し消滅請求」することにより抵当権が消滅することとなります。

259 胎児の相続の登記

POINT

相続登記中に、胎児も公示され、出生後は、相続登記の変更の登記がなされる。死産の場合は、更正の登記がなされる。

1 胎児とは、出生していない子のことで、権利能力がありません（民3①）。

しかし、将来は権利能力者となるとの観点から、相続、遺贈のほか、不法行為による損害賠償請求権について権利能力が認められています（民886・965・721）。

2 登記実務上は、胎児のままで相続能力を認め、もし、死産のときは、遡って能力を失うとする解除条件説が先例です。

つまり、登記については、「亡何某妻何某胎児」として母の住所が記録されます（記録例193）。もし、胎児が死体で生まれた場合は相続登記について、錯誤を原因として更正登記（記録例244）が、生きて生まれた場合は、出生を原因として住所、氏名の変更登記（記録例620）がなされます。

232　260　代襲相続の発生

　なお、胎児の母には法定代理（434）の規定が類推適用されるもの
の、胎児の出生前には、遺産分割等の処分行為はできません（昭29・
6・15民甲1188）。

260　代襲相続の発生

POINT

おい、めいまでに限って、再代襲が認められる。

1　代襲相続とは、推定相続人（217）である被相続人の子又は兄弟姉
　妹が、相続の開始以前に相続権を喪失したときに、その者の子が代
　わって相続人となることです（民887）。
　　代襲原因は、被相続人の子の相続開始以前の死亡（同時死亡の推
　定（337）を受ける場合や失踪宣告（182）による場合を含みます。）、
　相続人に相続欠格（227）事由があるとき、相続人が廃除（232）さ
　れたときであって、相続人が相続を放棄したときは代襲相続は発生
　しません。

2　代襲相続人が相続できない場合、その子が再代襲相続をすること
　となります（民887③）。
　　なお、被相続人と養子である相続人の養子縁組後に出生した者で
　なければ代襲相続人とならず、被相続人と相続人が離縁すると、縁
　組前に出生していても代襲相続人とはなりません（民887②ただし書・
　727・729）。

3　相続人が兄弟姉妹の場合にも代襲相続が認められますが、再代襲
　は認められません。つまり、おい、めいまでに限り代襲相続人とな
　ることができます（民法889条2項は887条3項を準用していません。）。

| 261 | 代償分割の意義 |
| 262 | 滞納処分による差押え |

261 代償分割の意義

POINT

遺産分割により取得した金銭に代わる賠償として、当該相続人の個有の財産を贈与するのも代償分割である。

1 遺産分割（民907・908）（10）の方法には、現物分割（民258②）、換価分割（家事194）、債務を負担させる方法（家事195）があります。

　代償分割は、現物分割と債務を負担させる方法が併用された遺産分割の方法です。

2 先例は、共同相続後、遺産分割協議によって取得した金銭に代わる賠償として、その相続人の固有財産を贈与することを認めています（昭40・12・17民甲3433）。

　この場合の登記原因（314）は、遺産分割が成立した日付で「遺産分割による贈与」となり、単に「遺産分割による代償」ではありません（平21・3・13民二646）。

　その所有権移転登記の登録免許税は「その他の原因」によるものとして、登録免許税法別表第1一(二)ハによることとなります。

262 滞納処分による差押え

POINT

租税債権の実現のためになされる差押えを滞納処分という。

1 国税や地方税が納期限までに完納されない場合、履行を督促し（税通37）、その後租税債権（245）の強制的な実現のため差押え等が行

われます（税通40）。これを滞納処分といいます。

2　滞納処分の手続は、滞納者の財産の差押え（税徴47）によって開始され、不動産が差し押さえられると差押えの登記が嘱託され（税徴68③）、その旨の登記がなされます（記録例711等）。

　　この差押えには民法177条の適用があり（判例等）、また、滞納者による差押債権者に不利益な処分は、差押債権者に対して効力がありません。

3　国税等が消滅した場合等には、この差押えは解除され、この旨の登記が嘱託されます（税徴79）。

263　代物弁済の成立要件

POINT

　今般の民法改正（債権法）により、債務者以外の第三者も代物弁済をすることができるとされ、また、諾成的代物弁済の成立も認められる。

1　代物弁済は、債権者の承諾を得た上で本来の債務に代わり、他の給付が行われた場合、その給付に弁済の効果を認めるものです。従来、代物弁済は、「債務者」が行うと規定されていましたが、今般の民法改正（債権法）により「第三者」も代物弁済をすることができるとされました（改正民（債権）482）。

2　また、代物弁済は、要物契約とされていましたが、同じく、改正により、当事者の合意によって成立する、つまり、諾成的代物弁済の成立が認められ、諾成的代物弁済による他の給付がなされたときに、その効力が生ずるとされました。

|264| 代物弁済予約に基づく仮登記
|265| 代理権不消滅による登記申請　235

|264|　代物弁済予約に基づく仮登記

POINT

　代物弁済予約は、特に所有権の仮登記がなされると、債権の担保機能を有する。

1　代物弁済予約とは、金銭債務の不履行の場合に備えて、債務者がその財産を代物弁済（|263|）として債権者に給付する旨を予約することです。

　　目的物が不動産の場合は、所有権移転請求権仮登記（不登105二）（|56|）をすることによって、順位保全し、第三者に対抗することができます。

2　代物弁済予約の場合、債権者の予約完結権の行使によって代物弁済の効力が生じます。

　　一方、債務者の債務不履行があると、債権者の意思表示がなくても当然に代物弁済の効力が生じる停止条件付（|293|）代物弁済契約がありますが、代物弁済予約と同様、債権の担保の機能があり、「仮登記担保契約に関する法律」（|54|）の適用があります。

|265|　代理権不消滅による登記申請

POINT

　代理権不消滅の制度は、委任者の死亡によっては代理権は消滅しないとする制度であり、死亡した委任者に登記申請適格を認めるものではない。

1　登記申請の委任を受けた代理人（|16|）の代理権は、例えば、委任

した当事者が死亡した場合、消滅することとなります（民111）。

　この場合、相続人から再び委任状を受けなければならず、反対当事者の保護に欠けるとともに、速やかな登記申請をすることができません。

2　この不都合を避けるのが代理権不消滅の規定（不登17）です。

　ただし、この規定は登記の申請代理権は委任者の死亡等によっては消滅しないとの意味であり、死者（委任者）に申請適格があるとするものではありません。生前に死者から委任を受けた代理人は、その委任状によって死者の一般承継人である相続人の代理人として登記申請をすることができます。

　もっとも、他の添付情報（306）として、印鑑証明書が必要で、その期限が切れていると結果として、相続人から委任状の再交付が必要となる場合があります。

266　諾成契約の成立要件

┌─ POINT ─────────────────────────

諾成契約は、当事者の合意のみによって成立する契約である。

────────────────────────────────

1　諾成契約とは、契約の当事者の合意のみによって成立する契約で、要物契約（475）に対します。

2　売買、賃貸借等、多くの契約が諾成契約で、登記原因証明情報（315）でも、契約当事者の意思の合致の記載が必要です。要物契約とされる消費貸借（204）にあっても、諾成的消費貸借が認められています。代物弁済については、諾成的に成立することが明文化されました（改正民（債権）482）。

267 建物の認定と抵当権の設定
268 単独行為の性質と種類　　　　237

267 建物の認定と抵当権の設定

POINT

　建物か否かの判断は社会通念により、登記記録上の新築年月日以前の設定日の抵当権の設定の登記もすることができる。

1　土地に定着した工作物で不動産（420）とされるものを建物といいます（民86①、不登2一）。土地（347）とは別個の不動産とされます。建築中、どの程度になれば建物と認められるのか、特に抵当権の設定（296）、差押え（161）等との関係で問題となりますが、登記記録上（313）、新築年月日前の日付で抵当権の設定が締結されていても、抵当権設定の登記をすることができます（昭39・4・6民甲1291）。登記記録上の新築年月日によって「不動産」か否か、厳格に判断することはできず、結局は、社会通念によることとなります。

2　建物の個数も登記記録によるのではなく社会通念によって判断されます。建物の同一性についても同様です。

　　また、建具や畳等について抵当権の効力が及ぶかについて構成部分、主物従物等の見解がありますが、抵当権設定契約書で、これを明示し、効力が及ぶとしている例が多いのが実際です。

268 単独行為の性質と種類

POINT

　相手方の意思表示と合致しなくても法律効果が生じる単独行為は、法が認めた場合に限られる。

1　相手方の意思表示と合致することなく、法律効果を生じさせる法

律行為を単独行為といい、契約（103）と合同行為に対する行為です。他人の権利義務を変動させたり、設定したりする単独行為は、法の承認がある場合にのみ認められます。

2　相手方のある単独行為と相手方のない単独行為があります。

　解除（37）、相殺（225）、取消し（349）、追認（287）は相手方のある単独行為であり、遺言（5）は相手方のない単独行為です。

269　単独申請

┌─ POINT ─────────────────

　登記の性質のほか、申請の真正が認められる場合に登記の単独申請ができる。

────────────────────────

1　権利に関する登記（115）の申請は、法令に別段の定めがある場合を除き、登記権利者、登記義務者（316）の共同申請（79）が原則です（不登60）。これは、登記の申請の真正を担保するためです。

2　しかし、登記の申請の性質上や、申請の真正の担保がある場合は、単独での申請が認められています。

　相続、法人の合併（35）による権利の移転の登記や登記名義人の氏名等の変更の登記（334）、所有権の保存の登記（445）は前者の例です。

　確定判決による登記（44）、仮登記義務者の承諾がある場合の仮登記の申請（56）が後者の例です。

| 270 | 担保の十分性を証する書面 |
| 271 | 担保物権の意義と種類 |

270 担保の十分性を証する書面

POINT

抵当証券の交付申請には、抵当証券の価値が十分に担保されていることを証する不動産鑑定士作成の書面が必要となる。

---

1 抵当証券（297）が交付されると抵当証券交付の登記（不登94）がなされますが、その申請には、債権の全部の弁済（430）を担保する書面の添付が必要とされます（抵当証券細則21の2）。

　これにより、流通が予定されている抵当証券の担保が足りず、損害が生じないようにしています。これが、担保の十分性を証する書面です。

2 この書面は、不動産鑑定士が作成した鑑定評価書が一般的です。

　この評価書を調査し、目的不動産の価格が債権の全部の弁済を担保できないとされると抵当証券交付の申請は却下されます（抵当証券5①六）。

271 担保物権の意義と種類

POINT

抵当権、質権は当事者の契約によって成立する約定担保物権であり、先取特権は法律の規定によって成立する法定担保物権である。

---

1 担保物権とは、債権の担保のために、一定の物に設定される物権で、所有権に対する制限物権です。地上権等の用益物権は、物の使用価値を目的とするのに対して、担保物権は、物の交換価値を目的とします。

2 法律の規定に基づく担保物権が法定担保物権であり、民法上は、留置権、先取特権が認められ、不動産に関する先取特権（417）は登記することができます（不登3五）。

　当事者の契約によって生じる担保物権が約定担保物権です。不動産についての質権と抵当権は登記することができます（不登3六・七）。

3 付従性（406）、随伴性（218）、不可分性（399）、物上代位性（415）（留置権を除きます。）が担保物権の共通した性質です。

272 地役権図面

POINT

一筆の土地の一部に地役権を設定する場合、その範囲の特定のため図面が添付される。

1 一筆（347）の土地の一部にも地役権が設定でき、その登記ができます。この場合、承役地の範囲が「一部」のときは、その部分を特定する必要があります（不登80①二）。

2 そして、この地役権の設定の登記申請には、一部の範囲を特定するため地役権図面が添付されます（不登令別表㉟添付情報欄ロ、不登規79・80、記録例282）。

　もっとも、一筆の土地の全部が承役地の範囲の場合は、「全部」とされます（記録例284）。

273 地役権の設定と目的

POINT

同一の承役地に、目的の内容が異なる複数の地役権を設定することができる。

1 地役権とは、「一定の目的」に従い、「他人の土地」を「自己の土地」の便益に供するために設定される物権です（民280本文）。

　「一定の目的」とは、例えば通行、電線路の敷設の例が見られますが、作為を目的とするものだけでなく、不作為（一定の行為をしない）を内容とするものでもよいとされています。

2 「他人の土地」を承役地（198）、「自己の土地」を要役地（471）といいます。

　地役権は、土地の相互利用の調整を図る物権なので、承役地と要役地は常に存在することを要しますが、両土地が隣接することは必ずしも要しません。

　手続上、地役権の設定の登記は、承役地になされるので（記録例282）、承役地には所有権の登記があるのが当然であるところ、要役地に所有権の登記がないと、承役地に地役権の設定の登記をすることができません（不登80③）。

3 承役地の所有者は、地役権の目的を妨げない範囲で利用を継続することができ、同一の承役地上に複数の内容の異なる目的の地役権を設定することができます（用水地役権につき民285）。

　目的、内容が相互に全く抵触するときは、登記申請は却下（72）されますが、形式的審査権（97）しか有しない登記官にはその判断が困難であり、並存できる場合もあると判断される場合にはその登記申請を受理するとする見解があります。

274 地縁団体の登記能力

POINT

地方自治法の認可があると、地縁団体にも登記能力が付与される。

1 一般に、町内会等の地縁団体には、権利能力なき社団（116）として、その有する不動産の登記は代表者個人の名義又は構成員全員の名義で登記するしか方法がないとされていました。

2 しかし、市町村内の一定の区域に住所を有する者の地縁に基づいて形成された地縁団体が不動産等を保有するため、市町村長の認可を受けたときは、権利を有し義務を負うとして、法人格が付与され、地縁団体名義で登記をすることができます（地方自治法260の2）。

3 地縁団体が法人格を取得した場合は、この地縁団体の従来の代表者が登記義務者となり、地縁団体認可の日付で、「委任の終了」（17）を原因として所有権移転登記をすることとなります（平3・4・2民三2245）。

4 売買等により不動産を取得し、その所有権の移転の登記までの間に地方自治法260条の2第1項の認可を受けた場合に、当該権利能力なき社団と地縁団体の同一性が認められれば、直接、認可地縁団体名義で所有権の移転の登記をすることができます（平16・1・21民二146）。

275 地上権の設定 243

275 地上権の設定

POINT

地上権は、同一土地上に二重に設定できない。地上権の目的が建物所有の場合、借地権となり、設定者に登記義務がある。

1 地上権は、他人の土地において工作物、竹木を所有するため、その土地を使用する物権（民265）で、登記することができます（不登3二・78）（115）。

土地の全部に対する物権なので、共有（83）持分に対して地上権を設定することはできず（法定地上権の場合につき最判昭29・12・23民集8・12・2235）、二重に地上権の設定の登記をすることはできません（昭37・5・4民甲1262）。

また、一筆の土地の一部の地上権の設定は、分筆（425）しなければ登記できません（昭35・3・31民甲712）。

2 地上権は、当事者の設定契約によるほか、法律の規定によっても発生します（民388）。これを法定地上権といい、土地及びその土地上の建物（267）が同一の所有者に属し、競売（102）の結果、所有者を異にするに至った場合に成立します。この法定地上権が成立する場合も、当事者によって地上権の設定の登記申請がなされ、買受人が代金を納付した日を原因日付とし、登記の原因を「法定地上権設定」として登記されます（昭55・8・28民三5267）。

3 建物所有を目的とする地上権は、賃借権と共に借地権とされます（借地借家2一）。

しかし、地上権は物権として、債権である賃借権（283）とは異なり、地上権設定者は、地上権の登記をする義務を負い、また、地上

権設定者の承諾なくして地上権を譲渡することができます。また、地代支払義務は必ずしも地上権の要件ではありません（民266、不登78二）。

276 地上権の存続期間と地上権の移転の登記

POINT

存続期間の記録から地上権の消滅が判断され、地上権の移転の原因日付が存続期間の経過後であれば、地上権の移転の登記の前提として存続期間の変更を要する。

1　地上権の存続期間（民268、借地借家23・24）は、設定契約でその定めがあるときは、登記事項(不登78三)とされているので、登記記録（313）から存続期間の経過により、地上権が消滅しているか否かを判断することができます。

2　そこで、地上権の移転の原因日付が存続期間の経過後の場合、地上権の移転の登記は地上権が消滅しているとして受理されず、前提として存続期間の変更の登記をする必要があります（昭35・5・18民甲1132）。

　もっとも、地上権の移転の原因日付が存続期間内であれば、存続期間経過後の地上権の移転の登記は受理されます。

| 277 | 地番と住居表示 |
| 278 | 嫡出でない子の法的地位 |

277 地番と住居表示

POINT

地番は、土地特定のため、登記官が付した番号であり、住居表示は住居を表示するので、住居がなければ住居表示はない。

1 権利の客体としての土地の特定のため、登記官が一筆（347）の土地ごとに付けた番号を地番といいます（不登35）。

地番は、同一の区域においては、他の地番と重複しないように付され、もし重複するときは、登記官はこれを変更しなければならないとされています（不登準則67）。

2 なお、地番と住居表示は異なります。住居表示は、住居表示に関する法律により、住所、事務所等の住居を表示するものです。同一土地に住居が2つあれば、地番は1つであり、2つの住居表示があることとなります。反対に住居がなければ、地番はあっても、住居表示はありません。

278 嫡出でない子の法的地位

POINT

法律上の婚姻関係にない男女から出生した子を嫡出でない子といい、現在、嫡出子と相続分の差はない。

1 法律上の婚姻関係にある男女から出生した子を嫡出子というのに対し、法律上の婚姻関係にない男女から出生した子を嫡出でない子（非嫡出子）といいます。

2　嫡出でない子の母子関係は分娩の事実によって発生する（判例、多数説）のに対し、父子関係は認知（民779）（361）によって発生し、嫡出でない子は、原則として母の氏（24）を称し（民790②）、母の戸籍（141）に入り（戸籍18②）、母が親権者（民819④）（212）となります。

3　従前、嫡出でない子の相続分（234）は、嫡出子の相続分の2分の1とされていましたが、平成25年法律94号により、民法900条4号ただし書の、嫡出でない子の相続分の部分が削除されました。現在では、嫡出でない子と嫡出子の相続分に差はありません（最決平25・9・4判時2197・10、平25・12・11民二781）。

279　中間省略登記

> POINT
>
> 登記実務では、登記制度は、物権変動の過程、態様を忠実に公示することを目的とするとして、中間省略登記を原則として認めない。

1　中間者の権利変動に関する登記を省略した登記が中間省略登記です。例えば、所有権がA→B→Cと移転している場合に、直接、A→Cと所有権を移転することです。

2　中間省略登記が既になされている場合の登記の効力については、不動産の現在の権利関係と一致し、真実の権利状態を公示しているとして、原則として有効と解する立場が判例です（A、B、C全員の同意がある場合につき大判大5・9・12民録22・1702）。

　　そして、Bの同意がなく中間省略登記がなされても、正当な利益がなければ、この登記を抹消することはできないし（最判昭35・4・21

民集14・6・946)、Bの同意がないことを理由とする抹消請求はできません（最判昭44・5・2民集23・6・951）。

3　一方、まだ登記がなされていない場合の中間省略登記の請求は、Bの同意がなければできないとしています（最判昭40・9・21民集19・6・1560）。

4　しかし、登記実務では、登記原因証明情報（不登61）（315）からA→B、B→Cと物権変動が判断される場合、A→Cとする中間省略登記請求を原則として認めず（明32・7・29民刑1392）、登記申請は却下（不登25八）されます。中間省略登記を認めると、登記に公信力（130）がないことから、現在の権利者が真実の権利者であるか否かを確認することが困難となってしまうことを理由としています。そこでは、登記制度は、物権変動の過程、態様を忠実に公示することを目的とするとされています。

　　ただし、判決で中間省略登記を命じている場合（昭35・7・12民甲1581、昭35・2・3民甲292等）や数次相続（219）の場合（昭30・12・16民甲2670）には、例外的に中間省略登記が認められています。

280　調停成立の効力

POINT

　民事調停、家事調停共に、調停が成立し調書が作成されると、確定判決と同一の効力を有する。

1　調停とは、第三者の仲介によって、訴訟によらず、当事者の合意により紛争を解決することです。調停手続には民事調停と家事調停があります。

2 民事調停は、原則として簡易裁判所において民事に関する紛争を
当事者の互譲により解決する手続です（民調1・3）。

この調停には、不出頭に対する制裁があります（民調34）。

調停が成立し、調書に記載されると、確定判決と同一の効力（44）
を有します。
3 家庭裁判所は、家事調停を行います（家事255）。

調停前置主義が採られ（家事257）、当事者に合意が成立し、これが
調書に記載されると、確定判決と同一の効力を生じることとなりま
す（家事268）。

281 直系血族・傍系血族の意義

POINT

血統が直線的につながっている者が直系血族であり、同一の祖先に
よってつながっている者を傍系血族という。

1 当該の者を中心としてみた場合、世代が血統的に上下に直線的に
つながっている者を直系血族といいます。例えば、祖父母、父母、
子、孫などです。

当該の者と同一の祖先を仲介者としてつながっている者を傍系血
族といいます（民726②）。例えば、兄弟姉妹、おじおば、いとこです。
2 直系、傍系血族には、親族法上、各々の効果が与えられているもの
の（民877・734等）、登記実務上は、相続（231）が問題となります。
特に、「直系」卑属でない者は、代襲相続人とはなりません（民887②
ただし書・889②）。

282 賃借権の譲渡・転貸

POINT

賃借権の譲渡により、賃借人は賃貸借契約から脱落し、転貸の場合は、賃貸借関係が存続し、転借人は賃貸人に対し、履行責任を負う。

1 賃借権（283）は、債権（150）として、譲渡、転貸をするには賃貸人の承諾が必要であり、その承諾がない場合には、賃貸人は、賃貸借契約を解除することができます（民612①②）。

　この点、物権である地上権（民265）（275）の譲渡、転貸では、所有者の承諾が不要なのと異なります。

2 例えば、BがAの土地を賃借し、同土地上に建物を所有している場合に、BがCに当該建物を譲渡し、Cが当該土地を利用するとき、BからCに賃借権の譲渡や転貸がなされます。

　賃借権の譲渡では、賃借権がBからCに移転するのでBは賃貸借関係から脱落します。

　転貸では、ABの賃貸借を基礎として、転貸があっても、ABの賃貸借関係は存続しています。今般の民法改正（債権法）により、転借人Cは、「転貸借に基づく債務を賃借人Bの債務の範囲を限度として賃貸人Aに対して直接履行する義務を負う」と明確化されました（改正民（債権）613①）。

　なお、適法な転貸借があった場合、賃貸人と賃借人との賃借権の合意解除は、原則として転借人に対抗できません（改正民（債権）613③）。転貸借は、付記によって登記され（記録例306）、賃借権の登記の抹消の場合、転借人の同意が必要となります。

3 賃借権の譲渡、転貸に賃貸人の承諾を要するのは、賃貸借の本質が、賃借人の信用を基礎とするので、無断で第三者が使用収益するのは、

この本質に反するからです。

　そこで、「賃借権の譲渡又は賃借物の転貸を許す旨の定め」(不登81三)とは、賃借人が自由に譲渡、転貸ができる包括的な承諾・信用を与えたことを意味し、この旨の登記があれば、個別の承諾（255）を要しない（不登令別表㊵）と解されます。

　よって、例えば、「特約店契約を締結した者に限り」譲渡、転貸ができる旨の契約は、上記の包括的承諾ではないので登記することはできず、個々の譲渡、転貸の場合に、賃貸人の承諾の有無を検討することとなります。

283　賃貸借の効力

POINT

　今般の民法改正（債権法）により、従来からの判例の趣旨が明文化され、対抗要件を具備した不動産の譲渡により、賃貸人たる地位は、譲受人に当然移転すると規定された。

1　賃貸借とは、当事者の一方（賃貸人）が他方（賃借人）に目的物を使用、収益させることを約し、賃借人がこれに対して賃料（284）を支払うことを約して成立する契約で、有償（469）、双務（239）、諾成契約（266）です。今般の民法改正（債権法）により、賃貸借の成立には、契約の終了時に、引渡しを受けた目的物の返還を約することが要件とされました（改正民（債権）601）。

　賃料を支払う点で使用貸借（改正民（債権）593）と異なり、目的物自体を返還する点で消費貸借（民587）（204）と異なり、要物契約（475）ではありません。

284 賃料の表示方法　　　251

2　賃貸借は登記できますが、今般の民法改正（債権法）により、賃貸借の前の物権取得者とも対抗関係に立ち、物権を取得した者は「その他の第三者」として、二重の賃借人にも対抗力を有するとされました（改正民（債権）605）。

　また、不動産の賃貸人たる地位の移転については、対抗要件を具備した不動産が譲渡されると、賃貸人たる地位は当然譲受人に移転するとされ（改正民（債権）605の2①）、反面、所有権の移転の登記がないと、賃貸人たる地位の移転を賃借人に対抗できないとされました（改正民（債権）605の2③）。そして、敷金返還義務は譲受人に承継されます（改正民（債権）605の2④）。

　また、賃借人の承諾がなくても、譲渡人たる賃貸人と譲受人の合意で、賃貸人の地位が移転します（改正民（債権）605の3）。

284　賃料の表示方法

POINT

賃料は、確定できる金銭によって表示される。

1　賃料とは、賃貸借契約（283）により賃借人が賃貸人に対して支払う物の使用、収益の対価（民601）であり、賃貸借契約の要素です。賃借権設定の絶対的登記事項（不登81一）で、これを欠く登記申請は却下（不登25五）されます。

2　賃料は、対価として支払われる「金銭」が原則であり、確定又は確定できる額でなければなりませんが、「固定資産税評価額に1,000分の3を乗じた額」との賃料の表示をすることはできます（昭31・7・13民甲1597）。

252 　285　追加設定（根抵当権）

　　数個の土地の賃借権は、各筆（347）ごとに設定されるので、賃料
も各筆ごとに表示され、合計額を登記することはできません。

　　もっとも、同一賃料で、同一の申請の場合には、例えば「各1か月
金○円」と表示し、各土地の表示の下にいちいち表示する必要はあ
りませんが、賃料が異なるときは、各筆ごとに表示することが必要
です。

285　追加設定（根抵当権）

POINT

追加設定される根抵当権の登記事項は、前の根抵当権の登記事項と
同一であることを要する。

1　追加設定（根抵当権）とは、前になされた根抵当権（363）の内容
　と同一の登記事項（320）の根抵当権を登記することにより、共同根
　抵当権（82）の関係になることです。

　　共同根抵当権は「同一の債権」の担保（民398の16）のために設定さ
　れるところ、「同一の債権」とは、債権の範囲、極度額、債務者、根
　抵当権者が同一であることを意味するので、追加的に設定される根
　抵当権の登記事項が前になされた根抵当権の登記事項と一致しない
　ときは、前になされた根抵当権の登記の変更が必要です。

2　特に、債務者が同一人であってもその住所、氏名が異なる場合があ
　りますが、この場合であっても追加設定の前提として変更の登記を
　して登記内容を一致させるのが登記実務です。住所等の変更を証す
　る情報があっても変更の登記をする必要があり（行政区画の変更の
　場合を除きます（平22・11・1民二2759）。）、この点が普通抵当権の場合
　と異なります。

286 追加設定（普通抵当権）

POINT

　被担保債権の同一性が認められれば、前の抵当権の登記事項と追加設定される抵当権の登記事項は、必ずしも一致していなくてもよい。

1　追加設定（普通抵当権）とは、前に登記された抵当権と同一の債権を担保するために設定される抵当権です。

　　この点から、前の抵当権の登記事項（不登83・88）（320）と追加される抵当権の登記事項の内容が一致している例が多く、もし、異なる場合は、前の抵当権の登記を変更するのが一般です。

2　しかし、前の抵当権によって担保される債権と追加される抵当権の債権の同一性が認められれば、必ずしも、登記事項が一致していなくてもよいとされ、必要があれば、同一性を証する情報の提供を求めているのが登記実務です。

　　例えば、利息の定め（484）は同一性の判断資料ではあっても、それが異なるからとして、直ちに被担保債権に同一性がないとはいえないとされています。

　　他に、債権額（145）、債務者の住所、抵当権者の本店、商号、取扱店の表示（348）が異なっても直ちに同一性がないとはされません。しかし、被担保債権の表示（392）が異なる場合は、別の債権と判断されます。

| 287 | 追認の効果 |
| 288 | 通達の拘束力 |

287 追認の効果

POINT

追認の効力は、契約時に遡及する。

1 代理権を有しない者（無権代理人）457 の法律行為は、本人について効果を生じません。

この場合、本人は、無権代理人又は相手方に対する一方的意思表示により、本人に効果を及ぼすことができ、この意思表示が追認です（民113・116）。なお、今般の民法改正（債権法）により、代理人の権限濫用の場合も無権代理となると明文化されたので（改正民（債権）107）、追認の対象となります。

2 登記実務上では、追認があると、原則として契約時に遡及して効力を生じるので（民116）、法律行為と追認の前後によって、物権変動の時期、登記原因日付 314 が異なる場合もあります。

288 通達の拘束力

POINT

通達は、直接には行政事務の職員に示達されるが、国民も事実上、これに拘束される。

1 通達は、各省大臣、各委員会、各庁の長が、その所掌する事務に関して、所管する職員等への示達（指揮監督権の行使方法）の一種で、行政規則の性質を有します（行組14）。

2 国民は、直接には通達に拘束されませんが、法令の有権解釈として、

行政実務上重要な位置を占めています。

　登記実務上では、事案に応じて各種の通達が発出されているほか、不動産登記事務取扱手続準則（平17・2・25民二456）が登記事務の手順や法令の基本的解釈等を示し、不動産登記記録例（平28・6・8民二386）によって登記事項（320）が記録されます。これらの通達により、登記官が拘束されるので、登記の申請人や代理人も登記の申請について、事実上拘束されることとなります。

289　通知の種類

POINT

　通知は、意思の通知である催告と観念の通知である債権譲渡の通知に区別される。

1　通知とは、「意思」や「ある事実」を他者に知らせることで準法律行為（197）とされ、法律行為（437）に関する規定の適用の有無に議論があります。

2　通知は、旧民法上の宥恕（旧民814、許すの意）の他、現行法上は意思の通知とされる各種の催告（民20・493、改正民（債権）150）と観念の通知とされる債権譲渡の通知（民467①）（149）に区別され、債権譲渡の通知は登記実務上、よく見られます。

290 通謀虚偽表示に基づく登記

POINT

通謀虚偽表示に基づく登記は無効であり、抹消されるべき登記となるが、善意の第三者の登記は抹消できないので、表意者の権利の回復の方法として「真正な登記名義の回復」による権利の移転がなされる。

1 通謀虚偽表示とは、表意者本人も、相手方も、内心の意思と表示が不一致であることを知っている意思表示のことです（民94①）。例えば、売買の意思がないのに、差押えを免れるため不動産の所有権の移転の登記をする場合がこれに該当します。

2 その効果は、「無効」（458）です。既になされた登記は実体に符合しないものとして、無効であり抹消されるべき登記（452）となります。

ただし、この無効は「善意の第三者」に対抗できません（民94②）。したがって、例えばＡＢ間の売買が通謀虚偽表示でありＣがこれを知らず抵当権の登記をした場合、Ｃは抹消に応じる必要はありません。Ａとしては、Ｃの抵当権の負担のあるまま「真正な登記名義の回復」（215）を原因として所有権の移転の方法により登記名義（333）を戻すこととなります。

|291| 定期借地権における特約
|292| 定型約款の意義　　　　　　　　　　　257

|291| 定期借地権における特約

POINT

　定期借地権の契約の更新のないこと、存続期間の延長がないこと、建物の買取請求をしないことの特約は、公正証書等書面による。

1　定期借地権とは、存続期間を50年以上として借地権を設定する場合で、①契約の更新がないこと、②建物の築造による存続期間の延長がないこと、③借地借家法13条による買取りの請求をしない旨の特約を定めた借地権です（借地借家22前段）。

2　この特約は、公正証書（|132|）等書面によることを要し（借地借家22後段）、例えば定期借地権として地上権（|275|）の設定の登記を申請する場合、原則として、上記書面の提供が必要です（不登令別表㉝添付情報欄イ）。

|292| 定型約款の意義

POINT

　新設された定型約款とは、定型取引において契約の内容となることを目的として準備された条項である。

1　例えば、銀行の預金に関する取引契約は不特定多数の者との定型的な取引です。今般の民法改正（債権法）により、これらの定型取引に関して、「定型約款」の規定が新設されました（改正民（債権）548の2）。ただし、これは、約款に関する一般規定ではありません。

2　定型取引とは、特定の者が不特定多数の者を相手とする取引で、内

容の全部又は一部が画一的であることが双方にとって合理的なもの
をいいます。

3 定型約款とは、契約内容とすることを目的として、特定の者により
準備された約款のことです。交渉により変更できるものではありま
せん。一般的に約款とされている預金の規定等がこれに該当しま
す。

4 定型約款を契約の内容とする合意のある場合や、定型約款を準備
した者が、あらかじめそれを定型約款の内容とする旨を相手方に表
示すると、定型約款の個別の条項に「合意したものとみなす」とさ
れています。

293 停止条件付法律行為の効力

POINT

停止条件付法律行為は、条件成就の時から効力を生じ、条件不成就
の確定により無効となる。

1 例えば、債権の担保として、債務不履行があると、直ちに債務者所
有の土地の所有権が債権者に移転する旨の契約がある場合、債務不
履行が停止条件となります。つまり、法律行為は成立しているが、
その効力を、将来の不確定事実の成否に係らせている法律行為の付
款（400）の一種です。

2 条件の内容とされる条件事実が実現することを条件成就、実現し
ないことが確実となることを条件不成就といいます。

　停止条件付法律行為の効力は、条件成就の時から生じる（民127①）
ので、上記の例では、その時から所有権が移転し、その成否未定の

期間は仮登記（不登105二）によります（民129）（ 56 ）。

　なお、停止条件の不成就が確定すると、その法律行為は無効となります。この場合、「条件不成就」を原因として、仮登記の抹消をすることとなります。

294　抵当権設定信託（セキュリティ・トラスト）の構造

> POINT

抵当権が信託財産である信託において、抵当権者は受託者として配当を受ける。

1　抵当権設定信託も「担保権の設定」（信託3一・二、不登98）として有効です。

　　信託による抵当権の設定の場合の抵当権者は受託者と記録されます（記録例518）。

2　この抵当権を信託財産とする信託の構造は、抵当目的物の所有者である抵当権の設定者を委託者、抵当権者を受託者、被担保債権の債権者を受益者とするものです（216）。

　　受託者は、信託事務として抵当権を実行し売却代金の配当を受けることとなります（信託55）。

295 抵当権の処分

POINT

抵当権の処分とは、競売代金の分配について、本来の優先額と異なる弁済額とする当事者の相対的効力を有する特約である。

1 転抵当を除く抵当権の処分には、「抵当権の譲渡」、「抵当権の放棄」、「抵当権の順位の譲渡」、「抵当権の順位の放棄」の4種類があります（民376①）。

　これらは、競売（102）による代金の分配について各自の本来の優先額（470）と異なる弁済額とする当事者の特約であり、当事者間において相対的に効力を生じる処分です。

2 この処分を表にすると、次のようになります。

処分の形態	受益者	処分の効果
抵当権の譲渡	無担保債権者	受益者が優位
抵当権の放棄	無担保債権者	処分者、受益者同位
抵当権の順位の譲渡	後順位担保権者	受益者が優位
抵当権の順位の放棄	後順位担保権者	処分者、受益者同位

3 なお、法文は「同一の債務者」としているものの、これには、債務者でない抵当権設定者を含みます（昭30・7・11民甲1427、昭33・11・11民三855）。

296 抵当権の本質

POINT

　抵当権は、目的不動産について、債権者の有する債権の優先弁済権を実現することを本質とする。

1　抵当権は、債務者、物上保証人（416）が、債権の担保のために提供した不動産等を、債務者等の使用収益に任せながら、債務不履行の場合に、目的不動産等の価額から優先的に弁済（470）を受けることを内容とする約定担保物権です（民369①）。このように、抵当権は、目的物から自己の債権の優先弁済権を有するのを本質とするので、抵当権の登記の登記事項（不登83）においても、債権額と債務者を表示し、この優先弁済権を公示し、第三者に対抗することとしています。

　　抵当権は、質権（民342）（179）と異なり目的物の引渡しを必要としないので、占有を抵当権の公示方法とすることができないので、民法上目的物は登記をすることのできる土地、建物のほか、地上権、永小作権（民369②）とされています。

　　もっとも特別法により、各種の財団抵当（128）等も認められています。

2　抵当権は、特定の債権を被担保債権とする普通抵当権と不特定の債権を担保するための根抵当権（民398の2）があり、各々担保する債権の表記について、各種の先例が発出されています。

3　普通抵当権は、特に物権としての一般的な性質のほか、担保物件として、付従性（406）、随伴性（218）、物上代位性（415）が認められますが、根抵当権では、元本の確定前（63）は付従性が切断されています。

262 　 297 抵当証券

　また、その流通性を高めるため抵当証券法により抵当証券 （297）
の発行が認められていますが、実務上、現在では新たな抵当証券の
発行の例は少なくなっています。
4　抵当権者は、民事執行法によって、抵当権を実行し、優先的に配当
　を受けることができ、また、破産の場合には、別除権（破産65） （427）
　が認められています。

297　抵当証券

```
POINT
```

　抵当証券の交付があると、抵当権と債権を分離して処分できず、抵
当権の移転は抵当証券の裏書譲渡による。

1　土地、建物、地上権を目的とする抵当権者は、有価証券である抵当
　証券の交付を登記所に申請することができます（抵当証券1・3）。つま
　り、抵当証券は、登記所が発行する有価証券です。
2　抵当証券の交付があると、抵当権と被担保債権は一体のものとし
　て処分され（抵当証券14②）、抵当権の移転は抵当証券の裏書譲渡によ
　る（抵当証券14①・15①）こととされるので、抵当証券が交付されたと
　きは、登記官はその旨の付記登記 （401） を職権ですることを要し
　（不登94、記録例461）、抵当権の変更も、登記のほか、抵当証券の記載
　の変更（抵当証券16）が必要です。

|298| 手形貸付の意義
|299| 手形債権（小切手債権）の根抵当権による担保　　263

|298|　手形貸付の意義

[P O I N T]

　借用証書に代えて、借主から貸主へ約束手形が振り出される貸付け
を手形貸付という。

1　手形債務は、一般の債務と比較すると、厳格であり、債権者に有利
であり債務者に不利であるとされています。

2　そこで、金銭消費貸借契約（|204|）の場合に、貸し付けた金銭の返
還を確実にするため、借用証書の提出に代えることを目的として、
借主から貸主に約束手形（又は自己引受手形）を振り出させる貸付
けを手形貸付といいます。

3　手形割引（|300|）は第三者が振り出した手形の売買であり、消費貸
借を伴わないのが一般であるのに対し、手形貸付は借主との間に消
費貸借が存する点が異なります。

|299|　手形債権（小切手債権）の根抵当権による担保

[P O I N T]

　根抵当権の担保する手形債権とは、回り手形上の債権である。

1　根抵当権（|363|）が担保する「手形債権、小切手債権」（改正民（債権）
398の2③）とは、根抵当権者と債務者との取引から生じた債権ではな
く、回り手形（小切手）上の債権です。

2　例えば、BがCに対して手形を振り出し、この手形をCの依頼によ
ってA銀行が手形割引し、裏書譲渡によって取得した場合、A銀行

264　　300　手形割引の意義

はBに対して「回り手形」上の請求権を有します。このとき、A銀
行がBを債務者とする根抵当権を有すると、AB間では直接に取引
したものではない「回り手形」上の債権をも当該根抵当権で担保す
ることができます。

3　仮に、Cが取得した手形が流通の結果再びBに帰属し、Bの依頼に
よってA銀行が割引すると、手形割引取引は銀行取引に含まれるの
で、AB間の直接の取引である「銀行取引」として、根抵当権によ
って担保される債権となります。

300　手形割引の意義

POINT

手形割引によって手形金額から満期までの利息、費用を控除された
額が手形所持人に交付され現金化される。

1　手形上に、手形が支払われる日として記載された日を満期といい
ます。

この満期の未到来の手形を手形割引依頼人（手型の所持人）が、
第三者である手形割引人に裏書譲渡し、その対価として、手形金額
から満期までの利息と費用（割引料）を控除した額が手形割引人か
ら手形割引依頼人に交付される行為が手形割引です。

2　一般に、手形割引は、手形の売買と解され、手形割引人は実際上、
銀行です。手形割引依頼人は、手形割引によって満期が未到来の手
形を現金化することができます。

| 301 | 手付の性質と契約の解除 |
| 302 | 手続法と実体法の関係 |

301 手付の性質と契約の解除

POINT

手付の交付があっても、履行に着手した当事者から契約の解除をすることはできる。

1 売買等の契約締結に際して、買主等が交付する物品で、実際上は多くの場合、金銭が交付されます。これは、「内金」の名目のときもありますが「内金」は代金等の一部の前払いとされています。

2 契約が成立したことを証する手付（証約手付）と債務不履行の場合の違約罰（違約手付）、解除権（ 37 ）を留保するための解約手付があります。解除については、従来は、手付の交付があると「当事者の一方」が履行に着手するまでは、手付の倍返しがあると契約の解除ができるとされていましたが、今般の民法改正（債権法）により、法文の文言から「当事者の一方」を削除した上で「相手方」が履行に着手した後は、契約の解除はできないとされました（改正民（債権）557①）。

302 手続法と実体法の関係

POINT

実体法を実現する手続を定める法が手続法である。

1 民法、商法等の法律関係の内容を定める法を実体法といい、それを実現するための手続を定める法が手続法です。

2 民事訴訟法が、手続法の代表格ですが、登記実務では、民法177条の規定する不動産登記法が手続法として重要です。民法が実体法として、物権とその内容を定め、その対抗要件としての登記の方法を手続法としての不動産登記法が定めています。

303 典型契約と混合契約

POINT

典型契約は、契約の内容が規定されているので混合契約の解釈を補充をすることができる。

1 典型契約とは、法律に契約の名称、内容が規定されている契約の類型です。民法は、売買、消費貸借等の13種の契約を規定しています。有名契約ともいわれます。

契約自由の原則から、どのような内容の契約を締結するのは原則として当事者の自由ですが、典型契約により、当事者の意思の解釈や補充することとなります。

2 現在では、典型契約が結合した混合契約も見られますが、登記実務において、登記原因とは、「登記の原因となる事実又は法律行為」（不登5②）とされているので、法律行為としての債権契約の名称や表記が多く用いられています。広く、公示に適するからです。

|304| 電子記録債権の根抵当権による担保
|305| 転抵当の構造と被担保債権額

|304| 電子記録債権の根抵当権による担保

POINT

電子記録債権は、特別法によって認められたコンピュータにより債権者、債務者等を管理する債権である。

1 電子記録債権は、従来は、根抵当権の担保する債権の範囲（|366|）の一つとして、手形債権、小切手債権（|299|）の他、通達によって認められていました（平24・4・27民二1106）。

　電子記録債権は、電子記録債権法により認められ、多く利用されています。

　それは、手形や指名債権（|186|）と異なる債権で、電子債権記録機関が、債権者、債務者、支払額等を管理し、この機関は、国からの認可を受けています。

2 そこで、今般の民法改正（債権法）により、根抵当権の定義、根抵当権の被担保債権の範囲に、明文化され、加えられました（改正民（債権）398の2③・398の3②）。

|305| 転抵当の構造と被担保債権額

POINT

転抵当権の被担保債権額は、原抵当権の被担保債権額を超過していてもよい。

1 転抵当とは、抵当権者が、その抵当権をもって、他の債権の担保と

することです（民376①）。その性質につき、抵当権に再度抵当権を設定するとする説が判例、通説です。この説によれば、転抵当権者は原抵当権の債務者に対して直接取立権を有せず、競売（102）による目的物の代金から優先弁済権（470）のみを有するとされています。

2 転抵当権の設定は、原抵当権の設定者の承諾を要しません。

　転抵当権の効力を上記のように優先弁済権を取得するにすぎないとすると、転抵当権の被担保債権額が、原抵当権の被担保債権額を超過していても差し支えなく、存続期間も、原抵当権の存続期間の前後が問われません（昭30・5・31民甲1029）。

　対抗要件としての登記（不登90）は、付記登記（401）により、被担保債権の内容が登記事項（320）となります（記録例426）。

306 添付情報

POINT

　各種の登記に必要な添付情報は、不動産登記令別表に規定されている。

1 添付情報とは、旧不動産登記法下での添付書類のことで、「申請情報と併せて登記所に提供しなければならないものとされている情報」（不登令2一）です。

　その情報は、具体的に定まっています（不登令7・別表）。登記識別情報（不登2十四）（317）、登記原因証明情報（不登61）（315）が代表例です。

|307| 転付命令
|308| 同意の効力 　　　　　　　　　　　　269

2　添付情報の提供のない場合や提供方法違反の場合には、登記の申
　請は却下（ |72| ）されます（不登25九）。

|307|　転付命令

POINT

　支払に代えて券面額で差し押さえられた金銭債権を差押債権者に転
付する裁判所の命令を転付命令という。

1　転付命令とは、差押（ |161| ）債権が、金銭債権で券面額がある場合、
　差押債権者の申立てにより、この債権を支払に代えて差押債権者に
　移転する、執行裁判所の命令です（民執159）。転付命令は、抵当権の
　移転の登記原因となります（記録例393）。
2　差押債権者の債権、執行費用は、この転付命令が第三債務者に送達
　されたときに、その転付命令に係る債権が存する限り、券面額で弁
　済されたものとみなされます（民執160）。

|308|　同意の効力

POINT

　同意は、法律行為の効力要件とされる。

1　同意とは、一般に、他人がある行為をすることを肯定する旨の意思
　を示すことです。
　　法律上、完全に効力を生ずるために必要とされる同意の規定（例

えば民法5条1項）と同意が得られない場合の規定（例えば民法5条2項）があります。

2　この同意は添付情報 (不登令7①五ロ(ハ)) 306 とされ、物権変動の登記原因日付に影響を及ぼします。

309　同意の登記

┌ POINT ┐

　登記された賃借権に優先する、全ての抵当権者の同意とその旨の登記があると賃借人は、抵当権者に対抗することができる。

1　抵当権に後れる賃借権は、その存続期間を問わず抵当権に対抗することができません。

　ただし、例外として、明渡猶予の制度 (2) と同意の登記の制度があります。

　この同意の登記の制度は、抵当権より後順位である賃借権であっても、賃借権に優先する全ての抵当権者が同意し、その旨の登記をすると (記録例304)、賃借権者は、抵当権者、したがって競落 (102) による買受人に対抗することができることとなる制度で、同意の登記が効力要件とされています (民387)。

2　この同意の登記のためには、特別法によって賃借権に対抗力が認められていても賃借権の登記があることが必要です。

　また、すべての抵当権の同意を必要とします。抵当権者が、ＡＢの場合、Ａのみが同意しＡとの関係で賃借権が優先することとなる法律関係は認められません。

| 310 | 登 記 |
| 311 | 登記官 |

310 　登　記

POINT

　登記は、登記官による一定事項の記録で対抗要件のほか、成立要件
とされる。

1　登記とは、一定の事項（登記事項）（ 320 ）を第三者に公示し、取引
　安全の保護を図るため、国家機関である登記官（ 311 ）が、登記簿
　（ 332 ）に、権利、表示に関する法定の事項を記録することです。
　　　一般に、不動産登記を意味し、不動産に関する物権（ 326 ）の得
　喪、変更が、新たな登記、変更登記、抹消登記として主登記（ 192 ）、
　付記登記（ 401 ）の形式によりなされます。
2　また、不動産登記は、対抗要件（民177）とされる他、成立要件（例
　えば、民法374条2項による抵当権の順位変更、民法398条の17第1項
　による共同根抵当権の変更等）として登記されます。

311 　登記官

POINT

　登記官は、独任の行政官として、不動産登記事務を執行する。

1　不動産登記法上の登記官とは、管轄登記所に勤務する法務事務官
　で、法務局長等により、登記事務を取り扱う者として指定された者
　です（不登9）。行政組織上の官職ではありません。
2　登記官は、自己の名において完結的に登記事務を執行できる独任
　の行政官としての権限を有します。つまり、登記官は、自己の判断

に基づき登記を行うことができますが、不動産登記法に従うことは当然であり、また、各種の通達（288）によって登記事務が処理されます。

312 登記完了証

POINT

単に、登記が完了した旨を通知するにすぎないのが登記完了証である。

1　登記官（311）は、登記の申請に基づいて登記を完了したときは、申請人に対し、登記完了証を交付することにより、登記が完了した旨を通知しなければならず、その内容、様式が定められています（不登規181・様式6）。

2　平成16年改正前の旧不動産登記法では、登記済証（325）に、本人確認の目的と登記が完了したことを申請人に通知するとの目的がありました。

　改正後の現行不動産登記法では、本人確認は登記識別情報の制度の目的となり、登記識別情報の通知（不登21、不登規61以下）（318）とは別に、登記完了証を申請人に交付し、登記が完了した旨を通知することとしたもので、旧法の登記済証（旧不登60②）に相当します。

313 登記記録
314 登記原因

313 登記記録

POINT

登記記録は、一不動産ごとに作成し、これに登記事項が記録される。

1　登記記録とは、一個の不動産ごとに、表題部及び権利部（118）に区分して作成される電磁的記録をいうとされます（不登2五）。現行法でも一不動産一登記記録の原則が維持されています。この原則により、土地は一筆ごとに、建物は一個ごとに登記記録が作成され、実際上は数筆であっても登記記録上は一筆と記録されているときは分筆の登記が、同様に建物については分割の登記が必要となります。

この登記記録として登記すべき事項が登記事項です（不登2六）。

2　登記記録の編成については不動産登記規則が規定し（不登規4・別表1〜3）その具体的な記録について、記録例（平28・6・8民二386）が発出されています。

314 登記原因

POINT

物権変動の発生事由を登記原因という。

1　登記原因とは、「登記の原因となる事実又は法律行為」（不登5②）と定義されています。

登記と実体的法律関係を一致させるために権利の内容のほか、それを発生させる事由を登記することによって、登記の信頼性が高まります。そこで、登記すべき物権変動（327）の発生事由が登記原因

となります。

2　法律行為による物権変動の場合、物権行為 409 の独自性を認めていないとされる民法上は、物権変動は、債権行為に基づいて生じるので、登記原因とは、結局、物権変動の原因行為である債権行為となります。

　　具体的には、売買による所有権移転の原因行為は、売買契約となりますが、所有権の移転が、代金支払を条件とするときは、売買契約のほか、代金支払という債権行為上の事実の発生も必要となります。

3　登記原因の日付（不登59三）とは、登記原因又はその効力が生じた日です。これは、登記原因証明情報 315 から判断されます。

　　もっとも、更正の登記 133 は、原因を「錯誤」とするものの、その日付は記載されません（昭39・5・21民三425）。

315 登記原因証明情報の記載内容

POINT

　登記原因証明情報の最低条件は、登記義務者が、原因行為の存在と物権変動の結果を自認し、署名、記名押印することである。

1　登記原因証明情報とは、登記原因を「証する」情報であり、登記原因となる事実又は法律行為（不登5②）及びこれに基づく物権変動が生じたことを証する情報です。

2　その具体的な内容は、個々の登記申請により異なるものの、原因となる行為の存在とこれに基づく物権変動が生じたことが必要であり、登記義務者がその内容を自認して、署名 211 、記名押印 71

316 登記権利者・登記義務者　　275

をすることが最低限必要です。よって、登記原因証明情報の作成名義人は、少なくとも登記義務者であり、署名、記名押印によって登記原因を「証する」ことになります。

3　当事者間で締結した売買契約書等の生の処分証書（209）が登記原因証明情報の典型例ですが、常に契約書が存するわけではありません。

　　この場合には、上記の内容を充足した報告的な登記原因証明情報でもよいとされ、実務上も多く見られます。例えば、いわゆる「売渡証書」や抵当権設定者が抵当権の内容を明示して抵当権者に対して申し入れる「担保差入書」も登記原因証明情報として用いられる例があります。

316　登記権利者・登記義務者

POINT

　登記をすることにより、登記上直接に利益を受ける者を登記権利者、直接に不利益を受ける者を登記義務者という。

1　権利に関する登記（115）は、原則として共同申請（79）によるとされ、その当事者が登記権利者、登記義務者です（不登60）。

　　ある登記をすることにより、登記上、直接に利益を受ける者を登記権利者、不利益を受ける者を登記義務者といい、各々、間接的に利益を受け、不利益を受ける者は除かれます（不登2十二・十三）。

2　「登記上」なので、登記権利者、登記義務者は、共同申請する者として、登記簿（332）から形式的に判断されます。したがって、いわ

ゆる登記引取請求権（331）が実体上認められる場合は、登記上の権利者、義務者と実体上の登記請求権者、登記協力義務者が逆となります。

3　「利益」とは、権利を取得、義務を免れることで、所有権移転登記の新所有者、抵当権抹消登記の設定者がこれに該当します。債権額を増額する抵当権変更の登記の場合の抵当権者もこれに該当します。

　「不利益」とは、権利を失い、負担を受けることで不利な内容となる変更を含みます。

4　「直接」なので、例えば、第1順位の抵当権が抹消されると、第2順位の抵当権は順位が上昇する利益があるものの、この利益は「間接」的なものとして、2番抵当権者は、1番抵当権の抹消の登記権利者とはなりません。

317　登記識別情報の機能

POINT

登記識別情報は、登記名義人本人が自ら登記申請をしていることを確認する機能を有する。

1　登記識別情報とは、不動産登記法22条による登記申請の場合に、「当該登記名義人自らが当該登記を申請していることを確認するために用いられる符号その他の情報であって、登記名義人を識別することができるものをいう」と定義されています（不登2十四）。

2　平成16年改正前の旧不動産登記法は、前の登記申請の際に還付さ

318 登記識別情報の通知　　　277

れた登記済証（旧不登60）（325）によって、登記申請の本人確認をする制度でしたが、登記済証の制度の廃止により、これに代わり、登記識別情報によって、本人確認をしようとするものです。つまり、登記識別情報の通知（318）は、登記の申請人であり、登記名義人として登記を受けた者になされるので、次の登記の際、登記義務者に登記識別情報の提供を求め（不登22）、これにより、本人確認をしようとするものです。

318　登記識別情報の通知

POINT

登記識別情報は、申請人自らが登記名義人となる場合に限って通知される。

1　登記識別情報（317）は、「その登記をすることによって申請人自らが登記名義人になる場合」に通知されます（不登21本文）。その内容は、アラビア数字その他の符号の組合せにより「不動産」及び「登記名義人となった申請人」ごとに定められています（不登規61、不登準則37②・別記五十四）。

　登記識別情報は、登記名義人の識別のため、つまり、次の登記申請時、登記義務者を確認するために通知されます。したがって、その登記をすることによって登記名義人となる者であり、自らが登記申請人となっている者に交付されます。

2　以上の要件を充足しない登記申請の場合には、登記識別情報は通知されません。例えば、極度額の変更の登記では登記名義人に変更

がなく、抵当権の登記の抹消では登記名義人とはならなくなるので、登記識別情報の通知はされません。また、代位による登記申請の場合も「申請人自らが登記名義人」とはならないので通知されません。申請人の希望がある場合も同様です（不登21ただし書）。

319 登記識別情報の提供の要否

POINT

本人確認の必要のある登記申請には、登記識別情報の提供を要し、正当な理由があり提供されない場合は、事前通知等による。

1　登記識別情報は、本人確認の機能を有するので（317）、登記名義人（333）本人が登記申請していることを確認する必要がある登記申請の場合には、原則として、登記識別情報を提供することとなります。

2　つまり、権利に関する登記の申請は、登記権利者と登記義務者の共同申請を原則とするので（不登60）、登記義務者の登記識別情報の提供が必要です（不登22本文）。

　また、共同申請ではなくても「政令で定める登記の申請」の場合は、登記識別情報の提供が必要とされ（不登令8①）、土地の合筆の登記（47）が実務上、多く見られます。これらの登記申請も、本人確認をする必要があると認められるものです。

3　反対に、登記識別情報の提供を要する登記であっても「登記識別情報を提供することができないことにつき正当な理由がある場合」は、その提供を要しないとされ（不登22ただし書）、その「正当な理由」と

して、登記識別情報の不通知の場合等が定められています（不登準則42①）。

　登記識別情報の提供がないときは、「提供することができない理由」が申請情報（|213|）の内容となります（不登令3十二）。この場合、登記官は、事前通知（|177|）等によって本人確認をすることとなります（不登23・24）。

　なお、実務上、例えば所有権移転の登記と抵当権設定の登記がいわゆる連件で申請される例が多く見られます。この場合、抵当権設定の登記申請に登記識別情報の提供は不可能ですが「後の登記の申請情報と併せて提供されたものとみなす」とされています（不登規67）。

|320|　登記事項

POINT

登記事項とは、登記記録として登記すべき事項である。

1　登記事項とは、不動産登記法の規定により、登記記録（|313|）として登記すべき事項と定義されています（不登2六）。

　登記事項だけが登記記録として登記でき、これ以外の事項は、却下事由（不登25二）となります。

2　ここで、登記事項とは、登記記録の内容として登記をすることができる事項（例えば不動産登記法59条の規定する事項）と、これに該当する具体的な事項（例えば氏名、住所）の2つの意味があるとされます。

321 登記上の利害関係を有する第三者（登記の抹消の場合）

> **POINT**
>
> 第三者の権利は、実体上の権利の有無を問わず、登記されていることを要する。

1 登記上の利害関係を有する第三者の存する登記を抹消する場合、当該第三者の承諾を要し（不登68）、当該第三者の権利に関する登記も抹消されます（不登規152②、転抵当の場合につき記録例450）。

2 ここで、登記上の利害関係を有する第三者とは、自己の権利を登記した者であって、登記の抹消によって、権利上の損害を受け、又は、そのおそれのある者をいうとされています（大決昭2・3・9民集6・65）。

3 つまり、実体上の権利の有無を問わず、自己の権利が登記されていることが必要であり、損害の有無は、登記記録（313）によって形式的に判断されます。

典型例として、所有権の登記の抹消の場合その登記を対象とする抵当権設定の登記がこれに該当しますが、もし、弁済等により、抵当権が消滅していても、この抵当権の登記が抹消されていなければ、形式的にこれに該当します。

322 登記上の利害関係を有する第三者（変更登記・更正登記の場合）

> ### POINT
>
> 登記上の利害関係を有する第三者とは、登記の形式上、変更、更正により損害を受けるおそれのある者をいう。

1 登記事項（320）に変更、錯誤等があった場合、変更、更正の登記がなされます（不登2十五・十六）。変更、更正の登記は、登記上の利害関係を有する第三者の承諾があるとき、付記登記（401）によってなされます（不登66）。

　付記登記は、主登記（192）と同一順位となるので（不登4②）、結局、登記上の利害関係を有する第三者とは、登記の形式から、その変更、更正の登記がなされると損害を受けるおそれがあると一般に認められる者をいうことになり、それは、登記の「順位」により判断することとなります。

2 具体的には、抵当権の債権額や根抵当権の極度額を増額する場合の後順位担保権者がこれに該当しますが、第三者の権利は、登記されていることを要します。

　もっとも、根抵当権の増額は、第三者の承諾を効力要件としているので（民398の5）、この承諾がなければ、変更の登記そのものをすることができません。

323 登記申請意思の擬制

POINT

　確定判決による相手方の登記意思の擬制によって、登記所に対する意思表示が擬制される。

1　登記申請は、申請人が登記所に対して、行政行為である登記をすべきことを要求する行為であるところ、共同申請（ 79 ）の場合、一方当事者が任意に登記申請に応じない場合、他方当事者は、実体上の請求権として、意思表示としての「登記手続をせよ」との請求をすることができます。

2　この請求に対する登記手続を命ずる確定判決（ 44 　45 ）は、登記所に対する登記申請意思とみなされます。なお、改正前民法（債権法）414条2項は削除され、意思表示の擬制の根拠は、民事執行法によることとなります（民執174①）。

　確定判決によって、相手方の登記申請意思が擬制されても、それは、登記所に対する意思表示が擬制されるのであって、その意思表示が登記所へ到達したとするためには、この確定判決を登記所へ提供する必要があり、これが、判決による登記の単独申請（不登63）（ 269 ）の制度です。

| 324 | 登記申請行為能力 |
| 325 | 登記済証 |

324　登記申請行為能力

POINT

　登記原因とされる法律行為に行為能力が認められれば、登記申請行為能力も有効である。

1　登記申請行為には、意思能力が必要であり、これを欠く登記申請は、「申請の権限を有しない者」の申請として却下されます（不登25四）。

2　登記原因（314）となる実体法上の法律行為に同意を要する場合（例えば民法5条）（255）、同意権者の同意が添付情報（306）等によって確認できるときは、その法律行為は有効なので別途登記申請行為についての同意が確認できなくても、登記申請は受理されます（昭36・1・14民甲20）。

　　反対に、原因となる法律行為についての同意が確認できないときは、同意権者の同意を証する情報（不登令7①五ハ）の添付がないものとして却下（不登25九）されます（昭22・6・23民甲560）。

325　登記済証

POINT

　経過措置により、登記済証の提供は、登記識別情報の提供とみなされる。

1　登記済証とは、平成16年改正前の旧不動産登記法において、登記完了時に、登記原因証書又は申請書副本に登記官が登記済等の事項を記載し、登記権利者に還付した書面です（旧不登60）。登記権利者が、

次の登記の登記義務者となる場合に同一人である旨を保証する機能（本人確認機能）がありました。権利証とも言われる書面です。

2　不動産登記法の改正により、登記済証は廃止され同様の機能を有する登記識別情報（不登22）（317）が登記申請人に通知（318）されることとなりました（不登21）。

　　しかし、経過措置として、登記済証は、現行不動産登記法でも書面申請の場合の添付として使用され、登記済証の提供は、登記識別情報の提供とみなされます（不登附則7）。

326　登記することができる権利

POINT

登記できる権利は、10種類となった。

1　不動産（420）について、登記できる権利は、従来は所有権、地上権、永小作権、地役権、先取特権、質権、抵当権、賃借権、採石権の9種類でしたが、今般の民法改正（相続法）により配偶者居住権が創設され（379）、この権利も登記することができる権利となりました（改正不登3九）。

　　この結果、登記することができる権利は10種類となりました。

　　これらの権利は、民法等がその内容を定め、不動産登記法は、その手続を定めています。

2　民法上に規定されている占有権、留置権、入会権は、権利の性質上、登記をすることができる権利ではありません。

　　反面、買戻権（40　41）は、一種の物権的取得権（411）として登記できる独立の権利とされています（不登96）。

327 登記することができる物権変動

POINT

　登記することのできる物権変動には、権利の保存、設定、移転、変更、処分の制限、又は消滅がある。

1　登記を対抗要件（ 253 ）とする「不動産に関する物権」とは、登記することができる権利（ 326 ）であり、その変動は、物権の「得喪及び変更」として、登記することのできる「権利の保存等」です（不登3）。

2　「権利の保存等」とは、「保存、設定、移転、変更、処分の制限、消滅」と規定されています。

　(1)　「保存」登記とは、初めてされる所有権の登記と、先取特権の保存の登記です。

　(2)　「設定」登記とは、所有権、制限物権の創設の登記であって、その創設原因が契約によるもののほか、法定の場合もあります。

　(3)　「移転」登記とは、権利の全部又は一部が他者に属することとなった場合になされる登記で、移転の原因を問いません。共有持分（ 83 ）の放棄や買戻権（ 40 ）の行使の場合は、民法上の性質を離れて、登記上は「移転」登記によるとされます。

　(4)　「変更」登記とは、既に登記された権利内容が、事後的に変動し、登記の記録と一致しなくなった場合に、これを一致させるためなされる場合と、最初から登記記録と権利内容が一致しない場合になされる「更正」登記（ 133 ）を含みます。

　(5)　「処分の制限」の登記とは、権利の譲渡等の処分を制限する登記です。差押え（ 161 ）、仮差押え（ 49 ）の登記や仮処分の登記（ 51 ）が代表例です。

(6) 「消滅」の登記とは、既になされた登記を抹消 (452) するこ
とです。登記後に登記された権利が消滅する場合と無効、取消し
された場合や不存在の場合があります。

328 登記請求権

POINT

登記請求権は、実体的権利関係と登記を一致させるために発生する。

1 登記請求権とは、実体的権利関係と登記簿の記載 (公示) が一致し
ない場合に、これを一致させるために発生する、登記権利者 (316)
から登記義務者に対して登記に協力するように請求する権利とする
のが多数の見解です。登記は、登記権利者と登記義務者の共同申請
(79) を原則 (不登60) とするからです。

2 例えばA→B→Cと所有権移転の登記があり、各々の権利の移転
が無効である場合、AはB、Cに対し、登記の抹消請求権を有し、
BはCに対して同様の抹消請求権を有します。

登記は現在の権利状態を反映するだけでなく、権利の変動の過程
をも反映させるべきであるとすれば、AがCに対して抹消登記の他
に移転登記を請求することはできないと考えることとなります。し
かし、判例、通説は、これを肯定します。移転によるしかAが登記
名義を戻す方法がない場合 (215) があるからです。

329 登記の効力

POINT

登記には、対抗力のほか、権利の推定力と形式的確定力があるが、公信力はない。

1 不動産に関する物権の変動は、「登記をしなければ、第三者に対抗することができない」（民177）とされ、これを登記の対抗力といいます。それは、登記がなければ第三者に対して、自己の権利を主張できないことを意味し、第三者から、権利を認めることはできます。つまり、登記は、有効に成立した物権の変動を第三者に主張できるとする補強としての効力を有し、前提として有効な物権の変動がなければ、登記があっても自己の権利を主張することはできません。

2 登記と符合した実体関係がなくても、登記を信頼して取引した第三者に登記のとおりの実体関係があるとして保護を与えることを登記の公信力（130）といいます。民法は、公信力を認めません。

3 しかし、登記がなされていれば、それに符合した実体関係があると推定することができ、これを登記の推定力といいます。ただしこの推定力は事実上の推定であって、登記どおりの実体関係が存するにつき、裁判所に疑いを生じさせる程度の証明があるときは、この推定力を覆すことができます。

4 そして、登記が存在する以上、その登記を無視する登記手続はすることができません。これを登記の形式的確定力（96）といいます。もし登記が無効であれば、その登記を抹消した上で登記手続を進める必要があります。その登記が残っていると、これと矛盾する登記はできません。

330 登記の目的

POINT

　登記の目的は、登記事項の最初に記録され、その方法は、記録例として示されている（平28・6・8民二386）。

1　登記の目的は、権利に関する登記（115）の登記事項（320）とされ（不登59一）、登記の申請情報（213）の内容です（不登令3五）。

2　登記の目的として、例えば「所有権保存」、「所有権移転」、「抵当権設定」として登記事項の最初に記録されます。

　　これにより、登記される権利と権利の変動が示されます。また、「○番登記名義人氏名変更」（記録例617）等として、変更等の対象となる登記を特定する場合もあります。

331 登記引取請求権

POINT

　登記権利者が、登記申請に協力しない場合に、登記義務者は、登記権利者に登記引取請求権として、登記権利者名義とする請求ができる。登記引取請求の場合、不動産登記法上の登記権利者、登記義務者と実体上のそれは逆となる。

1　例えば、A所有名義の不動産をBに売却すると、不動産登記法上AからBへ所有権移転の登記がなされ、Bが登記権利者、Aが登記義務者として共同申請（79）がなされます（不登60）。この場合実体上もBはAに対して登記請求権を有します。

332 登記簿　289

2　しかし、登記権利者Bが、この所有権の移転の登記に協力しない場合、AはBに対して、登記に協力し、B名義の登記とすることを請求することとなります。これが登記引取請求権の問題で、判例（最判昭36・11・24民集15・10・2573）、通説の認めるところです。

　この場合、不動産登記法上の登記権利者、登記義務者と実体上のそれとは逆となります。

3　登記引取請求権は、判決による単独申請（269）の場合（不登63）にも問題となり、登記引取請求権は、登記義務者Aから登記権利者Bに行使されるので、Bに登記手続を命じる判決によりAが単独申請することとなります。

　例えば、夫に財産分与（151）の義務があるとの判決があれば、通常は、この判決により妻が単独申請により所有権の移転の登記をすることとなりますが、妻がこの申請をしない場合には、夫は、財産分与の判決とは別に、妻に対し、登記引取請求権として、妻名義とする登記手続を求め、これが認められると、夫は、この確定判決により単独で登記の申請をすることとなります。

　前になされた財産分与の判決により、夫が単独申請できるのではありません。

332　登記簿

POINT

　登記簿は登記記録を記録する媒体で、土地、建物の区別はなくなった。

1　登記簿とは、多数の登記記録（313）を集合して記録する媒体です。

磁気ディスクをもって調製するとされています（不登2九）。

2　旧不動産登記法では、土地登記簿、建物登記簿と区別がありました
が、不動産ごとに、データが登記記録として編集されるので現行法
ではこの区別はありません。

333　登記名義人

POINT

登記名義人は、登記されている権利の主体を示す。

1　登記名義人とは、登記記録（313）に、例えば所有権の権利者とし
て記録されている者を所有権の登記名義人といい（不登2十一）、仮登
記の場合も含まれます。

登記されている権利の主体を示します。

2　この権利主体に変更がないのに、その氏名等の変更があった場合、
権利に関する登記の前提の登記として、登記名義人氏名変更の登記
（記録例617）等の申請が多くなされます。

334　登記名義人の氏名等の変更（更正）

POINT

登記名義人の氏名等の変更（更正）は、これによって、不利益を受
ける者が存しないので、中間の登記原因を省略できる。

1　登記名義人の氏名等の変更（更正）の登記は、権利の主体に変更は

ないが氏名や住所等に変更（更正）があり、登記記録上の表示と不一致になった場合、これを一致させるため、登記名義人が単独で申請することができます（不登64①）。

2　この変更（更正）の登記は、これをすることによっても、不利益を受ける者は存しません。

　　したがって、登記原因としての登記名義人の氏名等が数回変更していても、中間の変更（更正）登記を省略 279 して、直接、現在の登記名義人の氏名等に変更（更正）することができます。最後の登記原因が申請情報の内容となります（昭33・3・22民甲423）。

335　当座貸越しによる債権の担保方法

POINT

当座貸越取引とは、当座預金の残高を超過して、手形、小切手の支払をする取引をいい、根抵当権で担保される。

1　その銀行を支払人とする小切手又はその銀行を支払場所とする手形の支払のための預金を当座預金といいます。

　　この当座預金の取引先に対し、一定額を限度として、当座預金の残高を超過して、取引先が振り出した手形、小切手の支払をする取引を当座貸越取引といいます。

2　銀行の与信行為 476 として、この契約により貸越限度、発生債権の補償の方法、担保（主として根抵当）の約定がなされ、根抵当権の担保する債権の範囲として登記されます（記録例474等）。

336 動産抵当の根拠法

POINT

動産に民法上の担保権を設定することは少なく、特別法により、抵当権の目的となることができるとされる。

1 　民法上、不動産（420）以外の物を動産といい（民86②）、動産を目的とする担保権は質権として、引渡しを要件とするので（民342以下）、営業のための動産に質権を設定することは少ないとされています。
2 　そこで、特別法によって、動産を抵当権の目的とすることが認められます。
　　特別法として、農業動産信用法、建設機械抵当法等があります。そこでは、農業用動産とは、「農業ノ経営ノ用ニ供スル動産」とされ、抵当権を設定することができ（農業動産信用2①・12①）、建設工事の用に供される機械類が「建設機械」とされ、抵当権の目的とすることができる（建設機械抵当2①・5）とされています。

337 同時死亡の推定の効果

POINT

同時死亡が推定される者の間では、相互に相続関係が生じない。

1 　数人の者が死亡した場合において、その死亡の先後の関係が明らかでないとき、その先後を確実に証明することは不可能なので、事実上、遺産を先に占有した者が利益を得ることとなり、不都合な結果となります。
2 　そこで、このような場合、これらの者は「同時に死亡」したものと

「推定」されています（民32の2）。

　「同時に死亡」したとされるので、これらの数人の者の間には、相互に相続関係は生じません。

　同時死亡は「推定」されるので、これと異なる反証により覆すことができます。

3　登記実務上、同時死亡とするか否かは、提供された戸籍、除籍（141）の記載から判断することになります（昭36・9・11民甲2227）。

338　同時履行の法律関係

┌─ POINT ─────────────────

不動産売買では、売主の所有権移転登記義務と買主の代金支払義務が同時履行の関係となる。

────────────────────────

1　同時履行とは、相手方の債務履行の請求に対して、債権債務の相互依存の性質から自分の債務の履行を拒否できる法律関係です（民533）。

2　同時履行の関係が生じるためには、債権債務が双務契約（239）から生じたものであることを要します。

　債権譲渡（149）、債務引受（158）、相続（231）、会社合併（35）、転付命令（307）等債権債務の同一性が失われない場合には同時履行の関係が存続します。

3　債権債務は、対価関係にあることを要します。例えば、不動産の売買の場合、買主は代金支払義務を負いますが、売主は、不動産の所有権を移し、引き渡す義務のほか、所有権移転の登記義務を負います。このとき、買主の代金支払義務と売主の登記義務のみが同時

履行の関係に立つとするのが判例、多数説です。不動産については、対抗要件（253）が重要であるから、登記義務のみが対価関係に立ち、その他の売主の義務は重要ではないとするのが理由です。

4　もっとも、履行期につき、契約当事者の一方が先履行義務を負っている場合には、同時履行の関係には立ちません。

　なお、今般の民法改正（債権法）により、民法533条に債務の履行には債務の履行に代わる損害賠償の債務の履行を含むと追加されました。つまり、売主の不動産の登記、引渡義務に代わる損害賠償債務と買主の代金支払義務は同時履行の関係となります。

339　到達の状態

POINT

意思表示が相手方の支配下に置かれた時が到達した時である。

1　意思表示の効力発生時期を、意思表示が相手方に到達した時とする主義を到達主義といいます。

　到達したか否かにより、登記原因（314）である法律行為の効果が生じるか否かが決定されます。なお、今般の民法改正（債権法）により法文から「隔地者に対する」の文言が削除されたので到達主義は、「隔地者」に限定されず、相手方に意思表示が到達した時からその効力が生じるとされました（改正民（債権）97①）。

2　次のような状態があれば「到達」があったとされています。
　(1)　郵便物を「受領」した場合、到達があったとするのに疑問はありません。
　(2)　正当な理由なく受領拒否があっても、本来到達する時に到達

があったものとされます。つまり、「通常到達すべきであった時」に到達したものとみなされます（改正民（債権）97②）。

(3) 内容証明郵便の留置期間の経過により、差出人に郵便物が還付された場合は、留置期間満了時に到達があったものとされています（最判平10・6・11判時1644・116）。もっとも、このときは、受取人が郵便物の内容を了知していることが必要とされています。

340 特定承継・一般承継

POINT

特定承継は個々の権利を取得することであり、一般承継とは権利義務を一括して取得することである。

1 特定承継とは、個々の権利を取得することです。例えば、売買によって、ある物の所有権を取得する場合がこれに該当します。

2 一般承継とは、権利と義務（一身専属権を除きます。）を一括して承継することで、包括承継ともいわれます。例えば、相続人が被相続人の権利、義務を承継する場合がこれに該当します。会社の合併（35）や会社の分割（36）も同様です。不動産登記法は、登記権利者、登記義務者、又は登記名義人に相続等の一般承継があるとその一般承継人が登記の申請をすることができるとしています（不登62）。

|341| 特別縁故者への相続財産の分与
|342| 特別受益者の相続分

|341| 特別縁故者への相続財産の分与

POINT

特別縁故者への所有権の移転の登記をする場合は、前提として、相続人不存在による登記名義人氏名変更の登記をする。

1　相続人の不存在が確定 (民958の3) (|233|) したとき、請求によって家庭裁判所により、相続財産の分与を受けることができるとされた者を特別縁故者といいます。

　法文は、被相続人と生計を同じくした者や療養看護に努めた者を特別縁故者の例としていますが、内縁の配偶者や事実上の養子も含まれる場合があります。

2　特別縁故者への相続財産の分与の審判があると、登記原因を「民法958条の3の審判」として所有権の移転の登記がなされますが (記録例232)、前提として、相続人不存在 (|233|) を原因とする登記名義人の氏名等の変更をすることが必要です。

|342| 特別受益者の相続分

POINT

被相続人から、遺贈、贈与を受けた相続人が特別受益者となる。

1　共同相続 (|80|) の場合、各々の相続人は、指定相続分 (民902)、法定相続分 (民900) によって相続をすることとなります。

　この共同相続人中に、被相続人から遺贈 (|12|) を受け、婚姻、養子縁組のため、若しくは生計の資本として贈与を受けた者があると

きは、被相続人が相続開始時において有した財産の価額にその贈与の価額を加えたものを相続財産とみなし、民法900条から902条の規定により算定した相続分（234）の中からその遺贈又は贈与の価額を控除し、その残額がその者の相続分とされています（民903①）。

この遺贈、贈与を受けた者が「特別受益者」です。

2　共同相続人中に特別受益者が存する場合、法定相続分と異なる相続分による相続登記の申請がなされることとなるので、特別受益者が作成した「特別受益証明書」を申請情報に添付することによって相続分がない旨を証明することとされています（不登令19、昭28・8・1民甲1348）。

343　特別代理人の選任と権限

POINT

特別代理人は本人と代理人の利益が相反する場合に選任される。

1　特別代理人とは、親権者と親権に服する子（民826）、後見人と被後見人との間の法律行為が利益相反（民860）（477）の関係にある場合、子、被後見人を代理するため、家庭裁判所によって選任される代理人です。

なお、共同親権者である父母の一方が利益相反の関係であるときは、利益相反関係にない親権者と特別代理人が共同して親権を行使します（最判昭35・2・25民集14・2・279）。

2　特別代理人の権限は、選任する家庭裁判所の審判によります。

特別代理人の権限、任務は、特定の行為のため、個別的に定まるので、その選任の目的の法律行為が完了と同時終了、消滅します。

344 土地改良事業

POINT

権利の交換、換地が土地改良の事業として施行される。

1 土地改良とは、農用地の改良、開発、保全及び集団化に関する事業で、土地改良区、都道府県等によって行われます（土地改良1・2）。

2 土地改良法に基づく事業では、権利の交換分合（土地の所有権等の権利を交換、分割、合併すること）と公用換地（強制的に従前地に関する権利を消滅させ、これに代わり改良後の土地を従前地とみなし、従前地上の権利に相当する権利を取得させること）があります（土地改良52以下・97以下）。

3 土地改良に関して、不動産の登記の特例として、土地改良登記令、土地改良登記規則が制定されています。

345 土地区画整理事業

POINT

土地区画整理事業での換地により、従前地の面積より狭い面積が割り当てられる。

1 土地区画整理は、公共施設の整備改善及び宅地の利用の増進を図るための、土地の区画形質の変更及び公共施設の新設又は変更に関する事業です（区画整理2）。

2 公用換地の内容として、仮換地の指定、換地処分、減価補償金、清算金等がありますが、整理改良されてはいるものの、従前地の面積

より狭い面積を割り当てて、道路、公園等を作る点に特色があります。

3　施行者は、土地区画整理組合、都道府県、市町村等であり、この事業に関しては、土地区画整理登記令、土地区画整理登記規則があります。

346　土地収用法による所有権の移転

POINT

　起業者の土地の取得は、原始取得とされているが、登記は、所有権の移転の方法による。

1　土地収用とは、公共の利益となる事業の用に供するため土地を必要とする場合、その土地を当該事業の用に供することです（収用2）。

2　土地収用法により、収用委員会の審理（収用46）、収用、使用の裁決（収用47の2）により、土地建物等の物件を収用、使用等する事業を行う起業者（収用8①）が、裁決に定められた時期までに補償金等の払渡し等を条件として、所有権等を取得することになります。

3　登記上は、収用による所有権の移転の登記、所有権以外の権利の消滅の登記、収用により失効した差押え、仮差押え、仮処分に関する登記の抹消がなされます（不登118④）。

　収用は、公定力、執行力のある公法上の処分として、物権変動の発生は確実なので、単独による登記申請をすることができます（不登118①）。

4　所有権の移転の登記原因は「収用」、その日付は裁決書等に記載されている「収用による権利取得の時期」です。

347　土地の単位

POINT

一個の土地とは、人為的に区分され、一筆とされた土地である。

1　地面の一定の範囲と一定限度の空中、地中を合わせたものが土地です（民207）。

　　土地とその定着物は不動産とされます（民86①）。

　　私権の対象とすることができるものが不動産登記法上の土地となりますが、土地は性質上、無限に連続しているので、人為的に区画して、一筆ごとに地番（277）が付されています（不登34・35、不登規97・98、不登準則67）。

2　一筆とは、土地の単位として登記上、一個の土地とされるものです。

　　一筆の土地には、一個の所有権が成立しますが、契約当事者間では一筆の土地の一部を取引対象として所有権の移転をすることができます。もっとも、対抗要件を具備するには、前提として分筆（425）をする必要があります。

348　取扱店の表示

POINT

取扱店は、登記事項でなく、先例が認めた金融機関に限って表示される。

1　抵当権、根抵当権の登記事項（320）は、法人の場合「名称及び事務所」で（不登59四）、取扱店は登記事項とはされていません。

349 取消権者と取消しの効果　　301

2　しかし、先例（昭36・5・17民甲1134）は、抵当権、根抵当権設定の登記申請の場合取扱店の表示があれば、これを登記して差し支えないとしています（記録例377）。取扱店の表示をしないと、書類等が本店に送達される等して、抵当権者、根抵当権者が不測の損害を受ける恐れがあるとするのがその理由です。

3　取扱店の表示のない抵当権設定登記に対し、取扱店を追加することもできるし、その変更更正も、登記名義人の氏名等の変更、更正に準じます（昭36・9・14民甲2277、昭36・11・30民甲2983他）。

　　もっとも、抵当権者が国の場合を除いて、先例がなければ、金融機関でないものは取扱店の表示は認められません。

349　取消権者と取消しの効果

POINT

　法律行為は、取消しがあるまで有効であり、取消しがあると、初めから無効となる。

1　取消しとは、欠点のある意思表示により、一応不確定的に有効とされている法律行為を無効とすることです。例えば、詐欺（改正民（債権）96①）によって、売買契約を取り消し、無効として代金を返還請求することです。

2　取消権者は、制限行為能力者、その代理人、承継人、同意することができる者ですが、今般の民法改正（債権法）により、制限行為能力者が代理人としてした行為は取り消せないとされるものの（改正民（債権）102本文）、制限行為能力者が法定代理人としてした行為は取り消せるとされました（改正民（債権）102ただし書・120①）。つまり

制限行為能力者が法定代理人となった場合の行為は取り消せることとなります。

　また、詐欺、強迫により意思表示をした者に加えて、錯誤により意思表示をした者も取消権者となりました（改正民（債権）120②・95①）。

3　取り消された行為は、遡及的に無効となり（改正民（債権）121）、債務の履行として給付を受けた者は、原状回復義務を負うとされたので（改正民（債権）121の2①）、これにより物権変動が生じます。

350　取締役の選任と権限

POINT

取締役と会社は委任関係とされ、就任を承諾して取締役となる。

1　取締役とは、株式会社の機関として、会社を代表する者です。原則として、取締役は、各自会社を代表しますが、代表取締役等の会社を代表する者があるときは、それ以外の取締役は代表権を有しません（会社349①）。

　取締役は、株主総会で選出されますが（会社329①）、取締役会非設置会社では1人又は2人以上でなければならず（会社326①）、取締役会設置会社では3人以上であることが必要です（会社331⑤）。取締役会の設置は、会社の自由ですが、公開会社等は必ず設置しなければなりません（会社327）。

2　取締役会非設置会社の場合、会社の業務執行は、原則として取締役の過半数で決定されます（会社348）。

　取締役会設置会社の場合、代表取締役及び会社の業務を執行する取締役として選任された取締役が、会社の業務を執行します（会社

351 内縁関係の効果　303

363①）。

3　取締役会非設置会社の場合、取締役中から代表取締役が定められ
ていないときは、各取締役が代表取締役となりますが、定款、定款
の定めによる取締役の互選、株主総会の決議により、取締役の中か
ら代表取締役が選任されます（会社349①③）。

　取締役会設置会社の代表取締役は、取締役の中から取締役会の決
議により選ばれます（会社362③）。

4　取締役と会社の関係は、委任関係です（会社330）。つまり、取締役
になる者として株主総会で選ばれた者は、取締役に就任することを
承諾して取締役となります。

351　内縁関係の効果

POINT

　内縁の配偶者に財産分与を原因とする所有権の移転の登記を認める
のは消極的である。

1　内縁関係とは、実体的には、夫婦共同体の実質はあるが婚姻の届出
（民739①）を欠くために法律上は婚姻（142）と認められない男女関
係をいいます。

2　判例や多数の学説により、内縁関係を法律上の婚姻と同様に取り
扱う傾向にはあるものの法律上の婚姻にのみ認められる氏の変更
（民750）、子の嫡出性（民772）、配偶者相続権（民890）は認められませ
ん。

　また、実体上、内縁関係解消の場合に、財産分与請求権（民768）
（151）が認められるとしても、これを登記原因とする所有権の移
転の登記を認めることは、消極的に考えられています。

352 内国会社・外国会社の区別

POINT

設立の準拠法が日本法によるか否かの区別による。

1 　内国会社とは、日本法に準拠（195）して設立された会社が内国会社です。日本にある一般の会社で日本の国籍を有する会社です。

2 　これに対し、法人等の外国の団体であって、外国の法令に準拠して設立された法人で会社と同種又は類似するものを外国会社（33）といいます（会社2二）。

353 二重差押え

POINT

各種の民事執行法上の差押登記と、滞納処分による差押登記は併存する場合がある。

1 　民事執行法の競売開始決定による差押登記には、不動産強制執行による競売開始決定と不動産の担保権の実行による競売開始決定によるものがあります。そして、二重の開始決定（民執47①）、二重の差押登記ができます。

　　また、不動産強制執行には強制競売（77）と強制管理（76）があり、これらは併用することができます（民執93の2）。不動産の担保権の実行として手続には、競売手続（102）と収益執行（419）（民執180）があり、これも併用することができます（民執188）。

2 　滞納処分（262）による差押登記と民事執行法による差押登記が併

存する場合もあります。

　このときは、「滞納処分と強制執行等との手続の調整に関する法律」により、一方の手続の進行によって、公売又は売却による権利の移転の登記の嘱託がなされ、権利移転の登記がなされると、他方の登記は、登記官の職権により抹消されることになります（滞調法16・20・32・36、記録例716）。

354　二重売買による登記の履行不能

POINT

履行不能となった債務は、填補賠償に転化する。

1　二重売買とは、同一物を一度売った後に、更に他に二重に売ることで二重譲渡ともいわれます。

　先に買った者が、当然に完全な権利者となるのではなく、不動産については、登記を先に具備した者（253）が、完全な権利者となります（民177）。

2　前後の売買は、いずれも有効ですが、一方が登記を具備し、完全な権利者となると、他方の売買による登記は履行不能となり、填補賠償（本来の履行に代わる損害賠償）の請求をすることとなります（改正民（債権）415）。

355 入籍すべき戸籍

POINT

入籍には、原始的入籍と移転的入籍がある。

1 ある者をある戸籍に入れることを入籍といいます。戸籍に入った原因及びその年月日は、戸籍の記載事項です（戸籍13三）。これにより、戸籍の連続性と相続人の認定がなされます。

2 出生した子が父母の氏を称するときは、父母の戸籍に、父の氏を称するときは、父の戸籍に、母の氏を称するときは、母の戸籍に、それぞれ原始的に入籍されます（戸籍18①②）。

　　養子（474）や子の氏の変更（24）のあったときは、移転的な入籍となります（戸籍18③②）。

3 婚姻の場合、一般的には新戸籍が編製されますが、入籍となるときもあります（戸籍16①②）。

356 入夫婚姻・婿養子縁組婚姻の相違

POINT

女戸主との婚姻が入夫婚姻であり、養親と養子縁組をすると同時に養親の娘と婚姻するのが婿養子縁組婚姻である。

1 入夫婚姻とは、夫が、妻が女戸主（139）である妻の家に入る婚姻です（旧民788②）。現行民法では家の制度が廃止されているので、現在の妻の氏を称する婚姻（民750）とは、異なります。

2 婿養子縁組婚姻とは、養子縁組によって、養親の嫡出子となると「同

時」に養親の娘（養家の家女、養女）と婚姻することが、婿養子縁
組婚姻です（旧民839）。

養子縁組「後」に養家の娘と婚姻しても、これに該当しません。

357 任意代理人による復代理人の選任

POINT

任意代理の場合、本人の許諾、又はやむを得ない事由がないと、復
代理人を選任できない。

1　代理される本人の意思によって、代理権が発生する場合を任意代
理といい、その代理人が任意代理人です。法律の規定による法定代
理（434）に対するものです。

2　任意代理権は、本人と代理人との法律行為によって発生します。
その法律行為とは、主として委任契約（民104・111②）（16）ですが、
組合契約、雇用契約からも発生するとされます。

3　任意代理、法定代理の別は、復代理人の選任について意味があり、
任意代理の場合は、本人の許諾を得たとき、又はやむを得ない事由
がないと復代理人を選任できません（民104）。委任による登記申請
の復代理の場合は、いわゆる委任状の内容、特に、本人の許諾の有
無に注意する必要があります。

358 任意的申請情報

POINT

任意的申請情報は、補正、却下の対象ではない。

1 登記の申請は、申請人の氏名等を内容とする「申請情報」を登記所に提供しなければなりません（不登18、不登令3）。この情報の提供がないと登記の申請は却下されます（不登25五）。

2 一方、登記申請の手続の円滑化、適正化のため、上記1以外の申請情報の提供が望ましいとされる事項があり、これを任意的申請情報といいます（不登規34①）。

これらの任意的申請情報が申請情報の内容となっていない場合や誤りがあった場合も補正、却下の対象とはなりません。

不動産登記規則により任意的申請情報とされるのは、申請人又は代理人の連絡先、添付情報の表示、申請の年月日、登記所の表示等があります。

359 認証の作用

POINT

文書の作成とその内容が正しいと公の機関が証明することが認証である。

1 一般に、認証とは、ある行為や文書の作成とその記載内容が正しいと公の機関が証明することとされます。例えば、登記官は、登記事項証明書に、「これは、登記記録に記録されている事項の全部を証明

|360| 認諾調書
|361| 認知の効果 　309

した書面である。」との認証文を付すとされています（不登規197、不登準則136①(1)）。

2　原本（|112|）の認証は、その作成が真正であることを公証するものであり、その内容が原本と相違していないことを公証するのが謄本（抄本）の認証です。

|360|　認諾調書

POINT

請求の認諾が調書に記載されると確定判決と同一の効力を有する。

1　請求の認諾とは、口頭弁論期日において被告が、原告の請求に理由があると認める裁判所に対する訴訟上の陳述です（民訴266①）。

2　この陳述を裁判所書記官が調書に記載すると（民訴規67①一）、確定判決と同一の効力（|44|）を有します（民訴267）。

　例えば、登記手続を求める訴訟の場合には被告の登記申請の意思が擬制され（|323|）、原告は、認諾調書の正本を提供し、登記を単独で申請することができます（|269|）。

|361|　認知の効果

POINT

認知による親子関係は、出生時に遡及する。

1　認知とは、嫡出でない子（|278|）に関して、意思表示又は裁判によ

り、その父又は母との間に親子関係を生じさせることです（民779）。

父子関係は、父の認知がなければ生じませんが、母子関係は、原則として分娩の事実があれば認められます。

2　親の側が自ら認知するのを任意認知といい、認知届によって、効力が生じます（民781①、戸籍60）。遺言による認知は、報告的な届出となります。

訴えによる認知を強制認知といいます（民787）。この場合の認知届も報告的なものです。

3　認知があると、子の出生の時に遡及して親子関係が生じます（民784）。

特に相続について、親子関係は、相続人の認定に関係するので認知の有無が重要となります。

362　認定死亡の記載と相続の開始

POINT

認定死亡は、相続開始原因の一つである。

1　水難等の事変によって、死体確認等ができず確証はないが、確実に死亡したと認められる場合、取調べをした官公署が死亡地の市町村長に死亡の報告をして、これにより戸籍の記載が消除されます（戸籍89）。これを認定死亡といいます。

2　失踪宣告（182）がなくても死亡が認定され、自然死亡の一種で、相続開始原因の一つです。

戸籍の記載では、「○○警察署長」の報告とされ、これにより、認定死亡であることが判明します。

363 根抵当権

POINT

債権者と所有者によって設定される根抵当権は、債権者と継続的に取引する者の債務を担保する。

1 普通抵当権は、特定の債権を担保するために設定されるので、継続的取引関係（101）にあっては、債権が弁済等によって消滅すると抵当権も消滅し、債権が発生すると抵当権を設定しなければならず、極めて不便、不都合な結果となります。そこで、継続的取引関係から生ずる債権の担保を目的とするのが根抵当権です。

2 根抵当権は、債権者と所有者との合意により設定されます。

つまり、根抵当権者（債権者）Aが継続的取引の債務者Bに対して取得するであろう将来の債権群の担保のために、根抵当権設定者（所有者）Cと合意により設定されます。ここで、被担保債権の範囲、極度額（86）が定められます。

3 被担保債権は、原則として、AとBとの取引から発生する債権です（民398の2）。

その他、手形債権、小切手債権、電子記録債権（304）も被担保債権となります（改正民（債権）398の2③）。

ただし、包括的根抵当権は否定され、「一定の範囲」に限定されます。

4 根抵当権は、「不特定」の債権を担保します。これは、根抵当権が実行されるまで、AのBに対する一群の債権のうちの、どの債権が担保されるか特定されていないことを意味し、被担保債権が入替可能なことを示しています。

このことから、根抵当権には、普通抵当権で認められる「成立に

おける付従性」、「消滅における付従性」は否定され、「実行における
付従性」のみが認められます。

　根抵当権には、債権との付従性（406）が否定される結果、随伴性
（218）も否定されます。被担保債権に譲渡（149）や債務引受（158）
があっても、根抵当権は、影響を受けません。

364　根抵当権の一部譲渡

POINT

　根抵当権の一部譲渡により、根抵当権は、譲渡人と譲受人の共有と
なる。

1　根抵当権の一部譲渡とは、元本の確定前（63）において、「譲渡人
　が譲受人と根抵当権を共有するため」、「分割しない」で根抵当権を
　一部譲渡することです（民398の13）。つまり、根抵当権者が、根抵当
　権設定者の承諾を得て、極度額を分割せずに一部を譲渡することで
　す。この点で、分割譲渡（370）と異なり、譲渡人は、いまだ根抵当
　権者たる地位を失わない点で全部譲渡（368）と異なります。
2　一部譲渡があると、根抵当権は譲渡人と譲受人の共有（83）とな
　り、一個の根抵当権で双方の債権を担保することとなります（記録例
　501）。

　　共有となるので、一部譲渡に際して、優先の定め（民398の14①ただ
　し書）（371）をしたり、債権の範囲の変更、債務者の変更（民398の4）
　をすることがあります。

365 根抵当権の元本確定

POINT

元本確定後に発生した債権は、根抵当権で担保されない。この結果は根抵当権者に不利なので、元本確定の登記の登記義務者は根抵当権者となる。

1 根抵当権の元本確定（62）とは、根抵当権の担保すべき債権が、不特定の債権から特定の債権となることです。元本確定事由は種々ありますが、特に、根抵当権の債務者に相続が発生した場合（民398の8②）、根抵当権者の元本の確定請求（民398の19②）等が、実務上、よく見られます。

2 元本が確定すると、特定債権を担保することとなり、確定後に発生した債権は担保されません。普通抵当権と同様、付従性（406）、随伴性（218）を有し、民法376条1項に規定する処分ができることとなります。

　反対に、確定前でなくてはできない処分（債権の範囲、債務者の変更、根抵当権の譲渡等）はできなくなります。

　この確定の有無は、元本確定の登記（61）又は、確定と同視できる登記（昭46・12・27民三960）により判断されます。

3 この確定の登記は、対抗要件（253）ではなく、元本が確定した事実と期日を報告的に公示するものです。共同申請（79）によることとなりますが、確定後に発生する債権は、当該根抵当権で担保されず、登記の形式上、根抵当権者に不利となるので、根抵当権者が登記義務者となり、有利となる設定者が登記権利者となります（不登二十二・十三、昭46・10・4民甲3230）。

366 根抵当権の債権の範囲

POINT

　債権の範囲を特定の継続的取引で定めるより、一定の種類により定めた方が担保する債権の範囲が広くなる。

1　根抵当権は、一定の範囲に属する不特定の債権を極度額まで担保します。ここで、一定の債権の範囲には、債務者との特定の継続的取引から生ずる債権、債務者との一定の種類の取引によって生ずる債権、特定の原因に基づき継続して生ずる債権、手形又は小切手上の債権、電子記録債権及び個別の債権が含まれます。

2　特定の継続的取引（民398の2②）（101）は、債務者との継続取引として、契約の成立年月日、名称で表示されます。契約成立日以前に発生した債権は、担保されません。名称は、当事者が任意に付したものでも可能です（昭55・9・17民三5421、昭62・1・23民三280等）。

3　一定の種類の取引（民398の2②）は、担保する債権の範囲を客観的に画するものであって、第三者がその内容を認識できることが必要です。当事者間の第三者が認識できない恣意的な取引は債権の範囲として不適当です。

　　債権の範囲を特定の継続的取引で定めるより、銀行取引等（昭46・10・4民甲3230、昭46・12・27民三960）の一定の種類により定める方が担保する債権の範囲が広くなります。

4　特定の原因に基づき継続して生ずる債権（民398の2③）とは、税債権や継続的に発生するであろう不法行為による損害賠償債権です（昭46・10・4民甲3230、昭48・11・1民三8120）。

5　手形又は小切手上の債権（民398の2③）とは、いわゆる回り手形小切手の債権です。従来、通達で認められていた電子記録債権も、今般の民法改正（債権法）により、明文化されました（改正民（債権）398

の2③)。

6 個別の債権は、特定債権ではあるものの不特定の債権に加えて債権の発生年月日と名称で特定して債権の範囲とすることができます。例えば「年月日貸付金」(昭46・10・4民甲3230)と表示されます。

367 根抵当権の処分

POINT

元本の確定前の根抵当権の処分は転抵当のみ可能である。

1 抵当権の処分 (295) には、転抵当、抵当権の放棄、抵当権の譲渡、抵当権の順位の放棄、抵当権の順位の譲渡の5種類があります (民376①)。このうち、元本の確定前の根抵当権には、転抵当のみ認められます (民398の11)。

2 元本の確定後は、全ての処分ができますが、登記上確定していなければその登記をすることができません (昭46・12・27民三960)。

なお、元本の確定前の根抵当権が、抵当権や確定した根抵当権から順位の放棄、順位の譲渡を受けることは可能です。

368 根抵当権の全部譲渡

POINT

根抵当権の全部譲渡により、譲渡人の債権は担保されなくなるので、これを担保するには、別途債権の範囲の変更をする。

1 元本の確定前の根抵当権は、被担保債権との付従性 (406) が切断

316 369 根抵当権の転抵当

され、随伴性 (218) もありません。

　根抵当権者が、この根抵当権自体を第三者に絶対的に譲渡するのが「全部譲渡」です（民398の12①）。法文には「全部譲渡」の文言はないものの、他の法文（例えば民法398条の13）との対比から民法398条の12第1項を「全部譲渡」といいます。

2　「全部譲渡」があると、譲渡人は権利を失い、譲受人が権利者となります。従前の譲渡人の債権は、当該根抵当権で担保されません。もっとも、「全部譲渡」によって、当然には、債権の範囲、債務者等の根抵当権の内容は変更されず、譲受人がこの根抵当権を利用するためには、債権の内容を変更する必要があります。特に、従前の譲渡人の債権を担保するためには、「年月日債権譲渡（譲渡人何某）に係る債権」を債権の範囲に追加するのが実務です。

369　根抵当権の転抵当

POINT

元本確定前の根抵当権の転抵当の場合、原根抵当権の債務者は、転根抵当権者の承諾なくして弁済できる。

1　根抵当権は、元本の確定前でも転抵当をすることができます（民398の11①ただし書）。

　抵当権の場合、債務者は、弁済するにつき転抵当権者の承諾なく弁済すると、その弁済は転抵当権者に対抗できません（民377②）。これに対し、元本の確定前の根抵当権の場合には、原根抵当権の債務者は、転根抵当権者の承諾を要せず、自由に弁済することができます（民398の11②）。

2 　転根抵当権の優先弁済効（[470]）は、原根抵当権の優先弁済権を限
　度とするので、原根抵当権の債務者が上記1のように、自由に弁済で
　きるとすると、転根抵当権者の立場は、不利となります。したがっ
　て、原根抵当権者と転根抵当権者の間で、密接な関係がある場合に
　利用されます。
　　なお、元本の確定後は、弁済するのに転根抵当権者の承諾を要し
　ます。

[370] 　根抵当権の分割譲渡

POINT

　分割譲渡は、極度額を2つに分割し一方の根抵当権を譲渡すること
で、2つの根抵当権は同順位となる。

1 　根抵当権者が、その有する根抵当権を2個に分割し、その一方を第
　三者に譲渡することが根抵当権の分割譲渡です（民398の12②）。根抵
　当権者が、その有する根抵当権の極度額の全部を譲渡するのが「全
　部譲渡」（民398の12①）（[368]）であるのに対し、極度額を2つに分割し
　て、その一方を譲渡するのが分割譲渡です。また、一部譲渡（民398
　の13）（[364]）が、いわゆる枠支配権を譲渡人と譲受人が共有するの
　に対し、分割譲渡は、枠支配権の一部を譲渡人に残して、他を譲受
　人に移転するものです。
2 　3個以上に分割することはできません。また、分割譲渡により2個
　の根抵当権は同順位となり（記録例499）、分割による譲受人は、「全部
　譲渡」の場合と同様「債権の範囲」、「債務者」を変更することによ
　り、分割譲渡された枠を自由に利用することができます。

| 371 | 根抵当権の優先の定め |
| 372 | 根保証契約 |

371　根抵当権の優先の定め

POINT

　根抵当権の優先の定めは、根抵当権の共有者間に絶対的効力を生じる。

1　根抵当権を共有する者は、各々の債権額に応じ、その割合で弁済を受けるのが原則ですが、元本の確定前には、優先の定めをすることができます（民398の14①ただし書）（ 63 ）。

2　この優先の定めは、例えば、根抵当権がA、Bの共有である場合は、「AはBに優先」とする例が多いものの「A7：B3」とすることもできます（昭46・10・4民甲3230）。

3　根抵当権者の一部の共有者についてのみ効力を有する優先の定めはできず、共有者の全員について絶対的に効力を生じる定めでなくてはなりません。

　この優先の定めを登記すると（記録例502）、例えばAの譲受人に対抗することができることとなります。

372　根保証契約

POINT

　今般の民法改正（債権法）により、個人根保証契約では、極度額を定めなければならず、個人根保証契約の場合に限り極度額の制限が貸金等根保証契約だけでなく根保証契約一般に拡大された。

1　根保証契約とは、一定の範囲に属する不特定の債務を主たる債務とする保証契約（ 442 ）をいいます（改正民（債権）465の2①）。

373　年利による利息の定め　　　319

　　根保証契約には、保証人が法人である根保証契約と、保証人が法
人でない根保証契約（個人根保証契約）があります。

　　今般の民法改正（債権法）により「個人根保証契約」の場合に限
り「極度額を限度」として履行する責任を負うとされました。つま
り、個人根保証契約では、貸金等根保証契約に限定せず、根保証契
約一般に極度額の限度規制が及ぶとされました。この結果、例えば、
賃貸借契約における根保証も極度額を限度とすることとなりまし
た。

2　なお、主たる債務の範囲の中に、金銭の貸付け又は手形割引（300）
によって生じる債務（貸金等債務）を含む個人根保証契約を個人貸
金等根保証契約といいます（確定期日につき改正民（債権）465の3①）。

3　個人根保証契約では、極度額の定めが根保証契約の効力要件とさ
れました（改正民（債権）465の2②）。つまり、極度額の定めのない根保
証契約は無効です。

373　年利による利息の定め

> ### POINT

　年利によって利率が定められている場合、端数期間の計算の方法を
登記することができる。

1　年利とは、1年幾らと定めた利率、利息のことで「利息に関する定
め」（不登88①一）の内容の一つです。

2　抵当権は、その利息につき、「満期となった最後の2年分」について
効力が及ぶ（民375①）ので、利率が年利で定められている場合には、
端数期間の計算方法によっては、抵当権の効力の範囲に変化が生じ
ることとなります（484）。

374 年齢計算の方法

POINT

年齢計算は、初日を算入する。

1 年齢によって、一定の法律上の効果が生じますが、成年年齢による、行為能力の有無が実務上重要です。

2 年齢は、暦に従って、日をもって計算されますが（民143の準用）、民法の初日不算入の原則（民140）は適用されず、初日が算入されます（年齢計算ニ関スル法律）。これにより誕生日の午前零時に1歳を加えます。

　また、「年齢のとなえ方に関する法律」により、満で年齢を数えるとされています。

375 農業委員会の許可の効力

POINT

農業委員会の許可を条件として、所有権移転の仮登記をすることができる。

1 農地、採草放牧地（農地2①）に関して権利を設定し、又は権利を移転するには農業委員会の許可を受けなければならない（農地3①）とされ、この許可がないと、権利の移転等は無効です（農地3⑦）。

　また、農地の転用にも許可が必要です（農地4）。

2 しかし、売買による所有権の移転は、この許可がないと無効ではあるものの、なんらの効力を有しないものではなく、売主は、買主の

ため、許可申請をする義務を負い、これに応じて買主は売主に対して条件付権利（許可があるときは、所有権の移転登記をするとの権利）を取得し、この権利を保全するため、仮登記（56）をすることができます（最判昭49・9・26民集28・6・1213）。

376 農業動産信用法による抵当権の設定

POINT

農業用動産を目的とする抵当権は、農業協同組合等に限り、設定することができる。

1 農林漁業者（農業動産信用1）に対する貸付金を担保するため、農業用動産（農業動産信用2①）に対して抵当権を設定し、その登記をすることができます（農業動産信用12、農業動産抵当登記令1）。

2 同法は、船舶抵当を除くと、日本で最初の動産抵当（336）とされます。

抵当権者は、農業協同組合等に限られています。

377 農地の遺贈と農地法の許可

POINT

包括遺贈による農地の所有権の移転には、農業委員会の許可は不要である。

1 農地等の移転には、農業委員会の許可が必要であり（農地3①）、こ

れに反する移転は無効です。

　ただし、この許可は、法律行為（437）による農地の移転の場合に必要とされています。

2　しかし、包括遺贈（12）又は相続人に対する特定遺贈による受遺者への権利の移転には、この許可は不要です（農地3①十六、農地規15五）。

　包括遺贈は、相続財産の一定の割合を示してするものであること（民964）、包括受遺者は、相続人と同一の権利義務を有するからです（民990）。

378　農地の買戻しと農地法の許可

POINT

　農地の買戻権実行には、農地法の許可が必要であるが、その特約には不要である。

1　農地の所有権の移転には農業委員会の許可（375）が必要で（農地3）、これに反する移転は効力がありません。

2　しかし、農地の買戻し特約（40）自体には、この許可は不要です（昭30・2・19民甲355）。買戻権の実行により、所有権が移転するときに、この許可を受ける必要があるからです。

379 配偶者居住権
380 配偶者の地位

379 配偶者居住権

POINT

被相続人の配偶者は、相続の開始の時に居住していた建物を原則と
してその死亡まで無償で使用、収益することができる。

1 配偶者居住権とは、被相続人の死亡時に被相続人の所有する建物
に居住していた配偶者が、原則として死亡するまで無償で使用、収
益する権利です。遺贈、遺産分割によって取得されます（改正民（相
続）1028・1029）。

　　その目的は、配偶者の居住の保護にあり、配偶者居住権の取得に
より居住権以外の財産に対する取り分は減少するものの（234）、建
物自体を相続した場合よりも評価額が低くなるとされるので、他の
財産も可能な限り取得することができることとなります。

2 この配偶者居住権は登記の対象となり、当該建物の所有者は、この
配偶者に対して居住権の設定の登記の義務を負うとされました（改
正民（相続）1031）。

　　これにより不動産登記法も改正され、登記することができる権利
に配偶者居住権が加えられ（改正不登3九）、その登記事項も規定され
ました（改正不登81の2）。

380 配偶者の地位

POINT

配偶者に親等はない。

1 婚姻により成立した夫婦の、一方から見た他方を配偶者といいま

す。

　民法は、配偶者を親族とします（民725二）が、親等（民726）はあり
ません。

2　内縁（351）関係にある配偶者については、特別法による配偶者に
準じた、社会的な保護はあるものの、民法上の配偶者に認められる
相続権（民890・900）はありません。

381　売買による所有権の移転

POINT

売主に買主について対抗要件を備えさせる義務があることが明文化
された。

1　双務契約（239）である売買契約により、当事者の一方（売主）は、
不動産の所有権を相手方（買主）に移転する義務を負い、相手方は、
その代金を支払う義務を負います（民555）。不動産の売買では、従来
から、売主は買主に対抗要件、つまり登記を移転する義務を負うと
解されていましたが、今般の民法改正（債権法）により、対抗要件
を備えさせる義務が明文化されました（改正民（債権）560）。

2　ただし、売買による所有権の移転時期は売買契約の態様によって
様々です。

　物権の設定、移転は、意思主義により、当事者の意思表示のみに
よって効力が生じますが（民176）、当事者の特約、例えば代金全額の
支払時、所有権移転の登記時を所有権の移転時期とする特約が存す
るのが一般的です。

| 382 | 売買の一方の予約 |
| 383 | 破産手続開始の効果 |

382 売買の一方の予約

POINT

形成権である予約完結権を登記すると対抗力を有する。

1　売買の一方の予約とは、売買の当事者の一方が売買契約を成立させる予約完結権を有し、形成権であるこの権利を行使することにより、直ちに契約を成立させることができる売買の予約（民556①）のことです。

2　再売買の予約や代物弁済予約の場合に、売買の一方の予約が用いられる例が多いとされます。

　　この権利を仮登記（不登105二）（ 56 ）すれば、第三者に対する対抗力を有します。

383 破産手続開始の効果

POINT

担保物権者は、別除権者として、破産手続によらずに、その権利を行使することができる。

1　破産は、債務者がその債務を完済できない場合、債権者に公平に弁済するための裁判上の手続です。

2　破産は、裁判所の決定による債務者の支払不能（破産15）、債務者が法人の場合は債務超過（破産16）を原因とし、債権者又は債務者の破産手続の申立てがあると、開始されます（破産18）。

3　破産手続が開始されると、債務者に属する一切の財産は、破産財団

となり（破産34）、裁判所が選任した破産管財人の管理下に置かれます（破産78）。

　破産債権は、原則として破産手続による行使が認められ、個別執行はできません（破産100）。

4　破産債権は、届出（破産111以下）、調査、確定（破産124）を経由して、原則として、各々の債権の額の割合に応じて配当されます（破産194②）。

　担保権者は別除権（427）を有する者として、破産手続によらず、その権利を行使することができます（破産65）。

5　破産に関する登記（破産257以下）の主な留意点は以下のとおりです。
　(1)　登記の目的は「破産手続開始」、登記原因は「破産手続開始決定」とされる（記録例720）
　(2)　嘱託者は裁判所書記官とされる
　(3)　破産手続開始の登記は、債務者が個人名義の場合は不動産登記簿になされるが、法人の場合は、不動産登記簿にはなされない（商業法人登記簿には登記される）
　(4)　強制和議の制度は廃止

384　破産廃止による破産の終了

┌ POINT ┐

破産財団の換価、配当がなされないとき、破産廃止により破産手続が終了する。

1　破産廃止とは、破産（383）の終了原因の一つで、開始された破産手続を、その目的（破産財団の換価、配当）達成のないまま中止す

ることです。

2　裁判所は、破産財団をもって破産手続の費用を償えないと認める
ときは、破産手続開始の決定と同時に破産手続廃止の決定をしなけ
ればなりません（破産216）。

　　また、破産手続開始決定後に、手続費用が償えないと認められる
ときは、破産管財人の申立て又は職権で破産廃止の決定がなされま
す（破産217）。

　　破産債権者全員の同意等による同意破産廃止申立てにより破産廃
止決定がなされることもあります（破産218）。

3　この決定により、裁判所書記官は破産手続開始の登記の抹消が嘱
託されます（破産257・258、記録例723）。

385　半血兄弟の相続分

POINT

半血兄弟の相続分は、全血兄弟の2分の1のままである。

1　兄弟姉妹の中で、父母の双方を同じくする兄弟（全血兄弟といいま
す。）に対し、父母の一方を同じくする兄弟を半血兄弟といいます。
半血兄弟の相続分（234）は、全血兄弟の相続分の2分の1です（民900
四ただし書）。この点、非嫡出子の相続分が嫡出子の相続分と同一と
なったのと異なります。

2　父母とは、実父母の他養父母を含むので、夫婦の一方の養子は、夫
婦の双方の養子の相続人の2分の1となります（昭32・6・27民甲1119）。

386 判決・決定・命令の形式

POINT

口頭弁論を経た裁判所の本案の判断を判決といい、それ以外の裁判所の判断が決定である。受命裁判官等、裁判官の行う裁判が命令である。

1 これらの分類は、民事訴訟上の裁判の形式による分類です。

2 判決は、重要な事項の裁判の形式で、裁判所は、原則として口頭弁論（民訴87①本文）を経て、法定の方式（民訴253）による判決原本（民訴252）に基づいて言渡しを行い成立します（民訴250）。

請求、上訴の理由の有無の判断（本案の判断）（446）は判決によってなされます。

3 判決以外の裁判所の判断を決定といい、口頭弁論の要否は裁判所が定めます（民訴87①ただし書）。命令は、裁判長、受命裁判官、受託裁判官（民訴206、民訴規50）が行う裁判です。

決定、命令は、比較的軽易な事項についての裁判の形式です。

387 判決による登記

POINT

登記の単独申請ができる判決とは、登記手続を命じる判決でなければならない。執行受諾文言のある公正証書では、単独申請はできない。

1 登記の申請は、登記権利者、登記義務者（316）の共同申請（79）を原則とするところ（不登60）判決による登記（不登63）の場合は、単独申請（269）が認められます。

登記の申請は、登記所に対して、登記を求める意思表示であり、判決による登記申請は一方の意思表示を擬制する（民執174）（323）ので、他方の単独申請が認められます。よって、この申請には、執行力ある確定判決の判決書の正本（181）が必要となります（不登令7①五ロ(1)）。なお、今般の民法改正（債権法）により、改正前民法（債権法）414条2項の意思表示に関する規定は削除されたので、今後は、意思表示の擬制については、民事執行法によることとなります。

2　この判決は、一定の登記手続を命じる給付判決（73）でなければなりません。例えば「被告は原告に対して別紙物件目録記載の不動産について、平成○年○月○日売買を原因とする所有権移転登記手続をせよ」とする判決でなければなりません。

権利の存否を確認する確認判決（46）、一定の法律関係を形成する形成判決（100）は、ここでの判決に含まれません。また、単に不動産の給付を命じる給付判決も登記手続を命じる給付判決ではありません。

ただし、所有権保存登記（不登74①二）（445）については、給付判決である必要はなく、所有権が認められているものであれば確認判決、形成判決でもよいとされています（大判大15・6・23民集5・536）。

3　訴訟上の和解（民訴267）、調停（民調16、家事268）は、判決に準じるもの（44）として単独申請ができます。

執行決定を得た仲裁判断（仲裁45・46）も同様です。

反対に、執行受諾文言の記載ある公正証書では単独申請できません（明35・7・1民刑637）。

仮執行宣言付判決（民訴259）（50）を添付した単独申請も却下（不登25九）されます（昭25・7・6民甲1832）。

388 判決の更正

POINT

明白な誤りのある場合に、判決の更正がなされる。

1 判決に計算違い、誤記等の明白な誤りがあるときは、裁判所は更正決定をすることができます（民訴257①）。これにより判決が訂正されます。

2 判決が言渡され効力が生じると（民訴250）、これを覆すためには上訴、再審によることとなりますが、上記の明白な誤りがあるときは、訴訟経済上から、原裁判所は申立て又は職権で訂正することができます。

389 判決理由による登記原因の表示

POINT

判決理由は、主文を補完する。

1 判決理由は、判決の主文（193）を判断するため、前提となる事実や法の適用を示し、そのような判断をする経路を明らかにする判決の部分です（民訴253①三）。

2 判決理由自体には既判力（70）はない（民訴114①）ものの、主文を補完する部分です。例えば、判決主文中で登記原因及びその日付が表示されていない場合には、判決理由中で表示された物権変動の原因と日付によることができるとされています。さらに、判決理由中

にも表示されていないときは、「年月日不詳売買」とすることもできます（昭34・12・18民甲2842）。

390 反対給付と同時履行

> **POINT**
>
> 反対給付とは双務契約の一方の給付に対する対価の性質を有する給付をいう。

1 例えば、双務契約（239）である売買契約（381）において、売主にとっては金銭の給付が、買主にとっては目的物の給付が反対給付となります。

　つまり、反対給付とは、双務契約の一方の給付に対する対価の性質を有する給付です。

2 給付と反対給付は対立関係にあり、同時履行によって、不動産の所有権の時期が問題となります。期限の利益（68）は、債務者の利益のために定めたものと推定されるので（民136①）、不動産の買主は、自己の代金債務を提供して、売主の同時履行の抗弁権を喪失させることができます。

　なお、今般の民法改正（債権法）により、債務の履行に代わる損害賠償についても、同時履行の関係に立つとされました（改正民（債権）533括弧書）。

　また、執行文の付与（180）も問題となります。

391 反致による準拠法の決定

> **POINT**

　反致とは、当事者の本国法による場合に、その国の法律によれば日本法によるとされることである。

1　反致とは、国際私法が消極的に抵触する場合に、最終的に準拠法（195）を決定することです。

　　例えば、A国国際私法によればB国法が準拠法となるが、B国国際私法によればA国法又はC国法が準拠法となる場合を反致といいます（法適用41）。

2　狭義では、A国国際私法によればB国法が指定されるもののB国法が直ちにA国法を指定する場合が反致ですが、C国法を指定する転致（再致）もあります。

　　また、A国法からB国法へ再度指定することを二重反致といいます。

392 被担保債権の表示

> **POINT**

　被担保債権の表示により、抵当権の内容が明確となる。

1　抵当権設定登記の登記事項（320）の「登記原因及びその日付」（不登59三）には、被担保債権の発生原因としての債権契約及びその日付の表示が必要です（昭30・12・23民甲2747）。例えば、「平成○年○月○日金銭消費貸借平成○年○月○日設定」と表示されます（記録例360）。

2　抵当権は付従性（406）を有するので、被担保債権の表示により抵

|393| 必要費の具体例
|394| 否認の登記   333

当権の内容が明確に公示され、反面、被担保債権が発生していない
と抵当権も成立しないとの意味もあります。

3　この抵当権の被担保債権の表示は、当事者が任意に付した名称に
よることもできます。

　　ただし、既存債務に関して、「債務弁済契約」では、どの債権を担
保する抵当権か明確でなく（昭40・4・14民甲851）、「年月日債務承認契
約年月日設定」とする（昭58・7・6民三3809）とされています。

|393|　必要費の具体例

POINT

物の保存、管理に必要な費用を必要費という。

1　必要費とは、物の保存、管理のために必要とされる費用で（民196①）、
有益費　|467|　に対します。

2　他人の物に必要費を支出すると、支出した額の償還を請求するこ
とができます（占有物の返還の場合につき民196①）。具体的には、修繕
費、飼育費や公祖公課は、償還請求の対象となります。

|394|　否認の登記

POINT

破産管財人の否認によって、一般破産債権者を害する行為の効力が
失われる。否認の登記には、「登記原因の否認」と「登記の否認」があ
る。

1　破産法上、一般破産債権者に対する公平な弁済のため、破産管財人

に否認権が認められています（破産160〜176）。否認権は破産手続開始決定の前になされた一般破産債権者を害する行為の効力を、破産財団との関係において失わせ、破産財団に回復させる権利です（会更86〜98、民再127〜141も同旨）（148）。

2 否認権は、裁判上で行使する必要があります（破産173）。否認訴訟で原告が勝訴すると、例えば、不動産の所有権は破産財団に復帰し、抵当権は消滅します。このような物件変動を公示するのが対抗要件としての「否認の登記」です。

3 登記には、登記原因である売買や抵当権設定行為を否認する「登記原因の否認」（破産160、記録例739）と登記原因とは別に登記自体を否認する「登記の否認」（破産164、記録例741）があります。

395 秘密証書遺言の転換

POINT

秘密証書遺言の要件を欠いても、自筆証書遺言に転換できる場合がある。

1 秘密証書遺言とは遺言者が、その作成した遺言書の内容を秘密にして公証人が封緘をする遺言です（民970）。

　一定の方式を要するものの、自書する必要はありません。

2 もっとも、秘密証書遺言の要件を欠く場合でも、自筆証書の要件を具備していれば、自筆証書遺言（185）としての効力を有します（民971）。無効行為の転換の例です。

3 なお、口がきけない遺言者は、自己の遺言書等である旨の申述（民970①三）ができないものの、平成11年の民法改正により、通訳人の

通訳により、上記の申述に代えることができる（民972）こととなりました。

396 表題登記

POINT

表題登記は、権利の登記の前提で、これがない場合は、登記官が登記する。

1　表題登記とは、登記されていない土地（347）、建物（267）について、初めて登記記録（313）の表題部に記録する登記です。この登記は、不動産の物理的形状や位置等の客観的な現況を公示します（不登27以下）。

2　表題登記は所有権保存登記（445）のための前提の登記です。通常、表題登記の後、所有権保存登記がなされますが（不登74①）、表題登記のみで所有権保存登記がない場合に所有権を移転しても、譲受人は直接、所有権保存登記をすることができません。

　反対に、表題登記をしないまま所有権が移転した場合は、譲受人は直接、自己を所有者とする表題登記をし、所有権保存登記をすることができます（不登36・47）。

　なお、表題登記がない不動産について保存登記をするときは、登記官が表題登記をすることとなります（不登75、不登規157、判決、収用の場合につき記録例84、建物新築工事の先取特権保存の場合につき記録例86）。

| 397 | 付加一体物と抵当権の効力 |
| 398 | 不可分債権の意義 |

397 付加一体物と抵当権の効力

POINT

抵当権設定後の建物の増築部分は「付加一体物」である。

1 抵当権の効力は、原則として「不動産に付加して一体となっている物」に及びます（民370本文）。「付合物」（民242）も含まれ、抵当権設定時に存する土地に付着した工作物にも抵当権が及びます（最判昭44・3・28民集23・3・699）。もっとも、登記実務上は、抵当権設定契約中に、従物の点を含め抵当権の効力の及ぶ物の定めがあるのが一般です。

2 抵当権設定後に建物に一部増築があると増築部分は既存建物に吸収され、付加一体物となります（大決大10・7・8民録27・1313）。

　また、抵当権設定後の附属建物（407）も、主たる建物と同一の登記記録に記録されるので（不登2二十三・44①五、不登規121）、抵当権の効力が及びます（昭25・12・14民甲3176）。

398 不可分債権の意義

POINT

不可分債権には、原則として連帯債権の規定が準用される。

1 分割して実現できない給付を不可分給付といい、これを目的とする多数当事者の債権を不可分債権といいます。

　従来、性質上の不可分（例えば自動車一台の引渡し）と当事者の意思表示による不可分があるとされていました（改正前民（債権）428）。

| 399 不可分性と被担保債権の弁済
| 400 付 款

2 今般の民法改正（債権法）により、当事者の意思表示による不可分の場合は連帯債権になるとされ（改正民（債権）432以下）、性質上の不可分の場合のみ不可分債権とされました（改正民（債権）428）。

399 不可分性と被担保債権の弁済

POINT

被担保債権の全額の弁済がなければ担保物権は消滅しない。

1 不可分性とは、担保物権（271）の性質の一つで、被担保債権の全額の弁済を受けるまでは、目的物の全部につき、担保物権の効力が及ぶとする性質です（民296・305・350・372）。

2 この性質により、被担保債権の一部の弁済の場合や、元本債権の全部の弁済があっても、利息損害金（246 483）が残っている場合には、担保物権は消滅しません。

このときは、担保物権の登記は抹消ではなく、変更をすることとなります。

400 付 款

POINT

条件、期限は付款として、法律行為の一部となる。

1 法律行為による効果を制限するために、法律行為の当事者が、法律行為をするときに付す制限を付款といいます。

2 条件（民127）（200）、期限（民135）（67）がその例で、法律行為の一部となります。

　贈与、遺贈を負担付（408）とするのも（民553・1002）付款の一例です。

401　付記登記

（ POINT ）

付記登記は、既登記と一体をなす登記である。

1　付記登記は、既存の登記を変更、更正したり、所有権以外の権利にあっては、これを移転し、若しくはこれを目的とする権利の保存等をする登記であって、既登記と一体をなす登記です（不登4②）。

2　付記登記は、既登記の主登記（192）に付随し、付記登記が主登記と一体となっていることを示すため、例えば「1付記1号」と記録されます（不登規148）。

3　付記で権利変動がなされると、付記登記の順位は主登記の順位によることとなります（不登4②）。

　また付記登記は、特別の規定のある場合に限ってなされます（不登規3各号）。

　なお、付記登記について、更に付記登記をすることもあります（例えば、記録例394）。

| 402 | 復氏の効果 |
| 403 | 復代理人の権限 |

402　復氏の効果

POINT

復氏により、戸籍が変動する。

1　復氏とは、氏を改めた者が従前の氏に復することです。婚姻（142）や養子縁組（474）によって氏を改めた者は離婚（480）、離縁（478）によって復氏します（民767・816等）。

2　復氏があると、戸籍が変動し、原則として復氏した者は、従前の戸籍に復します（戸籍19）。

　　また、復氏によって、祭祀財産（152）の承継に影響がある場合があります（民769等）。

403　復代理人の権限

POINT

復代理人は、代理人の代理人ではなく、本人の代理人である。今般の民法改正（債権法）により、復代理人は本人を代表し、その権限の範囲内において代理人と同一の権利義務を負うとされた。

1　代理人が自己の名において選任した者が本人を代理することを復代理といい、その者が復代理人です。

　　復代理人は、代理人の代理人ではなく、本人の代理人です。今般の民法改正（債権法）により、復代理人は本人を代表し、その権限の範囲内において代理人と同一の権利義務を負うとされました（改正民（債権）106）。

2　任意代理人（357）は、原則として復代理人を選任できず、本人の

|404| 付　合
340　|405| 不在者の財産管理人の権限

許諾が必要とされるので（民104）、委任状の内容に注意が必要です。
反面、法定代理人（|434|）は常に復代理人を選任することができます
（改正民（債権）105）。

|404| 付　合

POINT

建物の増築後の権利関係は、代物弁済による持分移転の登記により
公示される例が多い。

1　付合とは、異なる所有者の２個以上の物が、分離すると不経済とな
　る程度に結合し、１個の物となることです（民242）。
2　動産と不動産が付合すると、原則として不動産の所有者が付合後
　の物の所有者となりますが、償金請求（民248）の問題が残ります。
　実務上は、他人の建物への増築の例がみられ、増築後の建物の所有
　権の帰属とその登記、償金請求権の担保のための登記の申請がなさ
　れます。多くの場合、「代物弁済」を登記原因とする、持分移転の登
　記により、当事者間の権利関係を公示しています。

|405|　不在者の財産管理人の権限

POINT

不在者の財産管理人の権限外の行為には、家庭裁判所の許可を要す
る。

1　従来の住所（民22）（|188|）又は居所（民23）（|88|）を離れて、すぐに

帰る見込みのない者、例えば、行方不明者等を不在者といいます。

　不在者が財産管理人を置いた場合は、その時の契約により、財産管理人を置かない多くの場合は、家庭裁判所が利害関係人等の請求により財産管理人を選任することとなります（民25①）。

2　選任された管理人は、権利の登記をする等の保存行為（444）と不動産の賃貸等の利用改良行為をする権限を有します（民28・103）。

　上記の行為以上の行為、例えば売買等の不動産の処分行為は、権限外の行為として、家庭裁判所の許可を要します。

3　なお、不在者の生死不明が一定期間継続すると失踪宣告（民30）（182）の問題となります。

406　付従性の法律関係

POINT

付従性のある権利は主たる権利と運命を共同する。

1　人的担保とされる保証債務（民446）（442）や物的担保とされる抵当権（民369以下）（296）等の担保物権は、主たる債務（191）や被担保債権の弁済を確実にする目的を有します。

2　したがって、主たる債務や被担保債権が成立しなければ保証債務や抵当権も成立せずその移転に随伴して移転し、その消滅によりまた消滅することとなります。これを付従性といい、主たる権利の成立、移転、消滅と運命を共同します。なお、随伴性は、付従性から派生する性質とされています。

3　主たる権利のための手段なので、経済的必要性があれば、付従性が切断されることもあります。根抵当権（民398の2以下）（363）がその例です。

407 附属建物

POINT

　附属建物は、主たる建物と一体をなすとされ、主たる建物にした権利の登記の効力は、当然に附属建物にも及ぶ。

1　附属建物とは、「表題登記がある建物に附属する建物であって、当該表題登記がある建物と一体のものとして1個の建物として登記されるもの」と定義されます（不登2二十三）。
2　附属建物は、実際上は、主たる建物の一部ではなく、独立した存在ではあっても、不動産登記法上、独立した建物ではなく、主たる建物の一部とされています。

　　所有権の移転の登記や抵当権の設定の登記の効力は、附属建物にも及びます。

408 負担付贈与の対価関係

POINT

　負担付贈与の場合の負担と贈与の目的物は、対価関係に立たない。

1　負担付贈与とは、受贈者にも一定の給付義務を負わせる贈与 (241) です。この負担は、贈与される目的物と対価関係に立たないので負担付贈与も贈与の一種です。
2　もっとも、負担の限度において贈与者、受贈者の双方の義務は、対価関係に立つので双務契約 (239) に関する規定が準用され（民553）、特に同時履行の抗弁（民533）(338) のあるときは、権利の移転の時期に影響があります。

409 負担部分の弁済と求償権
410 物権行為・債権行為の関係　　　　343

409　負担部分の弁済と求償権

POINT

　共同の免責があると、負担部分を超えた弁済か否かにかかわらず、他の債務者等に対して求償権が発生する。

1　負担部分とは、数人が同一の給付をする義務を負う場合、例えば、連帯債務（改正民（債権）436）（486）、不可分債務（改正民（債権）430）、保証債務（民446）（442）において、その数人間で内部的に負担する割合のことです。

2　負担部分は、債務者の契約によって決定され、これがないときは、平等の負担とされています。
　　今般の民法改正（債権法）により「その免責を得た額が自己の負担部分を超えるかどうかにかかわらず」との文言が法文に加えられたので、この内部的な負担部分を超えて弁済した場合の他、自己の負担部分を超えない場合も、債務者は、他の債務者等に対して、各人の負担部分に応じ求償権を有します。共同の免責を得た額を超える額が支出された場合には、免責を得た額が求償権の対象となります。
　　この求償権の担保のため、抵当権を設定することができます（改正民（債権）442①・改正民（債権）430）。

410　物権行為・債権行為の関係

POINT

　現行民法は、物権変動につき意思主義をとり、独自性、無因性を認めず、債権行為を前提とする。

1　法律行為の中で、物権変動自体を目的とするのが物権行為（物権契

約）で、当事者間に債権債務の関係が発生するにすぎないのを債権
行為といいます。

2　物権変動が生じるためには、債権行為の他、登記等の形式を要する
とするのが形式主義です。

　　一方、当事者の意思表示のみで物権変動が生じるとするのを意思
主義といいます。

3　形式主義では、物権変動が生じるために債権行為と物権行為が必
要であるとするので物権行為は独自であり、債権行為の効力は、物
権行為に影響がない、つまり物権行為は、無因と考えることとなり
ます。

　　現行民法 (民176) は、意思主義をとり、物権行為には独自性及び無
因性を認めないとするのが通説です。この理解は、登記原因証明情
報の作成に影響を与えます。

411　物権的取得権の内容と登記

POINT

物権的取得権は、将来、不動産を取得できると期待する権利であり、
登記すれば排他性を有する。

1　物権的取得権とは、将来の当事者の一方的意思表示によって物権
　　（主に不動産に関する物権）が取得できる期待を内容とする権利の
　　総称です。

2　例えば、不動産売買に関しての一方の予約 (民556①) や買戻権 (民
　　579) (40) が挙げられ、登記をすれば排他性を有することとなりま
　　す。

|412| 物権的請求権の発生原因
|413| 物権の性質と分類

|412| 物権的請求権の発生原因

ＰＯＩＮＴ

妨害排除請求として、登記の抹消請求が認められる。

1　物上請求権ともいわれます。物権の内容の実現が妨害されている
場合に、妨害を生じさせている者に対して、物権（|413|）を有する者
は、その妨害の排除を請求することができます（民法202条の「本権」
を根拠とします。）。

2　妨害者の故意、過失を問わず妨害又はそのおそれがあればこの請
求権が成立します。

　その種類として、物権的返還請求権、物権的妨害排除請求権、物
権的妨害予防請求権が認められます。登記実務でも、実体に符合し
ない登記が存する場合、妨害排除請求としてその抹消の請求が認め
られる例が見られます。

|413| 物権の性質と分類

ＰＯＩＮＴ

物権の排他性から、物権の存在を公示するため、登記を必要とし、
その内容を法定する必要がある。

1　特定の物を直接に支配する権利を物権といい、特定の人に一定の
権利を要求することのできる債権（|150|）に対します。例えば、物権
である地上権（民265）（|275|）は、目的の土地を直接支配できるのに
対し、債権である賃借権（民601）（|283|）は賃貸人としての地主に対

し、土地を利用できるとの権利です。
2 物を直接に支配する権利なので、同一物上に同一の権利は成立しません（排他性）。
　排他性があるため、第三者が、現に誰がどのような内容の物権（物権的請求権）を有するかを知るため、登記（公示方法）が必要となります。
3 また、排他性から、先に公示を具備した者が優先し、物権と債権では物権が優先することとなります。この優先的効力を公示するためには、物権の内容を法定する必要があります(物権法定主義)(414)。
4 民法上の物権は、次のように分類されます。

※入会権、留置権は、登記することができる権利ではありません（不登3）。

|414| 物権法定主義と物権の公示
|415| 物上代位の意義と行使の要件　　　　　　347

|414|　物権法定主義と物権の公示

［ POINT ］

公示できる場合に限って物権となる。

1　物権の創設は、民法その他の法律によって認められた場合に限られ（|413|）、当事者による創設は認められないとする立法主義です（民175）。

2　法律によって認められた制限物権以外では所有権を制限することができないとして自由な所有権を目的とする主義であり、公示することができる場合に限って物権として認める主義です。

|415|　物上代位の意義と行使の要件

［ POINT ］

差押えは、物上代位の要件である。

1　留置権以外の担保物権（|271|）である先取特権、質権、抵当権は、売却代金（交換価値）から優先的弁済を受けることを本来の効力とするので、目的物が売却、賃貸滅失、損傷によって金銭債権等の代替物となったときは、この代替物にも効力を及ぼすことができるとするのが物上代位の制度です（民372・350・304）。

2　物上代位権の行使の要件として、これらの代替物が債務者（設定者）に払渡しされ又は引渡しされる前に差押え（|161|）をすることが必要です（民304①ただし書）。

　　これに基づいて差押えの登記が嘱託（|206|）されます（民執193・150）。

416 物上保証と求償権の行使

POINT

物上保証人が債務者に代わって弁済すると、求償権を取得する。

1　物上保証とは、自己が所有する物を他人の債務の担保として提供することです。例えば、他人の債務の担保のため自己の不動産に抵当権を設定することです。物上保証した者を物上保証人といいます。

2　物上保証人は、担保として担供した物に対して担保物権が実行される責任を負い、保証人は債務を負いません。

　　しかし、実質的には保証人（442）と同様の立場にあるので、担保権が実行された場合や債務者に代わって弁済した場合には、保証人と同様に求償権を有します（民351・372）。

417 不動産先取特権の成立と優先順位

POINT

同一不動産上の不動産先取特権の優先効は保存、工事、売買の順であり、登記の順ではない。

1　不動産先取特権は、法律上、当然に成立し、債務者の特定不動産から優先弁済（470）を受けられる担保物権です。「不動産の保存」「不動産の工事」「不動産の売買」の三種類が認められます（民325）。

2　これらの先取特権は、登記（不登83）を対抗要件とします。

　　「不動産の保存」の先取特権は、保存行為（444）完了後直ちに（民337）、「不動産の工事」の先取特権は、工事を始める前に費用の予算

|418| 不動産質の成立要件
|419| 不動産収益執行による差押登記　　　　　　　349

額を（民338①）、「不動産の売買」の先取特権は、売買契約と同時に（民340）各々登記をして、その効力を保存します。

3　同一不動産上に、上記三種の先取特権が競合した場合、保存、工事、売買の順に優先効があり、成立、登記の順ではありません（民331）。もっとも、登記された不動産の保存と工事の先取特権は、先に登記された抵当権に優先します（民339）。

|418|　不動産質の成立要件

┌─ POINT ─┐

不動産質の存続期間は、10年を超えることができない。

1　不動産質とは、不動産を目的物として設定される質権です。不動産の所有者と債権者との質権設定契約の他、不動産の引渡し（民344）を成立要件とし、登記を対抗要件とします。

2　その存続期間は、10年を超えることができない（民360①、不登95①一）とされるものの、更新することができます（民360②）。

3　抵当権付債権質入の登記は、債権質（民362以下）（|146|）による登記であって、不動産質の登記ではありません。

|419|　不動産収益執行による差押登記

┌─ POINT ─┐

差押登記の登記原因により、当該差押登記が不動産収益執行によると判断される。

1　不動産収益執行とは、不動産を目的とする担保権（|271|）の実行の

方法の一つで、「不動産から生ずる収益を被担保債権の弁済に充てる」方法です（民執180二）。

　つまり、担保不動産を賃貸し、その賃料を被担保債権の弁済に充て、債権の確保をしようとするもので、貸ビル、貸マンションに適しています。

2　不動産収益執行は、原則として強制管理（ 76 ）の手続の規定が準用されます（民執188）。

　この手続が開始されると、「収益執行開始決定」を登記原因とする差押登記が嘱託されます（民執188・111・48、平16・3・25民二864、記録例688）。

3　担保不動産の競売手続と収益執行は、各々、独立して申し立てることができ、両者は併用することができます（民執180）。

　また、根抵当権の元本は確定します（民398の20①一）。

420　不動産の公示方法

┌─ POINT ─────────────────────────
民法は、不動産を「土地及びその定着物」とするが、不動産登記法は、「土地又は建物」とする。
─────────────────────────────────

1　民法は、不動産とは「土地及びその定着物」としています（民86①）。
　一方、不動産登記法は、不動産とは「土地又は建物」をいう（不登2一）とされています。

2　不動産の権利関係は、登記によって公示（ 127 ）されるので、土地、建物の権利関係は、登記によって公示されますが、他に、例えば経済上高い価値のある工場抵当法による工場財団（ 128 ）は、不動産とみなされ（工場抵当14①）、公示方法として、登記が用いられています。

|421| 不当利得の返還範囲
|422| 不分割特約の効力

|421| 不当利得の返還範囲

POINT

返還の範囲は、受益者の善意、悪意により異なる。

1　不当利得の受益者とは、法律上の原因がなく、なんらかの理由により、他人の財産、労務により利益を受け、他人に損害を及ぼした者をいいます(民703)。例えば、売買契約による債務が履行された後に、当該売買契約が無効　|458|　とされた場合の買主です。

2　この場合、受益者は利得の返還をする義務を負うこととなります。不当利得の返還の範囲は、利得した者が、法律上の原因の存しないことを知らない場合は、現に利益を受ける限度で、知っていた場合は、利得全部、その利息、その他の損害を返還しなければなりません（民703・704）。

|422| 不分割特約の効力

POINT

5年を超える不分割特約は無効である。

1　共有者は、共有物について、5年を超えない期間、分割をしない特約をすることができます（民256①）。不分割の期間は更新することができますが、更新の時から5年を超えることはできません（民256②）。この期間を超える特約は無効です（昭30・6・10民甲1161）。

2　この特約は登記することができます（不登59六、記録例206）。これにより、共有持分権　|83|　の譲受人に対抗することができます。

	423	不法行為による損害賠償の担保の方法
352	424	分割貸付の担保の方法

423　不法行為による損害賠償の担保の方法

POINT

　不法行為による損害賠償は、金銭債権として抵当権で担保すること
ができる。

1　故意、過失により、違法に他人に損害を生じさせる行為を不法行為
　といい、他人に損害を賠償する責任が生じます（民709）。

　　不法行為は、契約と並んで債権の発生原因です。

2　不法行為があると、被害者は、加害者に対し、損害賠償請求権を取
　得します。

　　損害賠償は、原則として金銭債権（ 90 ）であり（民722①・417）、
　抵当権が担保する債権となるとされています。

424　分割貸付の担保の方法

POINT

　分割貸付による債権は、普通抵当権で担保される。

1　分割貸付とは、債権総額を数回に分けて、期限の到来又は条件成就
　ごとに順次貸し付ける、銀行実務で行われている貸付けです。例え
　ば、1月と7月まで毎月末に金〇万円を貸し付ける、又は、請求に応
　じて数回に応じて貸し付ける契約です。

　　前者は、諾成的消費貸借、後者は金銭消費貸借の予約の一種です。

2　分割貸付から生じる債権は、分割貸付契約という特定の契約から
　生じる特定の債権であり、これを担保するのは抵当権であって、根
　抵当権（ 363 ）ではありません（昭26・3・8民甲463）。登記原因は、「平

成○年○月○日分割貸付平成○年○月○日設定」と表記されます。

3 順次の分割貸付があると、債権総額は減少することとなるので、抵当権の債権額（145）の変更を登記（付記登記）することができます（昭26・3・8民甲463）。

425 分 筆

POINT

分筆の登記は、新たに土地を創設する形成的な登記官の行政処分である。

1 分筆とは、一筆の土地を分割して、数筆の土地とすることです。土地の分筆は、表題部所有者又は所有権の登記名義人によってなされます（不登39①）。

2 分筆の登記は、新たに土地を創設する形成的、処分的な登記です。
　一筆の土地として法律上認められるためには、土地の表題部が設けられる必要があります。そして、これを基礎として、権利の登記（115）がなされると権利の対抗要件を具備することができるようになります。

3 分筆は、形成的な行政処分であって、登記官の分筆により効力が生じますので、この分筆処分に誤りがないときは分筆錯誤によって、分筆を訂正できないとする見解があります（昭43・6・8民甲1653）。
　しかし、申請人が誤った分筆登記の申請をし、登記官がその申請のとおり分筆をしていても、申請人から分筆錯誤を原因として、分筆登記の抹消の申請があれば受理されるとするのも先例です（昭38・12・28民甲3374）。これにより、分割前の状態に戻すことができます。

426 分離処分可能規約

POINT

区分建物と土地を別々に処分できるとするのが、分離処分可能規約である。

1 建物の区分所有者は、原則として専有部分とその敷地利用権を分離して処分することはできません（区分所有22①本文）。これを一体性の原則といい、敷地利用権を建物の登記記録に記録し、原則として、その効力が土地に及ぶことを示しています（不登73①本文）。

2 敷地利用権とは、専有部分を所有するための建物の敷地に関する権利をいいます（区分所有2⑥）。所有権の場合が多いものの地上権、賃借権の場合もあります。

3 いわゆるマンション等の区分建物では、二世代住宅や居住部分と賃貸部分など、様々な理由から区分とした場合もあり、区分建物と土地を別々に処分する必要性が生じることがあり、これを可能とするのが分離処分可能規約です（区分所有22①ただし書・30・32）。単独で全部の専有部分を所有する場合は公正証書により、それ以外の場合は、共有者の合意によることとなります。

427 別除権の行使の効果

POINT

抵当権者等は、破産手続によらず弁済を受けることができ、これを別除権という。

1 別除権とは、破産財団に属する特定の財産につき、他の債権者に対して優先的に弁済を受ける権利です。

428 変更の登記
429 弁済期と債務の履行　　　355

2　特別の先取特権、質権、抵当権を有する者は別除権者とされ、破産
　手続（383）によらずに弁済を受けることができます（破産2九・65①・
　78②一）。
3　別除権の行使によって債権が満足されない額は、破産債権として
　破産手続によることとなります。

428　変更の登記

POINT

　変更の登記は、後発的事由により登記事項に変更があるときになさ
れる。

1　変更の登記とは、「登記事項に変更があった場合に当該登記事項を
　変更する登記」とされています（不登2十五）。
　　つまり、後発的事由により、既になされた登記事項と実体（法律
　関係又は事実）が一致しなくなった場合に、既になされた登記事項
　の一部を変更する登記です。
2　権利の変更の登記は、一般的に付記登記（401）によってなされま
　す（不登66、不登規150）。これにより、既になされた登記と一体となっ
　ていることを公示しています。

429　弁済期と債務の履行

POINT

　弁済期は、債務者の利益のために定められるが、原則として抵当権
の登記事項ではない。

1　弁済期とは、履行期と同義で、債務の履行をしなければならないと

する期間です。通常、弁済期は当事者の契約により定められますが、法律の規定（例えば、代金の支払について民法573条）により定まる場合もあります。

2　この期間は、債務者の利益のために定められるので（民136）、債権者は弁済期前の債務者の弁済を拒否することはできません。この点は、相殺適状 225 に影響があります。

3　弁済期に債務が履行されない場合は、相手方は、期間を定めて履行を催告し、その期間内に履行がない場合は、契約を解除することができます（改正民（債権）541）。これを催告解除といい、無催告解除（改正民（債権）542）に対します。契約の解除により、損害賠償を請求することができます。今般の民法改正（債権法）により、損害賠償の請求には、債務者に帰責事由があることが必要と明文化されました（改正民（債権）415①）。

　弁済期は、現行法では登記されないところ、抵当証券発行の定め 297 があるときは元本、利息の弁済期は抵当権の登記事項です（不登88①五・六）。

430　弁済の効果

> **POINT**
>
> 今般の民法改正（債権法）でも従来と同様、第三者の弁済は認められている。

1　弁済は、履行ともいいます。債務者又は第三者が債務の本旨に従って、債務の内容である給付を実現することで、弁済により債権は目的を達成し、消滅することとなります。この弁済の効果については、従来、明確な規定がなかったところ、今般の民法改正（債権法）に

より、「債権は、消滅する」と明文化されました（改正民（債権）473）。

2 弁済は、弁済するという意識を伴う必要はなく、つまり、効果意思の効果として債権が消滅するのではなく、債権の内容の実現によって債権が消滅するので、準法律行為 197 とされます。

3 債務の弁済は、第三者もすることができます（改正民（債権）474①）。正当な利益を有しない第三者は、債務者の意思に反して弁済をすることができない（改正民（債権）474②本文）ものの、債権者が債務者の意思に反することを知らなかったときは、弁済は有効となります（改正民（債権）474②ただし書）。正当な利益を有しない第三者による弁済でも、弁済が債務者の委託によるものであり、それを債権者が知っているときも弁済は有効です（改正民（債権）474③）。

また、債務の性質がこれを許さない場合や、当事者が第三者の弁済を禁止又は制限したときは、第三者は弁済をすることはできません（改正民（債権）474④）。

431　法人格なき社団の登記能力

POINT

法人格なき社団名義の登記をすることはできないが、**債務者の表示**とすることはできる。

1 法人格なき社団（婦人会、PTA等）は、実体上、権利能力を有するものの、その団体名義の登記をすることはできず（昭28・12・24民甲2523）、また、肩書を付した代表者名義で登記をすることもできません（昭36・7・21民三625）。

358　432　法定相続情報一覧図

2　もっとも、法人格なき社団を抵当権の債務者の表示とすることが
　　できます（昭31・6・13民甲1317）。債務者の表示は、被担保債権　392
　　の特定の要素の一つにすぎないからです。

432　法定相続情報一覧図

> POINT

　相続に関して、法定相続情報一覧図の提供があるときは、公務員が
作成した相続があったことを証する情報の提供となる。

1　相続登記の促進のため、法定相続情報証明制度が創設され（平29・
　　4・17民二292）、不動産登記規則が改正されました。この改正により、
　　法定相続情報一覧図の写しを提供して相続人が登記を申請する場
　　合、その写しの提供をもって相続のあったことを証する市町村長等
　　が職務上作成した情報の提供に代えることができます（不登規37の
　　3）。

2　この一覧図の原本還付請求　112　があれば、原本を還付すること
　　ができ（不登規55）、相続関係説明図　226　が提出されたときは、当
　　該相続関係説明図を一覧図の写しの謄本として取り扱い、一覧図の
　　写しは還付することができます。もっとも、この一覧図の写しは、
　　遺産分割協議書　9　や相続放棄申述受理証明書　236　等を代替
　　するものではありません。

3　相続が開始し、その相続に起因する登記等の手続（金融機関におけ
　　る預貯金の払戻し手続を含みます。）に必要があるときは、相続人等
　　は法定相続情報一覧図の保管（保管期間は5年）（不登規28の2六）及び

432　法定相続情報一覧図　　　359

　一覧図の写しの交付を申し出ることができます（不登規18三十五・247
①）。

4　法定相続情報一覧図の例は、次のとおりです。

　　　　　　　　　　　　　　　　法定相続情報番号　0000－00－00000

　　　　　　　　　被相続人法務太郎法定相続情報

最後の住所　○県○市○町○番地
最後の本籍　○県○郡○町○番地　　　住所　○県○郡○町○34番地
出生　昭和○年○月○日　　　　　　　出生　昭和45年6月7日
死亡　平成28年4月1日　　　　　　　（長男）
　（被相続人）　　　　　　　　　　　法　務　一　郎（申出人）
法　務　太　郎
　　　　　　　　　　　　　　　　　　住所　○県○市○町三丁目45番6号
　　　　　　　　　　　　　　　　　　出生　昭和47年9月5日
　　　　　　　　　　　　　　　　　　（長女）
　　　　　　　　　　　　　　　　　　相　続　促　子

住所　○県○市○町三丁目45番6号
出生　昭和○年○月○日　　　　　　　住所　○県○市○町五丁目4番8号
　（妻）　　　　　　　　　　　　　　出生　昭和50年11月27日
法　務　花　子　　　　　　　　　　　（養子）
　　　　　　　　　　　　　　　　　　登　記　進

以下余白

　　　　　　　　　　　　　　作成日：○年○月○日
　　　　　　　　　　　　　　作成者：○○○士　○○　○○　印
　　　　　　　　　　　　　　　（事務所：○市○町○番地）

|433| 法定相続の形態
|434| 法定代理の範囲

360

|433|　法定相続の形態

POINT

遺言のないとき、法定相続となる。

1　被相続人の財産を相続人が承継する形態としては、遺言相続（ 5 ）
　　と法定相続があり、法定相続は、遺言のない場合に行われる形態で
　　す。しかし、実際上は、多くは法定相続によっているのが実務です。
2　法定相続では、相続人を誰とするかとその順位、これが決定された
　　上での相続分 （234） の規定に変遷があります。
　　　現行法（民890・900）（昭和56年1月1日から）は第一順位の相続人は
　　配偶者と子であり、相続分は配偶者と子は各々2分の1としています。
　　第二順位の相続人は配偶者と直系尊属で相続分は各々3分の2と3分
　　の1、第三順位は配偶者と兄弟姉妹であり各々4分の3、4分の1と規定
　　しています。

|434|　法定代理の範囲

POINT

法定代理の範囲は、包括的で、任意代理が個別的な点で異なる。

1　法定代理と任意代理 （357） の区別については、本人の意思による
　　代理が任意代理で、そうでないのが法定代理とする見解が一般的で
　　すが、代理権が直接に、法律の規定によって授与されているのを法
　　定代理とする見解もあります。
2　法定代理は、その範囲が包括的であり、個別的に代理する任意代理

と異なります。

　両者は、復代理人の選任権（民104、改正民（債権）105）やその消滅（民111）の事由が異なります。

3　登記実務上見られる例として、利益相反行為　435　477　の場合の特別代理人（民826・860）や不在者　405　の財産管理人も法定代理人です。

435　法定地上権の成立と登記

POINT

　法定地上権は、当事者の意思によるのではなく、法律上、当然に成立するが、登記を対抗要件とする。

1　法定地上権とは、抵当権が実行されると、法律上当然に設定される地上権です（民388）　275　。

　例えば、Aが土地とその土地上に建物を所有している場合、土地に設定された抵当権の実行により、Bが土地所有者となったとき、AB間に法定地上権が成立します。判例は、法文の要件を拡大し、土地と建物の双方に抵当権が設定されている場合（最判昭37・9・4民集16・9・1854）や、抵当権設定時に土地、建物が同一人の所有であれば（大判大12・12・14民集2・676）、以後第三者に譲渡されても法定地上権の成立を認めています。

2　一般債権者の強制執行の「強制競売」（　77　）の場合にも法定地上権が成立します（民執81）。国税の滞納処分　262　の場合も法定地上権が成立します（税徴127）。

　もっとも、仮登記担保（　54　）の場合は、法定借地権とされていま

す（仮登記担保10）。

3　上記のように、法定地上権は、法律上当然に成立し、当事者の意思
　によるものではありません。しかし、物権変動として、登記を対抗
　要件（253）とします。

　　土地、建物の売却による所有権移転の登記は、裁判所書記官から
　嘱託（206）されます（民執82・188）が、法定地上権設定登記は、当
　事者の申請によるとされています（昭55・8・28民三5267）。したがって、
　登記権利者、登記義務者の共同申請（79）により、登記原因証明情
　報（315）の提供が必要です。

　　登記原因の日付は、買受人が代金を納付した日となります（民執
　79・188）。

436　法定利率と適用基準時

POINT

　民事法定利率は年3％と改正され、利息が生じた最初の時点を基準
として法定利率が適用される。商事法定利率の規定は削除され、民事
法定利率による。

1　利息につき、当事者が別段の意思表示をしないとき、利率は法定利
　率によりますが、今般の民法改正（債権法）によりこれに関する規
　定は一部改正されました。

2　法定利率が見直されることとなるのに伴い、法定利率を適用する
　基準時は、「利息が生じた最初の時点」とされました（改正民（債権）
　404①）。利息が生じた最初の時点なので、遅延利息は弁済期が基準
　時となります。

3　民法改正（債権法）前は、年5％の利率とされていましたが、年3％とされました（改正民（債権）404②）。なお、商事法定利率は年6％とされていましたが、商法514条は削除され、民事法定利率によることとされました。

　　年3％とする法定利率は、3年に一度見直され（改正民（債権）404③）、その見直しの方法が規定されました（改正民（債権）404④⑤）。

437　法律行為と意思表示の関係

POINT

意思表示は、法律行為を構成する要素である。

1　法律行為とは、一定の法律効果の発生を欲している者に対し、その欲している法律効果を認める法制度です。
2　意思表示（法律効果の発生を欲する意思を表示すること）は、法律行為とは別個の、法律行為を構成する要素の一つです。すなわち、例えば、質権設定契約（179）という法律行為にあっては、意思表示以外の要件として、物の引渡しをも伴って成立することとなります。

438　法律要件の成立と効果

POINT

売買契約にあっては、売主、買主の意思の合致により、売買契約という法律要件が成立し、売買の効果を生じる。

1　権利義務関係が発生する一定の社会関係を法律要件、この法律要

件から生じる権利義務を法律効果といいます。

2　例えば、「売ろう」、「買おう」という意思表示の合致により、売買契約（381）という法律要件が成立し、その法律効果として権利の移転の義務、代金の支払義務が発生します。

　上記の例で、「売ろう」、「買おう」という意思表示は、法律要件を構成する要素であり法律事実と呼ばれます。

439　「他に相続人はいない」旨の証明

POINT

　被相続人の除籍謄本と市町村長の「廃棄証明書」があれば、「他に相続人はいない」旨の証明は不要とされた。

1　相続による所有権の移転の登記の申請には相続を証する情報の提供が必要です（不登令別表㉒）。この相続を証する情報として、戸籍、除籍の謄本（141）が必要となるところ、これらが滅失等の理由により提供できない場合は、市町村長の「除籍又は戸籍の謄本を交付できない旨の証明書」（廃棄証明書）に加えて、相続人全員による「他に相続人はいない」旨の証明書が必要でした（昭44・3・3民甲373）。

2　しかし、「他に相続人はいない」旨の証明書の提供の困難な事案が増加したとして、被相続人の除籍の謄本とその廃棄証明書の提供があれば、これに加えての「他に相続人はいない」旨の証明書の提供を要しないとするのが現在の先例です（平28・3・11民二219）。

440 保佐人の権限
441 保証委託契約から生じる求償債権の担保　　　　　365

440　保佐人の権限

POINT

保佐人の同意は、登記原因についての第三者の「同意」となる。

1　精神上の障害により事理弁識能力（判断能力）が、著しく不十分な
　者に対して一定の者から請求があると、家庭裁判所は、保佐人を付
　すこととなります（民11・12）。保佐人は、数人でもよく、法人も保佐
　人となることができます（民876の5・859の2・876の2②・843④）。
2　被保佐人の一定の行為には、保佐人の同意を得ることを要し、これ
　に反するときは、保佐人は、取消権を有します（民13④）。
　　また、特定の法律行為（437）について保佐人が代理権を有する場
　合もあります（民876の4）。ただし、この付与された代理権の範囲内
　の行為であっても、被保佐人と保佐人の行為が利益相反行為（477）
　になるときは、保佐人は代理できず、原則として臨時代理人が選任
　されます（民876の2③）。
　　これらの、同意を要する行為や付与された代理権の範囲は登記さ
　れ（後見登記4五・六）、保佐人の同意は、登記原因についての「同意」
　として登記申請の添付情報となります（不登令7①五ハ）。

441　保証委託契約から生じる求償債権の担保

POINT

保証委託契約により求償債権の範囲や保証料が定まり、抵当権の被
担保債権が異なることとなる。

1　主たる債務者（191）が保証人となることを依頼し、その者が保証

人となることを受託（442）することを保証委託契約といいます。

　通常、この保証委託契約によって、求償債権の範囲や保証料が定められます。

2　そこで、「求償債権と保証料債権」を被担保債権とする場合や「求償債権その他一切の債権」を被担保債権とする場合の抵当権は「平成何年何月何日保証委託契約同日設定」と登記されます（記録例365）。

　一方、保証料が前払されている場合は、保証料債権は、被担保債権とはならず、抵当権は、「平成何年何月何日保証委託契約による求償債権平成何年何月何日設定」と登記され（昭48・11・1民三8118）、求償権のみを担保する旨が公示されます。

442　保証契約の態様と求償権の範囲

POINT

保証契約は、主債務者と保証人の契約により成立し、保証債務は主債務より重いときは、主債務の限度に減縮される。

1　Aを債務者、Bを債権者とする場合に、Aがその債務を履行しないとき、CがAに代わってAの債務を履行することを、CとBが契約することで（民446①）、Aを主たる債務者、Cを保証人といいます。抵当権等の物的担保に対して、人的担保といわれます。

2　保証債務は、CとBとの契約の成立によって発生します。Aの委託を受けてCが保証人となるのが通常（441）ですが、委託は必ずしもなくても保証人となれるし、さらに、Aの意思に反してもよいとされています（民462）。

|443| 保全仮登記　　　　　　　　367

3　保証債務には、付従性（|406|）があるとされ、主たる債務が無効、
　消滅の場合、保証債務もまた無効であり消滅します。
　　また、保証債務の態様は、主たる債務の態様より重くなってはな
　らないとされています（改正前民（債権）448）。事後的に主たる債務が
　加重されても、保証人の責任は加重されません（改正民（債権）448②）。
4　保証人が、その保証債務を履行することは、主たる債務者（他人）
　のための弁済（|430|）となるので、主たる債務者に対して求償権を有
　することとなりますが、委託の有無によって、求償権の範囲が異な
　ります（民459以下）。
5　保証債務を被担保債権とする抵当権は、「平成何年何月何日保証契
　約平成何年何月何日設定」と登記されます。抵当権の債務者は、保
　証人となる点が保証委託の場合の抵当権の登記と異なります。

|443|　保全仮登記

POINT

　所有権以外の権利についての仮処分は、処分禁止の仮処分と共に保
全仮登記による。

1　処分禁止の仮処分によって保全される権利が、所有権以外の権利
　の保存、設定、変更についての登記請求権である場合は、仮処分の
　執行は処分禁止の仮処分の登記と共に保全仮登記の方法によるとさ
　れています（民保53②）。例えば、抵当権設定請求権を保全する場合
　が、これに該当します（記録例696）。
2　この保全仮登記は、一般の仮登記に準じて登記されます（不登規179
　③）。

この仮登記の本登記（ 55 ）をすることで保全される権利が実現することとなります。

444 保存行為となる行為

POINT

登記をすることも保存行為に含まれる。

1　保存行為とは、財産の価値を現状のまま維持することを目的とする管理行為の一種です。例えば、家屋の修繕をすることです。登記をすることも含まれます（ 445 ）。

2　家屋の修繕費等の保存に必要な費用は、必要費（ 393 ）として支出額の償還請求ができ（民196）、また、共益費（ 75 ）として先取特権（ 15 417 ）の対象（民307①・326）となります。

445 保存登記

POINT

保存登記は、それ以後の権利の登記の基礎となる登記である。

1　保存登記には、不動産先取特権（ 417 ）に関する登記も含まれますが（民337以下、不登85以下）、一般的には、不動産についての所有権保存登記のことです。

2　所有権保存登記は、初めてする権利の登記で、それ以後の権利の登記の基礎となる登記です。

| 446 本案訴訟 |
| 447 本国法の意義 | 369

　　所有権保存登記は、表題部所有者等の申請によってなされますが
（不登74）、登記官の職権によることもあります（不登75等）。

3　所有権保存登記が、権利を承継した結果としてなされる場合は、対
　抗要件（民177）としての効力を有します。

446　本案訴訟

POINT

請求の当否を判断する判決手続が本案訴訟である。

1　仮差押え（49）、仮処分（51）、証拠保全等の訴訟上の付随的な手
　続に対比して、予想される争訟について請求の当否を判断する判決
　手続を本案訴訟といいます。

2　本案判決には、請求を理由ありとする請求認容と理由がないとす
　る請求棄却（220）があります。

447　本国法の意義

POINT

法律行為の当事者が有する国籍法が本国法である。

1　本国法とは、準拠法（195）として、法律行為（437）の当事者が有
　する国籍国で施行されている法律のことで（法適用38）、法律行為が
　行われている国に施行されている法律を準拠法とする行為地法に対
　するものです。

2 相続や親族法の分野では、本国法を適用するのが原則とされています（法適用24①・36・37）。

448 本籍による戸籍の表示

POINT

本籍は、現実の居住の有無を問わない。

1 本籍は、戸籍を編製する市町村を決定する基準です（戸籍6）。

本籍は、生活の本拠地としての住所（民22）（188）、居所（民23）（88）と異なり、現実に居住したこと、していることを問わない、人の戸籍上の所在場所です。

2 本籍は一つでなければならず、戸籍は、夫婦と氏（24）を同じくする子ごとに編製されますが、新戸籍を編製するときは、本籍は必ず定められます（戸籍16等）。

本籍と戸籍筆頭者の氏名により、戸籍が表示されます（戸籍9）。

449 本登記

POINT

本登記は、仮登記に基づく終局登記である。

1 本登記とは、「仮登記がされた後、これと同一の不動産についてされる同一の権利についての権利に関する登記であって、当該不動産に係る登記記録に当該仮登記に基づく登記であることが記録されて

いるもの」と定義されます（不登106）。

　つまり、仮登記と異なり、仮登記に基づいてなされる本来の対抗
力（253）を有する登記で、終局登記です。

2　本登記の順位は、仮登記の順位によるとされますが、対抗力の生じ
る時期については見解が分かれます。通説、判例（最判昭54・9・11判
時944・52）は、仮登記に基づいて本登記（55）がなされると、対抗
力は、本登記された時点以後に生じるのであり、仮登記がされた時
点や物権変動の時点まで遡及するものではないと解しています。

450　増担保

POINT

　増担保により、担保物を増加させ、担保物権の担保力を維持させる
ことができる。

1　増担保とは、担保物権（271）の設定後に、その担保力を維持する
目的で、担保物の増加をすることで、銀行等の抵当権の設定の場合
に、多く見られます。

2　債務者が担保物を滅失、損傷、減少する場合は債務者は期限の利益
（68）を失いますが（民137二）、その他、目的物の担保力が低下す
るので、担保物権者は新たに担保物を増加させることを請求するこ
とができます。

451 抹消仮登記

POINT

抹消仮登記は、その後の第三者の悪意を推定する実益がある。

1 登記原因が無効、又は取消しをされても登記の抹消が、直ちにできない場合、抹消登記を仮登記できるとするのが判例、通説です。

2 その理由は、実益があるからです。

例えば、虚偽表示は無効であるものの、その無効は、善意の第三者に対抗できません（民94）。この場合、抹消仮登記をすれば、その登記後の第三者の悪意を推定することができる実益があります。

また、詐欺、強迫の場合（改正民（債権）96）、取消権者と取消し後の第三者は対抗関係に立つ（大判昭17・9・30民集21・911）とするのが通説なので、抹消仮登記をして順位を保全（ 56 ）する実益とその必要性があります。

452 抹消登記

POINT

抹消登記は、既になされた登記が全部無効の場合になされる。

1 抹消登記は、既になされた登記が、後発的事由や原始的事由によって、実体的な法律関係と符合しない場合になされる登記（不登68等）です。

2 抹消登記は、登記が全部無効の場合になされ、登記が実体と一部符合する場合には、更正登記（不登66）（ 133 ）がなされます。

|453| 未成年者の行為能力
|454| 認印の押印

|453| 未成年者の行為能力

POINT

未成年者を当事者とする登記は、法定代理人が申請する。

1　従来、満20年未満の者が未成年者とされていましたが（改正前民（債権）4）、2018（平成30）年6月13日、第196国会において、18歳を成年とする改正がなされました。改正法は、2022（平成34）年4月1日に施行されることとされています。

2　未成年者の法律行為には、法定代理人の同意を必要（民5）とし、親権者（|212|）等が法律行為を代表する（民818・824）のが原則です。特に未成年者が登記申請をするには、親権者等の法定代理人が未成年者を代理して登記申請することとなります。

3　国際私法上、未成年者か否かの判断は、その者の本国法（|447|）によるとされ（法適用4①）ています。

　また、親権者については、親子関係の法律関係として、子の本国法が父又は母の本国法と同じである場合は、子の本国法とするのが原則です（法適用32）。

|454| 認印の押印

POINT

登記の申請書の押印は、実印でなくてもよい。

1　印鑑証明書が交付される実印以外の印章を一般的に認印（みとめいん）といいます。

	455	身分行為の効果
374	456	「民法646条2項」による移転

2 重要な取引には使用されませんが、認印の押印の法律上の効力は
実印と同じです（例えば、民事訴訟法228条4項）。登記の申請書の押
印は、必ずしも実印である必要はありません。

　また、戸籍法施行規則のように、公務員の個人の印章を認印とす
る規定（戸籍規32）も存します。

455　身分行為の効果

POINT

身分行為により、戸籍の変動が生じる。

1　身分行為とは、身分の取得や身分関係の変動を生じさせる法律行
為です。例えば、婚姻（142）、養子縁組（474）により夫婦関係や親
子関係が生じることとなります。
2　登記実務では、身分行為により、相続を証する情報としての戸籍の
変動（戸籍16①・18③）（141）が生じるので、相続人（231）の認定に
影響を与えます。

456　「民法646条2項」による移転

POINT

委任が代理権の授与を伴わない場合の委任者への権利の移転の登記
原因である。

1　委任事務処理が代理権の授与を伴う場合には、受任者が委任者の
名で取得した権利は、委任者に帰属します（民99①）。

457 無権代理行為の効果 375

　反対に、代理権の授与がない場合は、受任者が委任者のために自己の名で取得した権利は、受任者から委託者に移転しなければならないので、登記名義も移転しなければなりません。

2　このときの権利の移転の登記原因が「民法646条2項」による移転です（記録例228）。

　通常、委任事務が終了した場合なので、「委任の終了」を登記原因とするとも考えられますが、「委任の終了」は法人格なき社団の代表者が交替した場合（ 17 ）に用いられる登記原因であり、この場合と区別する登記原因によることとされています。

457　無権代理行為の効果

POINT

無権代理人の行為の効果は、本人に及ばない。

1　無権代理行為とは、代理権を有しない者が、代理人として法律行為をすることで、代理権を有しない者を無権代理人といいます。

2　代理権がないので、無権代理によっては本人に法律効果は帰属せず（民113①）、無権代理人は、相手方に不法行為責任（民709）（ 423 ）を負う場合もありますが、取引の安全を保護するため表見代理（民109以下）、追認（民116）（ 287 ）、無権代理人の責任（民117①）の制度があります。

458 無効行為に基づく登記の効力

POINT

法律行為が無効であると、履行済の登記も無効となり、不当利得として登記の返還請求の対象となる。

1 無効とは、法律行為が表意者の表示した効果意思の内容どおりの法律効果を生じないことです。なお、今般の民法改正（債権法）により、意思能力のない者の行為も無効とすると明文化されました（改正民（債権）3の2）。

遺言（ 5 ）も方式違反の場合も、無効となります（民960）。

2 法律行為が無効である場合、その法律行為に基づく請求権は行使できず、既に履行したときは、不当利得（民703）（421）として返還請求をすることができます。

登記を得ることも利得と考えられるので、登記の基礎となっている法律行為が無効であれば、登記も実体的権利関係に符合していないので無効となり、抹消の対象となります。

459 無名契約の解釈

POINT

法律上の契約類型以外の類型の契約を無名契約という。

1 売買、賃貸借等法律にその契約の名称、内容が規定されている契約類型（有名契約、典型契約（303））以外の類型の契約を無名契約又は非典型契約といいます。契約自由の原則に由来します。

|460| 無利息の定め
|461| 免除の効果　　　　　　　　　　　　　　　　　　　377

2　無名契約には、その内容に一部有名契約の内容が含まれている混
　合契約があります。
　　無名契約の解釈には、その実態、取引の慣行、契約趣旨を考慮す
　ることが必要です。

|460|　無利息の定め

┌ POINT ┐

無利息の定めは「利益に関する定め」として登記事項となる。

1　通常の取引契約では、利息（|483|）が発生するのが原則です（改正民
　（債権）404①）。これに対して、無利息の定めとは、当事者の別段の
　意思表示として利息が生じないと約することで「利息に関する定め」
　として登記事項です（不登88①一）（|484|）。
2　この定めを公示することにより（記録例363・366）対抗要件（|253|）と
　なり、当該抵当権（|296|）の効力の及ぶ範囲（民375）に影響が及びま
　す。

|461|　免除の効果

┌ POINT ┐

　免除とは、債務者に対する一方的意思表示による債権消滅事由であ
る。

1　免除とは、債権者の債務者に対する一方的意思表示により、債権を

消滅させることです（民519）。債権の放棄と同じです。

2　単独行為（268）なので、債務者の意思にかかわらず債権者は、自由に免除することができるのが原則です。

　　しかし、免除によって、第三者の権利を害することはできません。例えば、借地上に建物を有する者が、当該建物に抵当権を設定している場合、借地人が借地権を免除（放棄）しても、抵当権者に対抗することはできません（不登68）。

462　持分権の内容

POINT

持分権は、他の共有者の持分によって量的に制限されている。

1　持分権とは、共有関係にある各々の共有者の有する権利の意味（例えば、持分の放棄（民255）（463））のほかに、共有物に対する権利の分数的割合（例えば、共有物の使用（民249）や管理費用の負担（民253））の意味もあり、後者の意味で、持分は相等しいと推定（民250）されています。

2　持分権は、所有権と同じ内容の権利であり、他の共有者の持分のため量的に制限されている状態と解するのが一般です。

　　所有権と同じ内容の権利なので使用、収益処分の権能があり、共有持分権者は、単独で保存行為ができ（民252ただし書）（444）、その持分を自由に譲渡することができます。

　　一方、管理の方法は持分価格の過半数で決定され（民252本文）、共有物の変更は共有者の全員の同意による（民251）とされています。

|463| 持分権の放棄
|464| 持分の登記   379

|463| 持分権の放棄

［ POINT ］

　持分の放棄があると、その持分は、他の共有者の持分の割合で他の共有者に帰属する。

1　共有物について、共有者の一人が、その持分を放棄したとき、その持分（|462|）は、他の共有者に帰属します（民255）。

　　この場合、他の共有者に帰属する持分の割合は、他の共有者の持分の割合によります。

2　また、登記名義人でない者のための持分放棄を原因とする持分移転登記（記録例221）は受理されません（昭60・12・2民三5440）。

|464| 持分の登記

［ POINT ］

　持分は通常分数で登記するのが抵当権の登記では、債権額の割合で表示してもよい。

1　権利の保存、設定、移転の登記の場合、登記名義人（|333|）となる者が2名以上のときは、その持分は登記事項（不登59四）（|320|）であり申請情報（|213|）の内容（不登令3九）です。

　　昭和35年の不動産登記法改正により申請書の内容となり（旧不登39）、それ以前は、登記原因に持分の定めがある場合に限り、持分が登記され、それ以外のときは、持分の記載はなされませんでした。

2　持分は、通常は、「2分の1」等の分数で表示されます。一方、抵当

権、先取特権、質権の登記では、債権の割合で持分を表示すること
もできます（昭35・3・31民甲712）。

　もっとも、根抵当権（363）の登記では、その性質上債権額の割合
で配当額から弁済を受けるので（民398の14①）、持分の記載は要しま
せん（昭46・10・4民甲3230）。

465　約定解除権の発生事由

POINT

約定解除権は、当事者の解除契約により発生する。

1　約定解除権は契約の当事者が、あらかじめ解除権（37）の留保を
　約定している場合に、この約定に基づいて発生する契約解除権です
　（民540①）。

　　解約手付の交付（民557①）（301）、買戻し特約（民579）（40）も約
　定解除権が発生する例です。

2　約定解除権の行使とその効果は、特別の定めがない限り法定解除
　と同様です（民540①・544以下）。

466　約定利息の登記

POINT

約定利息には、利息制限法の適用がある。

1　約定利息とは、契約の当事者によって定まった利息で、法定利息に

対する利息です。

　約定利息は、利息制限法（482）の適用を受け、同法の制限利息を
超えることはできません（利息1）。

　約定利息の定めがない場合は、法定利率（436）となります（改正
民（債権）404①）。

2　利息に関する定めは、登記事項です（不登88①一）。これにより、抵
当権の効力の及ぶ範囲が明確となります。

　ただし、利息制限法の適用があるので、同法に反する約定利息の
ある抵当権設定の登記について問題があります（482）。

467　有益費の求償

POINT

建物に造作を施す等、改良に要した費用が有益費である。

1　有益費とは、物の改良行為のために必要な費用で（民196①）、例え
ば、建物に造作を施した場合の費用です。物の保存のための費用で
はありません。

2　物の占有者が有益費用を支出しても、その価格の増加が現存する
場合でないと、その費用を償還請求できません（民196②）。

　この有益費用償還請求は、不当利得（民703以下）（421）の特則で
す。

468 有価証券の種類

POINT

証券的債権についての規定が整備され、債権法による改正前の民法86条3項、363条、365条、469条ないし473条は削除された。

1 今般の民法改正（債権法）により、有価証券に関する規定が新設されました。有価証券には、指図証券、記名式所持人払証券、その他の記名証券、無記名証券があります。

2 指図証券とは、例えば手形、小切手のことです。これらの指図証券の譲渡は、裏書と交付により効力が生じます（改正民（債権）520の2）。その他、裏書の方式、所持人の権利の推定、善意取得等、有価証券に関する規定が新設されました（改正民（債権）520の3以下）。

3 記名式所持人払証券とは、例えば、記名式持参人払小切手のように、債権者を指名する記載のある証券であって、その所持人に弁済するように付記されている証券のことです。上記2と同様、譲渡、権利の推定等の規定が新設されました（改正民（債権）520の13以下）。

4 その他の記名証券とは、上記2と3以外の証券のことで、これに関しても規定が新設されました（改正民（債権）520の19）。

5 無記名証券とは、例えば、電車の乗車券のことです。改正前は動産とみなされていました（改正前民（債権）86③）。改正後は、記名式所持人払証券の規定が準用されます（改正民（債権）520の20）。

| 469 | 有償契約の意義 |
| 470 | 優先弁済権と債権者平等の原則の関係 |

469 有償契約の意義

POINT

契約当事者双方が互いに対価的給付を有する契約を有償契約という。

1 有償契約とは、売買や賃貸借など、契約当事者が双方で互いに対価的給付をする契約です。この対価関係のない贈与、使用貸借は、無償契約です。

2 一般に、双務契約（239）は有償契約であり、片務契約は無償契約とされますが、利息付きの消費貸借は要物契約（475）として、契約成立時には、貸主の給付は済んでいると考えると、借主には利息の支払と返還義務があるので、この利息付きの消費貸借は、有償契約ではあるが、片務契約となります。

3 有償契約には、売買の規定が準用されます（民559）。

470 優先弁済権と債権者平等の原則の関係

POINT

債権者平等の原則が適用されず、他の債権者に先立って弁済を受ける権利である。

1 優先弁済権とは債権者が数人ある場合、ある債権者が債務者の全財産又は特定財産に対し、他の債権者に先立って弁済を受ける権利のことです。

384
471 要約地の登記
472 要式行為の具体例

2 民法上は、債権者平等の原則により、債権の効力に優劣はないので、優先弁済は、債務者の全財産によっても総債権額 (145) に満たない場合に、意味があります。

471 要役地の登記

POINT

要役地は、他人の土地から便益を受ける土地である。

1 要役地とは、地役権 (273) において、他人の土地を用益することにより利用価値が増加する土地で、例えば、A土地の所有者が、地役権によりB土地から水を引く場合のA土地です。つまり、地役権者の土地であって、他人の土地から便益を受ける土地のことです(民281①)。

2 要役地に要役地地役権の登記が記録されその中で承役地 (198) の地番も記載され (記録例282) 要役地と承役地が関連付けられます。

472 要式行為の具体例

POINT

要式行為は、一定の方式によって行われる法律行為である。

1 要式行為とは、法の定める一定の方式に従って行わないと、法律行為 (437) が不成立又は無効となる行為で、契約自由の原則による不

要式行為に対します。

2 例えば、婚姻（|142|）は届出がなければ成立せず（民739）、認知（|361|）についても同様です（民781）。

また、相続登記の場合の添付情報（|306|）としての遺言（| 5 |）も要式行為です（民967）。

|473| 要証事実・不要証事実と登記原因証明情報上の記載

POINT

法律上、推定される事実は、不要証事実となる。

1 要証事実とは、判断に必要とされる事実のうち、証明を必要とする事実です。

反対に裁判上の自白、擬制自白による事実（民訴159）と裁判所に顕著な事実（|134|）は、証明を要しない不要証事実です（民訴179）。

2 法律上推定される事実も不要証事実ですが法律上の推定を受ける事実を証明すれば、当該事実を立証する必要がないとするものです。例えば、Ａ事実（前提事実）があるときはＢ事実（推定事実）があると推定されます。

相手方は、Ｂ事実の反対事実を証明しなければ、この推定を覆すことはできません。登記原因証明情報上、Ａ事実の記載があれば、Ｂ事実が推定され、Ｂ事実の証明をする必要はないこととなります。

474 養親子関係の成立と効果

POINT

養子は、実方との血族関係も有する。

1 　養親子関係は、養子縁組届によって成立し（民799・739）、自然血族である実子と同様、養親の嫡出子となり（民809）、法定血族といわれます。

2 　養子は、養親の氏（ 24 ）を称し（民810・戸籍18③）、親権（ 212 ）は養親に属します（民818②）。

3 　養子は、嫡出子として、養親の相続人となる地位を有しますが、実方との血族関係も併存します。また、この地位は、養親の死亡によって消滅せず、離縁（民811）（ 478 ）によってのみ消滅します。

475 要物契約の要素

POINT

消費貸借の要物性は緩和され、代物弁済も諾成契約となった。

1 　多くの契約は、当事者の合意により法的効力を有する諾成契約（ 266 ）ですが、要物契約とは、この当事者の合意に加えて、給付（物の引渡しなど）を必要とする契約で、民法上は、消費貸借（民587）、使用貸借（民593）、寄託（民657）があります。

2 　消費貸借が要物契約とされているので、金銭消費貸借の場合、金銭の引渡し前に作成された公正証書（ 132 ）や登記された抵当権の効力が問題となりますが、判例、通説は、要物性を緩和しています。

|476| 与信契約の具体例
|477| 利益相反行為の効力　　　　　　　　　　　　　387

また、今般の民法改正（債権法）により、代物弁済の要物性も緩和され、代物弁済は、諾成契約と明文化されました（改正民（債権）482）。

|476|　与信契約の具体例

［ POINT ］

一般的に与信者は、根担保を取得する。

1　与信契約は、一般的に、銀行取引において、相手方に信用を与える契約です。小切手等の支払のための当座貸越契約（|335|）、貸付けを目的とした貸付開始契約（実質的に消費貸借の予約）、債務保証を目的とした債務保証契約（実質的に保証委託の予約）があります。

2　与信契約は、銀行等の与信者が将来の債権を取得することとなり、そのための担保として根担保契約と一緒になされるのが通常です。

|477|　利益相反行為の効力

［ POINT ］

利益相反行為は、無権代理行為となる。

1　利益相反行為とは、当事者間の利益が相反する行為です。例えば、親権者が自己の債務の代物弁済（|263|）として、子の不動産を供したり、後見人が被後見人の不動産を譲り受けることは利益相反行為となり、この場合、親権者は代理権、同意権を有しません（民826・860）。

388

478 離縁の効果
479 利害関係人の意義

2　今般の民法改正（債権法）により、従来、利益相反行為は禁止され
ていましたが、無権代理となると明文化されました（改正民（債権）
108②本文）。

　その結果、追認の対象となります。

478　離縁の効果

［ POINT ］

離縁により、養子とその直系卑属の法定血族関係は終了する。

1　離縁とは、養子縁組関係を消滅することで、離婚（480）ではあり
ません。

　協議離縁（民811①）と裁判離縁（民814①）があります。

2　離縁があると、養子とその直系卑属等の法定血族関係は終了し（民
729）、相続権はなくなります。

　離縁により、養子は縁組前の氏（24）に復し（民816）、戸籍が変
動します（戸籍19①）。

　特殊な例として、養子が祭祀財産（152）を承継している場合に離
縁があると、祭祀財産の承継者を定めることとなります（民817・769）。

479　利害関係人の意義

［ POINT ］

利害とは、法律上の利害をいい、事実上の利害は含まれない。

1　利害関係人とは、ある法律関係の当事者ではないものの、その法律

480 離婚の効果 389

関係によって自己の権利、利益に影響のある第三者です。適用法令により異なりますが法律上の利害であることが必要であり事実上又は感情的な利益を含みません。

2 不動産登記では、権利の変更又は更正の登記（不登66）（428）、登記の抹消（不登68）（452）、抹消された登記の回復（不登72）、仮登記の抹消（不登110）の場合等に利害関係人についての規定があります。

480 離婚の効果

POINT

協議離婚の場合は届出日、裁判離婚の場合は裁判確定の日に氏が変動する。

1 離婚とは、有効に成立した婚姻関係（142）を解消することです。夫婦の一方の死亡後の姻族関係の終了の意思表示（民728②）とは異なります。

　協議離婚（民763）と裁判離婚（民770）があります。

2 離婚によって婚姻関係は解除します（民728①）。

　氏（24）も変動しますが（民767）、氏名変更の原因日付は、協議離婚の場合は届出の日（民763・765）であり、裁判離婚では、裁判の確定した日となります。

　また、親権者（212）を決定しなければならず（民819①）、財産分与（民768）（151）による権利の移転が生じます。

481 利子税の意義

POINT

利子税は、約定利子に相当する附帯税であり、延滞税とは異なる。

1　利子税は、税務署等の抵当権設定登記の嘱託の場合に多く見られます。

　所得税や相続税等については、一定期間、その納付を延期すること、つまり延納が認められています（所得税131以下、相続税38以下）。

2　この納期限までは延滞税（30）が課されないものの（税通64②）、附帯税の一種として利子税が課されます（税通64①）。約定利子に相当するものです（例えば所得税法131条3項）。

482 利息制限法違反の登記申請

POINT

利息制限法違反の利息は、適合するように引き直した上で登記される。

1　利息制限法は、金銭を目的とする消費貸借（204）上の利息について適用され、利息が制限利息を超える額となったときは、その超過部分は無効です（利息1）。

2　この利息制限法違反の利息の定め（不登88①一）（466）のある登記申請は却下される（不登25十三）ものですが、利息制限法に適合するように引き直された登記申請は受理されます（昭29・6・2民甲1144、昭29・7・13民甲1459）。

483 利息と元本の関係

POINT

利息は、元本の使用の対価である。

1 利息は、元本債権の所得として支払われる代替物で、金銭が圧倒的です。元本額と存続期間に応じ一定の利率により計算されます。

　金銭その他の代替物（流動資本）の使用の対価なので、土地等の使用の対価である地代（178）賃料は利息ではありません。

　また、元本の使用の対価（法定果実）（民88②）なので、株式の配当も利息ではありません。

2 この利息の給付を目的とする債権を元本の給付を目的とする元本債権に対して、利息債権といいます。

　一般に、消費貸借（204）に伴い発生しますが、当然に利息が発生する場合（商513・514）もあります。

484 利息の定めの表記

POINT

利息の表記は年利を原則とする。

1 利息の定めは、抵当権等の任意的登記事項の一つです（不登88①一）。

　この利息の定めの登記は、第三者対抗要件（253）です。特に、「満期となった最後の2年分」について抵当権の効力が及ぶので（民375①）、登記をする必要があります。もっとも、当事者間では、最後の2年分を超える債権にも抵当権の効力は及びます。

2 利息の表記は年利を原則とし、次に端数期間が表記されます（65）。例えば、「年○％（ただし、月利計算。月未満の期間は年

365日日割計算）」（昭40・6・25民甲1431）と表記されます。

　なお、この登記は、抵当権の優先弁済権（470）の範囲を明示するためのものなので、「将来の金融情勢に応じて債権者が変更できる」等の特約は、当事者間では有効であるとしても利息の定めとしては登記できません（昭31・3・14民甲506）。

485　立木の不動産性

POINT

立木法により登記した立木は抵当権の目的となる。

1　樹木の集団で立木法により登記したものを立木といいます（立木1①）。樹木は、本来、土地（347）の定着物（民86①）であって、それ自体は、権利の対象とはなりません。
2　しかし、立木法は、一定の樹木の集団に登記能力を認め（立木16）、不動産とみなしています（立木2①）。これにより、抵当権の登記をすることができます（立木21）。
3　もっとも、立木法による登記のない樹木は、原則に戻り、土地の処分に従うこととなりますが、明認方法を施すと独立して処分することができます。

486　連帯債務の性質

POINT

連帯債務は、各々独立した債務である。

1　複数の債務者が、同一の債権者に対して、同一の全部の給付をする

債務を独立して負い、一人の債務者が弁済等すると、他の債務者も
債務を免れる多数当事者の債務を連帯債務といいます。実際上、債
権担保の機能を有します。今般の民法改正（債権法）により、債務
の目的が性質上可分であり法令の規定、又は当事者の意思表示によ
って連帯債務関係になると明文化されました（改正民（債権）436）。
2　各債務者は、独立して全額を給付する義務があります。改正民法
　（債権法）は、連帯債務者の一人について生じた事由は、他の連帯
　債務者に効力が及ばない（相対効）のを原則としました（改正民（債
　権）441）。免除や時効も相対効となりました。
3　各債務者は、債権者に対しては、各々全額を弁済する債務を負うと
　ころ、各債務者相互間では、負担部分（一定の割合により義務を負
　う部分）409 があり、連帯債務者の一人が弁済等により、共同の
　免責を得た場合には、他の債務者に対して免責を得るために支出し
　た財産の額のうち、各自の負担部分に応じた額の求償権を有します
　（改正民（債権）442）。負担部分は特約により定まり、これがないとき
　や不明の場合は平等です。

487　連帯保証の性質

POINT

連帯保証も保証の一種であり主たる債務に付従する。

1　連帯保証とは、多数当事者の債務関係の一形態で、保証人が主たる
　債務者 191 と連帯して債務を負う形態です。連帯保証も保証の
　一種であり、主たる債務に付従性 406 がある点で、連帯債務 486
　と区別されます。

連帯保証も人的担保の機能を有し、通常の保証より債権者に有利であり、多く利用されています。

2　今般の民法改正（債権法）により、連帯債務に関する更改（改正民（債権）438）、相殺（改正民（債権）439①）、混同（改正民（債権）440）の規定が連帯保証に準用されるほか、連帯保証人の一人について生じた事由は相対効を有するとされています（改正民（債権）441）。

488　和解成立の効果

POINT

互いに譲歩して争いを止めると和解となる。

1　和解とは、当事者に争いがある場合に、互いに譲歩して争いを止める有名契約です（民695）。

2　和解により、当事者間の法律関係は確定し、権利が移転、消滅します（民696）。

訴訟上の和解では、調書に記載されると、確定判決と同一の効力を有します（民訴267）（44）。

なお、いわゆる「示談」も「互いに譲歩」の趣旨があれば、和解と見られる場合もあります。

＜著者略歴＞

青木　登

早稲田大学法学部卒

東京法務局各支局・出張所にて、総務登記官・戸籍指導官・国籍調査官・訟務官、さいたま地方法務局にて総務登記官を歴任

＜主要著書・論文＞

「問答式　不動産登記の実務」（新日本法規出版）共著

「抵当権の抹消原因についての一考察」（民事法務協会）

「第一回香川記念論文」第３位入賞（テイハン）

「登記官からみた　登記原因証明情報　作成のポイント」（新日本法規出版）

「登記官からみた　「真正な登記名義の回復」・「錯誤」—誤用されやすい登記原因—」（新日本法規出版）

「登記官からみた　相続登記のポイント」（新日本法規出版）

「抵当権・根抵当権登記のポイント—設定から実行まで—」（新日本法規出版）

「元登記官からみた　登記原因証明情報—文例と実務解説—」（新日本法規出版）

キーワードからひもとく
権利登記のポイント
—元登記官の視点—

平成30年11月26日　初版発行

著　者　青　木　　　登

発行者　新日本法規出版株式会社
代表者　服　部　昭　三

発 行 所	新日本法規出版株式会社	
本 社総轄本部	（460-8455）	名古屋市中区栄１—23—20電話　代表 052(211)1525
東京本社	（162-8407）	東京都新宿区市谷砂土原町2—6電話　代表 03(3269)2220
支 社	札幌・仙台・東京・関東・名古屋・大阪・広島高松・福岡	
ホームページ	http://www.sn-hoki.co.jp/	

※本書の無断転載・複製は、著作権法上の例外を除き禁じられています。
※落丁・乱丁本はお取替えします。　　　　ISBN978-4-7882-8482-1
5100041　権利登記ポイント　　　　　©青木登 2018 Printed in Japan

キーワードからひもとく
権利登記のポイント
元登記官の視点

著　青木　登（元東京法務局豊島出張所総務登記官）

新日本法規